我
们
一
起
解
决
问
题

金融投资入门系列

ETF 投资策略从入门到精通

All About Exchange–Traded Funds

【美】斯科特·保罗·弗洛希（Scott Paul Frush） 著

胡 阳 孙健慧 译

人民邮电出版社

北 京

图书在版编目（CIP）数据

ETF投资策略从入门到精通 / （美）斯科特·保罗·弗洛希（Scott Paul Frush）著；胡阳，孙健慧译. --北京：人民邮电出版社，2017.6
（金融投资入门系列）
ISBN 978-7-115-45550-5

Ⅰ. ①E… Ⅱ. ①斯… ②胡… ③孙… Ⅲ. ①证券投资－投资基金 Ⅳ. ①F830.91

中国版本图书馆CIP数据核字(2017)第081741号

内 容 提 要

正在席卷投资市场的变革之一是ETF的迅速发展。与一般的指数基金相比，ETF有着交易费用低等众多优势，但ETF仍是相对较新的一种投资工具，所以很多投资者都尚在学习中。从全球投资市场来看，ETF未来的投资前景将更加广阔。

特许金融分析师斯科特在本书中重点阐述了：成功投资ETF所需的重要基础知识；ETF的不同类型；如何运用ETF构建一个长期获利的投资组合；如何管理ETF投资组合并使其风险最小化；消极管理型ETF投资策略；适合保守型和收益导向型投资者投资的固定收益ETF以及投机性较强的杠杆ETF和另类ETF；如何运用ETF优化资产配置组合；未来ETF投资的发展方向。

《ETF投资策略从入门到精通》更好地均衡了理论与实践应用，可以使读者获益更多。本书适合希望获得ETF基本理论与实践知识的散户和机构投资者阅读。

◆ 著 【美】斯科特·保罗·弗洛希（Scott Paul Frush）
   译 胡 阳 孙健慧
   责任编辑 贾淑艳
   执行编辑 杨佳凝
   责任印制 焦志炜

◆ 人民邮电出版社出版发行　　北京市丰台区成寿寺路11号
  邮编 100164　电子邮件 315@ptpress.com.cn
  网址 https://www.ptpress.com.cn
  涿州市殷润文化传播有限公司印刷

◆ 开本：700×1000 1/16
  印张：19.5　　　　　　　　2017年6月第1版
  字数：280千字　　　　　　2025年10月河北第19次印刷
  著作权合同登记号　图字：01-2015-1892 号

　　　　　　　　　定　价：69.00元
读者服务热线：（010）81055656　印装质量热线：（010）81055316
　　　　　　反盗版热线：（010）81055315

"金融投资入门系列"总序

在金融书籍琳琅满目的今天，人民邮电出版社适时引进了"金融投资入门系列"丛书，目的是要给广大的金融投资者提供专业的投资工具及投资知识，解决金融投资者对于金融投资专业知识的困惑，让大家手持一本"可以说话"的投资宝典，在从"外行"跨入金融行业的这一过程中，少走弯路，最终成长为专业的金融投资人才。

稍有一些金融知识背景的人都知道，随着国内金融行业改革的不断深化，目前国内可投资的金融产品越来越丰富，而人们也不再满足于仅仅把钱投资到股市或购买银行理财产品上。但由于国内的投资者对于金融衍生品（诸如期货、期权等）缺乏相应的知识和专业指导，能从中获益的人可以说是寥寥无几。

是什么原因导致了这样的结果？其根本在于目前我国的金融行业与国外发达国家的相比，还处在改革创新的初级阶段，相关的投资品知识尚未得到普及，金融衍生品的投资市场尚未被广大投资者所熟知。大多数投资者缺乏了解相关知识的渠道和途径。翻开国内大部分的金融类教材或相关专业书籍，我们不难发现，这些书籍大多都是照搬西方教科书的理论，以介绍概念和理论知识为主（从概念到原理再到公式），但对于这些知识的实战应用却很少涉及（即使有也是照葫芦画瓢的模仿，无法对国内投资者给予有效的指导）。

当前，广大的金融投资者迫切希望能够系统地学习和掌握金融投资（尤其是衍生品投资）的相关专业知识和实战指导，因为金融市场不但瞬息万变，而且金融投资还常常涉及大量的分析（不但包括国内、国外、宏观、微观以及政治、经济政策的影响，还涉及具体事件对投资风险的影响，等等），这就要求投资者不仅需要了解相关原理，还要懂得相关因素对投资品种的影响程度，金融投资因而已成为一门真正意义上的实战课程。

在此背景下，人民邮电出版社根据目前国内比较热的投资门类，引进并组织翻译了这套"金融投资入门系列"丛书，以满足广大投资者的需求。这套书的引入让大家眼前一亮，给刚刚入行的投资者提供了一整套完备、全面的投资宝典，也有利于专业的投资者借鉴国外各种投资模式的宝贵经验。本套丛书第一批共引进五本，内容分别涉及大宗商品、黄金、债券、外汇、期权，涵盖了目前国内已经上市的大部分金融衍生品。本套书不仅知识性强，而且覆盖面广、可操作性强。

首先，本套书的原作者们都具有较高的理论水平和实践经验，他们大多为长年从事金融投资理论和实战研究的资深专家；而中国农业大学期货与金融衍生品研究中心培训部作为国内金融衍生品投资研究及实战的权威机构，受人民邮电出版社委托，承担了本套丛书的翻译工作。这些年来，中国农业大学期货与金融衍生品研究中心培训部一直致力于金融衍生品投资的研究和实战教育工作，参与本套丛书翻译工作的译者大都是实战专家，对于金融问题，他们不仅具有战略层面的远见，而且还具有操作层面的丰富经验。在翻译过程中，他们结合中国目前的投资环境和现有的金融产品情况，从广大投资者的需求出发，努力将这套浅显易懂、具有实战指导作用的丛书完整地呈现给广大的金融投资者。

其次，本套丛书框架结构清晰，逻辑性强，便于实践。本套书的每一本都对相关金融产品的知识进行了梳理和结构化，并以简单明了的形式呈现给读者，便于读者操作。每一本书的内容都是基于该投资品的基础知识，就投资市场主体构成、投资风险、技术分析以及投资周期分析、投资者风险规避等众多方面，提供了统一的分析框架，便于读者全面了解该投资品的相关知识。

最后，本套丛书中的每一本都根据当时的市场状况配有分析图表，图文并茂地说明了各种影响因素带来的投资市场的变化，便于读者直观地了解产品的市场特性。

　　另外，经济的发展和社会的进步离不开人才的培养；反过来，优秀的人才也能促进经济的发展和社会的进步。纵观经济大国的崛起过程，尤其是第二次世界大战后的经济发达国家，无一不是金融市场与经济发展互相适应、金融行业高度发达。在这一发达的背后，层出不穷的金融投资大师们是最有力的支撑。在经济发展全球化的今天，只有投资大师辈出，我们才能在国际化的金融潮流中立于不败之地；只有投资大师辈出，才不至于在定价市场被边缘化，丧失定价话语权；只有投资大师辈出，才能够使民族金融业真正发展，拥有核心竞争力；只有投资大师辈出，才能将我国期货市场建成世界性的定价中心。美国的经济奇迹造就了索罗斯、罗杰斯、巴菲特等一大批大师，而中国的经济奇迹也一定会造就与他们相媲美的杰出人物。而要造就一大批在国际上有影响力的投资大师，基础、有效的教育条件是最根本的保证（例如，科学完整的教学体系、正确的投资理念、全面详实的教辅材料以及系统的实战训练都是投资人才培养的最基本条件）。

　　我们可以预见到，腾飞中的中国经济，将有一个相当长的黄金成长期，这个时期将是中国人在世界金融市场上大师辈出的时代。不过，成为大师的道路是坎坷的，成为大师不仅仅需要机遇，需要个人的智慧和努力，需要个人交易经验的积累，更需要先行者不断地将自己的心得体会与大家一起分享，以承上启下、继往开来。无疑，在未来发展的道路上，这样的"铺路石"多了，路自然就平坦了，大师们也就应运而生了。

　　"金融投资入门系列"丛书将为那些有志于进入金融投资领域、成为金融投资大师的读者提供权威的理论指导和有效的实战经验。相信广大投资者也一定会从中受益匪浅。

中国农业大学期货与金融衍生品研究中心培训部

译者序

ETF 的英文全称是 Exchange-Traded Funds，中文有多种译法：例如，在《投资学》教材中，一般译为"交易所交易基金"，上海证券交易所则将其译为"交易型开放式指数基金"。

本书将 ETF 译为"交易型开放式指数基金"，因为目前我国证券投资基金行业从业者普遍选择这种译法，并且我国基金公司在公布 ETF 的相关资料时，也采用这种译法。但敬请读者注意：由于 Exchange-Traded Funds 的字面直译是"交易所交易基金"，因此，大多数《投资学》教材采用"交易所交易基金"的译法。

在本书翻译行文过程中，译者直接采用英文简称 ETF，而很少写出其中文全称，原因有三个：首先，由于 ETF 的中文名称过长，读起来有些拗口，在国内，无论证券专业人士还是普通投资者都直接使用 ETF 这一简称；其次，在本书的英文原版行文中一般使用 ETF，并不使用全称 Exchange-Traded Funds；最后，由于 ETF 存在各种中文译法，因此直接使用 ETF 简称会减少读者不必要的误解。

ETF 是指数基金的一个分支。近年来，买入并持有指数基金的消极投资策略备受证券学术界和经典《投资学》教材的推崇。与一般的指数基金相比，ETF 有着交易费用低、交易方便等众多优势和特色，在国内的发展非常迅速。

在此，本书译者要感谢丁争争、武壆、黄礼丹、王昕、吕洁、王奇琦、商永佳、李可昕、魏语婷、王康、杜琳、董玲玲、郭璐、王雨薇、李珏、姚欣婷、陈慧、何旭冉等人对翻译本书所做的贡献。

在本书的翻译过程中，译者很荣幸地获得了来自嘉实基金杨宇先生的许多指点和帮助，在此表示衷心的感谢。杨宇先生现任金贝塔联席CEO，他曾任嘉实基金董事总经理、指数投资总监。杨宇先生拥有19年的证券从业经验，曾管理嘉实沪深300ETF等多支基金，7次获得指数型金牛基金奖，是国内ETF实务经验最丰富的专家之一。杨宇先生从专业的角度给出了许多翻译建议，例如，本书第13章的名称"specialty ETF"，译者曾反复斟酌其确切的中文翻译，杨宇先生指出ETF同业人员称其为"另类ETF"。尽管在英汉词典中"specialty"并没有"另类"的含义，但是译者结合自身多年来进行《投资学》中英文双语教学的经验，觉得在本书的ETF语境中，"另类"是对"specialty"最贴切的翻译。类似这样的建议还有很多，本书译者对杨宇先生百忙之中的指点非常感谢！

胡阳、孙健慧

2017 年 3 月 9 日

中文版序

　　"辞旧迎新"是中国的一个经典成语，它在很大程度上告诉人们要做什么、怎样做、何时做。举世公认，中国已经成为现今世界上真正的耀眼明星，这一方面归因于其近年来经济的快速发展，另一方面也归因于其坚定的经济转型步伐，这种转型使中国成为一个具有全球领导力的强大经济体。对于中国和世界上的其他国家来说，全球经济的相互依赖与相互影响都是一件好事。交易型开放式指数基金（ETF）也同样如此——因为全世界的投资领域都在不断发展，并且经常不分国界。毫无疑问，正在席卷投资市场的最有意义的变革之一是来自于ETF的迅速发展、广泛普及和使用。这种令人不可思议的趋势已经不是简单的进化，而是革命性的变化，而这一切仅仅经历了短短十几年。考虑到庞大的全球投资市场的宽度与重要性，ETF的前景将比今天更加光明。

　　总的来说，一个国家的快速增长，包括它的股票交易市场的快速增长，随着资本的形成与财富的创造。然而，快速增长的股票市场也呈现出了不尽如人意的问题与投资风险——剧烈波动的证券价格，甚至过高的风险水平，有时最终会迫使投资者离开证券市场。当然，风险和潜在的投资收益密不可分——这意味着不面对相应的风险水平，投资者是无法产生收益的。幸运的是，这本书的内容将帮助你了解：一个投资组合中的风险在哪里产生，如何最小化风险，以及投资ETF所带来的相应的潜在收益。投资者对这些知识了解得越多，越有利于作出决策。

　　在我看来，一本能够均衡理论与实践应用的书可以使读者获益更多，它不仅胜过重理论轻实践的书，也胜过重实践轻理论的书。本书努力做到了这种均衡。此外，本书的目标读者群并不是那些高水平的资深投资者，因为这些投资者已经坚实地掌握了关于投资策略与持仓的知识。相对而言，本书的目标读者主要是那些非常渴望在投资思路上夯实基础的新手和中级投资者，他们想要学习的是已被证实对大多数投资者来说是适合的、成功的投资思路。本书的指导原则是——用必要的知识和工具来"武装"投资者，你将发现本书强调了两个方面的内容：一方面具体阐述了充分利用 ETF 所需的各种相关概念；另一个方面介绍了如何应用 ETF 来构造一个获利的投资组合。

作为一位投资咨询顾问，我发现自己常常宣传 ETF 的好处，以及如何管理、何时正确地管理，如何应用 ETF 建立一个长期获利的投资组合。本书将特别详细地讲述 ETF 的这些好处，我经常与客户分享这些内容。另外，我喜欢将 ETF 与共同基金和单支股票、债券资产进行比较——本书很好地做到了这一点。每一类金融投资方案都展现了其优势与劣势——然而 ETF 的劣势可能会少一些。我和客户分享的关键信息以及我认为什么时间应该为个人客户和机构客户构建最佳投资组合同样包含在本书中。

我真诚地希望本书的内容能够点燃你对 ETF 投资的热情。投资不是全速冲刺，而是一场马拉松，最成功的投资者善于利用的是时间，而非捕捉市场时机。我也真诚地希望你——无论你是个人投资者还是机构投资者——都能很好地建立一个获利组合，以此来实现你的财务目标并且达成个人的长期投资目标。你知道的投资知识越多，成长得就越快。

最后，我要对胡阳教授和孙健慧博士为本书的翻译所付出的辛劳表示我衷心的感谢。从毫无头绪到开始写作一本书已经是一项挑战了，但我认为将一本书翻译成第二种语言更具有挑战性。再一次感谢胡阳教授、孙健慧博士和全体翻译、出版团队的成员，并祝你们以及本书的所有读者好运！

前　言

　　《ETF 投资策略从入门到精通》一书的写作目的是用成功投资 ETF 所需的相关信息和工具来"武装"读者。或许你对 ETF 并不感兴趣，但出于好奇心或者工作、课程的原因而正期待丰富 ETF 知识。无论出于什么原因，这本书将准确地传递给读者有关 ETF 的一切知识。这本书的内容适合于那些对投资有一些基本了解的投资者，他们希望通过本书获得有关 ETF 基本理论的坚实基础。因此，本书的指导原则是要完善并夯实投资者的投资理念。

　　当读者通读全书时，ETF（Exchange-Traded Funds）这一称呼并不能完全准确、适当地描述所有交易所交易投资组合（Exchange-Traded Portfolios，简称 ETP），因为从投资等级角度看，ETP 是一个更合适的称呼。但是，由于 ETF 已经被普遍接受和广泛使用，因此区别 ETF 和 ETP 并没有实际意义。在可能的情况下，本书将更多地使用 ETF 这一称呼，而不是 ETP。另外，这本书将会强调消极管理型 ETF，但在确实需要比较消极和积极两种投资策略时，本书也会提供积极管理型 ETF 的详细信息。

前期准备

我反复鼓励人们，在证券投资组合操控他们之前，就要管理这些投资组合。投资组合管理永远始于投资者自身，即使你与一家可靠的专业投资机构合作，也不要放弃对投资组合的控制和监管，将这些责任全权委托给他人。当面临投资问题时，你有两种选择：一种是，完成所有能够帮助你成功管理个人证券投资的任务；另一种是，不论好坏，就这样放弃它们，让你的证券投资组合操控你。当你开始阅读这本书时，就已经展示出你想要积极地进行投资组合管理的意愿。这本书将会是助你完成这项任务的宝贵工具。

自我评估

在你着手完成将 ETF 应用到投资中的这一目标前，我强烈建议你完成一份有关投资管理能力的自上而下的自我评估。因为投资是一个个性化的过程，并且将随着你的处境的变化而变化，所以你需要尽可能多地了解自己目前的财务状况、想要实现的目标，以及如何最好地缩小目标差距。不同的投资者不仅财务目标和责任不同，其潜在的财务环境与偏好也不同。因此，个人投资者不仅需要保持谨慎同时还需要拥有一定的技能和耐心才能通过 ETF 获得收益。

如何从本书中获益更多

《ETF 投资策略从入门到精通》分为三个部分，每一部分中的各个章节联系紧密。在本书中，没有任何一个部分或者一章的内容比其他内容更重要，所以，从开篇章节阅读到最后的附录是你理解本书内容的最好的途径。这本书的结构安排能够使你的收获最大化，它易于学习，并且快速而简单地参考引用了其他资料。此外，本书竭力创造具有视觉冲击效果的图表，用来推进读者的学习进程，使之更加清晰明了。本书第一部分介绍了ETF的重要基础知识；第二部分详细讨论了市场上交易的不同种类的ETF；第三部分除了陈述与ETF相关的主题（如投资风险、报酬、资产配置原理）外，重点地介绍了如何在你的投资组合管理中最佳地运用ETF。

本书中不会涉及的内容

《ETF投资策略从入门到精通》以一种易于理解的方式详细阐述了ETF。首先，你将学习ETF投资的基本原理，然后学习如何运用这些知识进行ETF投资。这本书不会向你阐述复杂深奥的数学知识，也不会深度探讨一些使你忽视ETF整体大局的话题。尽管这本书刻意淡化或者排除了一些复杂的信息，但你依旧将接触到所有需要学习的技术信息，从而掌握ETF大局。读完本书后，如果你仍想深入了解ETF的一些高难度知识，那么我建议你买一些由专业投资人士写的更为复杂、深奥的书。但是，这么做对大多数投资者来说是没有必要的。

章节概述

《ETF投资策略从入门到精通》分为三个部分，这样的结构安排可以使你轻松快速地找到你想学习的内容。这三部分涵盖了19章的内容，涉及了一切关于ETF的基本知识和其他相关问题。本书的章节结构介绍如下。

第一部分：ETF基础知识

《ETF投资策略从入门到精通》第1章是有关ETF的基础知识，涉及了概念界定以及ETF市场的现状。第2章是ETF的背景介绍，包括它的发展历程以及重要里程碑事件。第3章详细讨论了ETF与共同基金和普通股票的不同之处及其优势。第4章探讨了定义 ETF 的核心——ETF 跟踪的各种指数，以及最著名的指数编制机构的特征。第5章由浅入深地探讨了 ETF 的技术层面。这些高级的主题强调了在投资框架内 ETF 是如何运作的。第6章在前述章节信息的基础上，向读者介绍了一些必要的、复杂的问题，包括将 ETF 由一个概念发展为上市产品。第7章探讨了 ETF 市场中的主要参与者。

第二部分：ETF 的类型

《ETF 投资策略从入门到精通》第二部分关注的是供散户和机构投资者进行投资的不同类型的 ETF。第8章为讨论跟踪证券市场指数的 ETF 奠定了基础，比如跟踪标准普尔 500 指数和道琼斯指数的 ETF。第9章通过分析具有市场代表性的板块和行业，对 ETF 进行了一定程度的深度挖掘。第10章充分解释了固定收益 ETF 为什么如此重要，特别是对于那些保守的投资者和收益导向型投资者。第11章从国际化和全球化的视角阐述了 ETF。第12章将实物资产市场划分为三个重要且具有相关性的市场：大宗商品市场、货币市场、房地产市场。第13章介绍了一些另类 ETF，特别强调了那些投机性较强的杠杆 ETF 和反向 ETF。

第三部分：ETF 的使用

《ETF 投资策略从入门到精通》第三部分，也就是最后一部分，将为你介绍如何把 ETF 纳入你的投资项目中，同时在投资前你需要了解哪些特殊的问题。第14章介绍了投资风险和回报——这是投资学的基础入门知识。第15章是关于资产配置的概述，以及对为什么资产配置策略对于保护和培育一个投资组合是如此重要的阐述。第16章揭露并驳斥了一些普通投资者对 ETF 所持有的误解。第17章和第18章两章探讨了一些 ETF 投资组合的样本，第17章讲述了伴有风险的传统生命周期投资理论，第18章则介绍了 ETF 专向投资组合，这类投资组合主要基于投资者情绪和市场方向。本书最后一章（第 19 章）放眼于未来 ETF 投资的发展方向。本书的附录为你提供了有价值的资源和历史数据，以及一个调查问卷，它将帮助你识别你的最优资产配置。

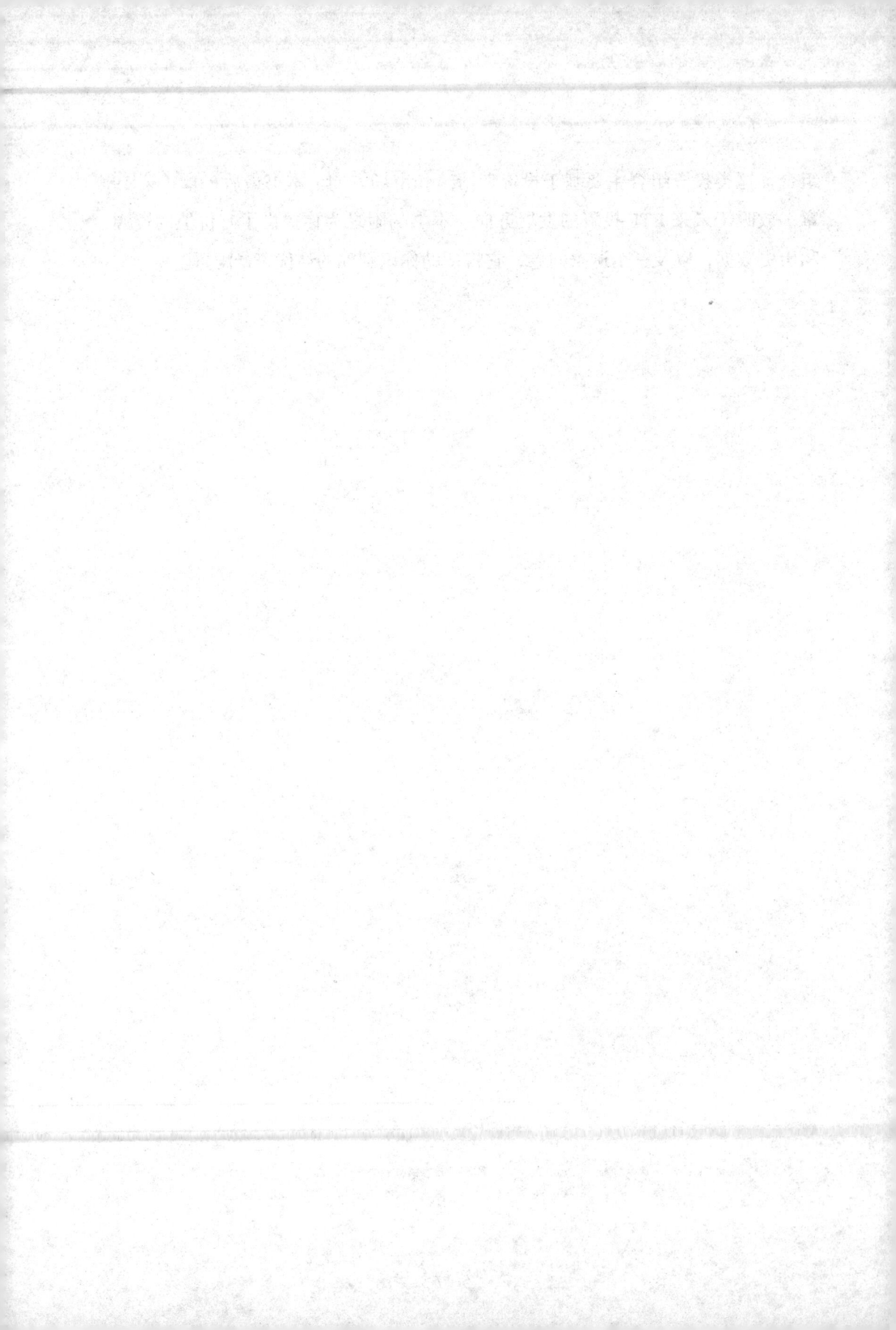

目　录

第一部分
ETF 基础知识

第1章

准备开始：ETF 知识入门

从 2001 年到 2010 年这十年间，交易型开放式指数基金（ETF）的数量已经增长了十多倍。2001 年年初，在美国证券市场上，ETF 的资产管理规模大约达到了 700 亿美元，ETF 数量为 90 支。在经历了快速增长的十年之后，2010 年年底，ETF 的资产管理规模已经超过了 1 万亿美元，基金的数量已接近 1100 支。人们构想并发行第一支 ETF 还是二十多年前的事，那时谁也想不到 ETF 的发展速度如此惊人（见图 1-1 中美国证券交易最活跃的 ETF）。

相对于其他投资方式来说，ETF 是一种新颖且诞生时间并不长的创新型投资产品。但不管是业余的投资者，还是富有经验的投资者，抑或是机构投资者，都越来越青睐 ETF。

ETF 为投资者（包括中产阶级）提供了一个投资于高度分散化的、节税的、符合成本效益原则的一篮子证券的投资机会，这些证券包括普通股票、优先股、债券、房地产信托基金以及大宗商品交易。

序号	ETF	代码	交易量*
1	SPDRS&P500	SPY	156 408 828
2	Financial Select Sector SPDR	XLF	68 696 102
3	iShares MSCI Emerging Markets Index	EEM	62 767 602
4	PowerSharesQQQ	QQQ	60 317 012
5	iShares Russell 2000 指数	IWM	52 889 184
6	iShares MSCI Japan Index	EWJ	40 517 426
7	iShares Silver Trust	SLV	32 069 658
8	ProSharesUltraShotrS$P500	SDS	24 325 984
9	Direxion Daily Financial Bull 3X Shares	FAS	24 055 219
10	Vanguard MSCI Emerging Markets ETF	VWO	19 729 682
*100 天的平均交易量			

图 1-1　美国证券交易最活跃的 ETF

资料来源：Frush，2011 年 4 月

ETF 本身并不是投资策略；ETF 是包含标的证券的基本投资结构或投资组合。而投资策略的主要内容，则是如何管理这些证券。从这个角度来说，共同基金和对冲基金与 ETF 有共同之处。然而，前面提到的这些投资结构，每一种都有其各自的特点，这些特点或多或少地都不能从其他投资结构中找到。打个比方，ETF 就像是一辆小轿车，而司机就是 ETF 的发行商，乘客就是投资者，引擎就是标的证券，地图就是跟踪指数。轿车行驶到哪儿要看司机如何掌握方向（即投资策略）。这种轿车是不会自动驾驶的。然而，并非所有的轿车都是同一种设计。相比较而言，有些车速度更快，有些车更安全，有些车更舒适，有些车搭载的乘客更多，有些车更加有名。所以，某些投资方式（例如，ETF、共同基金、对冲基金）更适合于某一种投资策略或更适合于某种投资者，但却对其他投资策略或投资者并不适合。

当第一支 ETF 诞生时，它的设计初衷是用来跟踪市场指数，类似于当时的指数型共同基金。然而，自从 2008 年首支主动管理型 ETF 诞生之后，大部分新的 ETF 都用来跟踪私人定制指数。这在本质上意味着 ETF 正在抛开传统的指数化投资哲学，正在综合运用主动投资管理式的方法论，旨在跑赢市场，从而跟踪并形成市场回报。许多强调主动管理型 ETF 的发行商都宣称：他们的 ETF 策略以及 ETF 产品比市场上其他 ETF 都要好。或许，这些发行商甚至会为了证实他们的宣传而大肆吹嘘他们的所谓一流表现。聪明的投资者清楚，在投资领域根本没有必胜法宝。大部分资金管理者（基金经理）每年的表现都不能超过他们各自的基准水平，并且他们的表现也不具有持续性。市场上总是存在超水平发挥的资金管理者，也有表现不佳的资金管理者。这一现象可以用简单的数学知识和大数定律来解释。然而，ETF 确实凭借其独特的方式取得了成功，这样的方式能够节约成本，即节省了税费，提高了交易效率。就是这些因素增加了 ETF 的内在优势，也给投资者们带来了利益和激励。

什么是 ETF

一支 ETF 是由按照美国《1933 年证券法》或《1940 年投资公司法》设立的投资公司为投资者提供的股票、基金、商品或其他证券投资组合中按比例计算的份额。从某种角度来讲，ETF 可以认为是普通股票和共同基金的结合：ETF 每天在证券交易所里的交易是按照连续不断的市场价格进行的，这点类似于普通股票的交易；ETF 同时持有分散化的证券投资组合，这点又类似于传统的共同基金。传统的共同基金是"向前定价"的，这意味着它仅能在交易期结束时购入和出售，但在市场开放的任何时间点上 ETF 都可以进行交易。另外，ETF 带有和股票类似的交易规则，例如卖空（即融券交易），保证金信贷买入（即融资交易），交易时可以执行市价指令、限价指令、止损指令以及其他各类交易指令。

ETF 和共同基金之间最重要的区别在于投资者买卖基金的价格。共同基金是通过按市值计算的基金资产净值（Net Asset Value，简称 NAV）交易的，而 ETF 是通过市场力量决定的价格进行交易的，这一价格可能与基金资产净值不同。但是 ETF 的市场价格同样受到投资者简单供求关系的影响。基金资产净值会发生折价或溢价。封闭式基金与 ETF 很类似，因为封闭式基金的交易在证券交易所内完成，并且持有多支证券。然而封闭式基金的基金资产净值有时会产生巨大的折价或溢价——有时折价或溢价幅度高达 30%。

ETF 结构中的两个特点决定了其市价和基金资产净值大体相当。第一，持有投资组合份额的透明度：当市场参与者知道了一支 ETF 所持有的投资组合时，他们就不大愿意以偏离了所持有的投资组合的综合市场价值的价格买入或者卖出 ETF 的证券，这一价值被称作"日内参考价值"（Intraday Indicative Value，简称 IIV）。第二，大的机构投资者被称为授权参与者（Authorized Participants，简称 APs），他们会按合同约定参与到市场中来，买入或者卖出 ETF 的份额，进行类似于持续无风险的套利行为，直到 ETF 市价与基金资产净值相差无几。当 ETF 中的股票价格和基金资产价值持平时，投资者会从中获益，授权参与者在这个过程中也会获得一些薄利。

ETF 的设计初衷是用来跟踪市场指数或私人定制指数。到底跟踪什么指数，由 ETF 的发行商来决定。在证券交易所（例如纽约证券交易所）允许 ETF 上市交易之前，ETF 的发行商必须接受相应的监管部门的批准。在美国，大约有 90% 的 ETF 要受到美国证券交易委员会（the Securities and Exchange Commission，简称 SEC）的批准与管理，剩余的 10% 则由商品期货交易委员会（the Commodities Futures Trading Commission，简称 CFTC）管理（图 1-2 所列为美国最大的 15 支 ETF）。

ETF 是如何运作的

ETF 发行商发起 ETF，例如先锋基金管理公司（Vanguard）和 PowerShares 基金管理公司会选择一个 ETF 要跟踪的指数，以标的证券为基础构建一篮子证券，再决定在 ETF 市场发行多少 ETF 股份。例如，当一个 ETF 发行商选择了一个合适的需要跟踪的指数，就会与授权参与者签约，事先约定好投资组合，并且要求授权参与者将这些证券存放在 ETF 发行商那里。然后，发行商交给授权参与者所谓的"申购单位"（creation unit），这种申购单位一般会代表 5 万 ~10 万个 ETF 股份。授权参与者既可以持有 ETF 股份，也可以通过公开市场全部卖出或者部分卖出，这样普通投资者就可以买到了。第 5 章更详细地介绍了申购和赎回程序。

由于上述申购与赎回程序所产生的结果，使投资者在技术操作上不需要直接与 ETF 发行商进行交易——这一点与共同基金明显不同——相反，投资者需要与授权参与者交易。美国证券交易委员会负责监管 ETF 发行商，要求发行商在他们所有的招募说明书以及在其他需要客户批准的书面材料（如 ETF 广告）里披露这一重要事实。

ETF 主要分类

可供投资者买卖的 ETF 主要有六类。这些 ETF 跟踪大量美国与海外的传统市场指数，同时还跟踪 ETF 发行商编制的私人定制指数，用来满足私人特有的投资策略。这六类 ETF 如下所示。

1. 宽基指数 ETF

这类 ETF 跟踪股票市场指数，这些指数可以基于规模（大市值、中市值、小市值），也可以基于风格（成长股、价值股、混合股）。这类 ETF 的典型例子包括：跟踪标准普尔 500 指数的 SPDR（绰号"蜘蛛"）ETF 和跟踪纳斯达克 100 指数的 PowerShares QQQ。

2. 板块和行业 ETF

这类 ETF 跟踪目标行业指数，例如能源行业、医疗保健行业、高新技术行业和房地产开发业。这类 ETF 的例子有金融指数 ETF-SPDR 和先锋信息技术 ETF。

3. 全球指数 ETF

这些基金跟踪如下目标指数：各个不同国家的指数、各个地理区域的指数、主要经济发展水平分类指数（例如，发达国家市场指数与新兴市场指数）。这类具有代表性的 ETF，例如先锋摩根士丹利新兴市场指数 ETF 和 iShares MSCI 巴西指数 ETF。

4. 实物资产 ETF

这类 ETF 跟踪相应投资产品的指数，这些投资产品包括房地产信托基金、大宗商品和货币。这类 ETF 的典型代表为 PowerShares DB 商品指数跟踪基金和先锋不动产投资信托公司指数基金。

5. 固定收益 ETF

这类 ETF 跟踪广泛的债券市场指数，包括国债、地方债券、机构债券和公司债券。这类 ETF 的典型代表为 Vanguard TotalBond Market ETF 和 iSharesiBoxx Investment GradeCorporate Bond ETF。

6. 另类 ETF

这类 ETF 跟踪的指数有别于传统投资方法，例如杠杆 ETF 和反向 ETF。这类 ETF 的典型代表包括 ProShares Ultra Financials ETF 和 Direxion Daily

Financial Bear 3X Shares ETF。

基金名称	交易代码	资产
SPDR S&P 500	SPY	91.9
SPDR Gold Shares	GLD	59.7
Vanguard MSCI Emerging Markets	VWO	49.4
iShares MSCI Emerging Markets	EEM	41.6
iShares MSCI EAFE Index	EFA	40.6
iShares S&P 500 Index	IVV	28.4
PowerShares QQQ	QQQ	25.5
iShares Barclays TIPS Bond	TIP	20.3
Vanguard Total Stock Market ETF	VTI	20.3
iShares Russell 2000 Index	IWM	18.2
iShares Silver Trust	SLV	16.4
iShares Russell 1000 Growth Index	IWF	13.8
iShares iBoxx $ Inv Grade Corp Bond	LQD	13.2
iShares MSCI Brazil Index	EWZ	13.2
iShares Russell 1000 Value Index	IWD	12

图 1-2 美国最大的 ETF

资料来源：晨星，2011 年

ETF 的费用

由于遵循严格的消极管理策略，典型 ETF 的管理费用非常低，通常少于其份额的 30 个基点，也就是相当于 0.3%。如果 ETF 采用一种更积极的投资管理策略，管理费用将会提高，时常会提升到 60 个基点或者更高。除管理费用外，投资者需要在交易所交易这些 ETF 股份，这也就意味着在买卖 ETF 股份的时候会产生交易佣金。因此，在建立投资组合之前要留意并考虑这些基金的费用（其他关于 ETF 次要的成本将会在第 5 章详细论述）。

ETF 的不可分割收益

当投资者购买 ETF 股份时，投资者对标的证券享有不可分割和按份额享有收益的权利。所有在册的投资者并不分摊标的证券，而是持有一两种股票的一部分份额。ETF 投资者是 ETF 标的投资组合中每一种证券的所有者。打个比方：三个人将要合伙从事商业活动，平摊购买某汽车的销售代理权。这三个生意合伙人将共同拥有商店里的经营工具、商店建筑和现场待售的小汽车等。他们中的任何一个人不会完全拥有商店里的经营工具、商店建筑，以及现场待售的小汽车。三个生意合伙人中的每一个人所拥有的是这些资产的不可分割的收益。这与 ETF 投资者的情况很类似。

ETF 的典型属性

任何一种投资观念或投资策略都有很具体的、界定性的属性，ETF 也不例外。如图 1-3 所示，ETF 可以通过自身一些不同的属性进行简单的界定。尽管本书将在以后的章节中或多或少地讨论 ETF 的每一种属性，但这一章仍将会展现出 ETF 的最本质属性，进而展现出 ETF 的重要性和 ETF 吸引投资者注目的优势。对于那些想知道为什么要投资 ETF 的投资者来说，本章是非常关键的一章，因为这一章将会明确地阐明投资 ETF 的具体原因。请投资者注意，ETF 还有其他属性（例如，拥有较高的日内交易流动性和没有最低认购要求），但是这些不像如下属性那样重要。下面介绍的这些 ETF 属性，并没有特定的顺序。

ETF 是高度分散化的

尽管 ETF 看上去像股票，但在许多方面 ETF 更像共同基金。和共同基金一样，ETF 拥有许多标的证券，从而提供了内在的分散化。分散化之所以有吸引力，是因为在某个个别证券的收益受到严重的负面影响时，分散化有助于保障投资组合收益的安全。ETF 一直坚持着"不要把所有的鸡蛋放在一个篮子里"的基本原理。

类似股票的交易属性	高度分散化	
	低费用	
	高透明度	

即时资产配置
市场反应

持续管理	节税
	充分投资

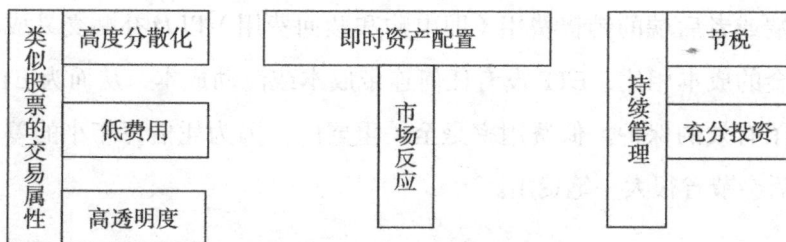

图 1-3　ETF 的典型属性

资料来源：Frush 金融集团

ETF 能够提供即时的资产配置

由于任何 ETF 都有数量巨大的标的证券，并且由于 ETF 跟踪市场指数，ETF 会为投资者提供其跟踪资产类别或细分市场的即时的、内在的资产配置。由于投资者可以简单快速地购买 ETF，所以他们可以从其配置的资产中获得收益和潜在的回报。

ETF 拥有像股票一样的交易特性

业余投资者公认的 ETF 的第一个优点，就是其拥有像股票一样的交易特性。尽管共同基金的投资者在交易方式上受到限制，但是 ETF 却不一样。ETF 的设计初衷，就是着重强调其拥有像股票一样的交易特性，这样做的目的是与股票开展竞争，为 ETF 发行商和证券交易所吸引新的管理资产和新的收入。拥有像股票一样的交易特性，使得 ETF 投资者能够执行任何原来只能由股票投资者执行的各种交易指令。这些交易指令包括：市价指令、限价指令、止损指令、保证金信贷买入（即融资交易）和卖空（即融券交易）。个别证券经纪公司在这个指令名单的基础上扩充了自己专有的交易指令类型。

ETF 的低费用率

ETF 一个最重要的本质属性，就是其拥有良好的成本结构，特别是与共同基金相比较时。与相应的共同基金相比，ETF 通常具有更低的费用率，也没有前端或者后端的销售费用（即申购和赎回费用）以及补贴交易成本。与共同基金的成本相比，ETF 没有任何连带成本或流动成本，从而为 ETF 投资者提供了有效的保护。低费用率是至关重要的，因为凭借每年小的差异，积累多年后会节省很大一笔费用。

ETF 的高透明度

基金持股持仓和成本的透明度，对于投资者评估和投资最合适的 ETF 来说十分关键。共同基金除了不能提供令人满意的透明度之外，其基金信息披露水平与 ETF 也不在一个层次。投资者能够调查一支 ETF 的每日持仓情况。此外，投资者能够了解 ETF 在基金和投资组合层面上的费用事宜，这将会带来对 ETF 投资的信心。投资者要求付出与回报成正比，确保这一目标的实现就需要完全的透明度。

ETF 具有税收高效性

共同基金因为承担了资本利得的税务负担而声名狼藉，这些税务负担来源于部分或完全清算含有未实现收益的标的证券。由于高度创新的、有利的认购和赎回程序，ETF 投资者不会遭遇这些令人恼火的、对理财无益的缺陷。当 ETF 投资者出售基金而获得资本利得时，他们将面临资本利得税负，但至少这是一个 ETF 投资者可控的决策，而不会像共同基金那样受到投资经理的控制。

ETF 是完全投资的

许多基金投资者可能没有注意到，大多数共同基金没有做到完全投资，因此它们持有了中等数量至巨额的现金头寸。这不仅是为了满足共同基金投资者的清算要求，对于战术性资产配置也是必不可少的。高于预期的投资流入也会导致不正常的高现金余额。不论原因为何，在基金层面上，持有过多的现金会转化为一种并非投资基金本意的资产组合：偏重于固定收益，牺牲股票投资，从而将基金的资产配置政策交给外部控制。由于投资者在卖出

ETF 时发行商不需要付钱，所以投资者的资金也不直接流入 ETF，ETF 发行商可以选择完全投资，而无需像共同基金在面临同样的情况时要考虑许多相应的问题。完全投资的 ETF 能更好地利用上升的市场行情，而不是将现金闲置，不能参与股票市场的反弹。

ETF 传递市场绩效

共同基金和其他积极管理投资组合的一个最显著的缺点，就是其历史表现往往低于相应的基准。有关研究清楚地表明，在任何给定的一年中，积极管理的投资组合并没有超过其相对基准。即使当它们有超常表现时，这些投资组合重复获得这一成就的可能性也低很多。当所有从事积极投资管理的基金经理的业绩超过相对基准时，这些经理总是想要让你和其他投资者相信他们有货真价实的独特的投资技巧和判断力。从概率统计的角度来看，有人总是会有超常表现，而有些人则年复一年地持续有超常表现。相反地，ETF 不用担心生成 α 或市场绩效，因为许多 ETF 专注于产生 β 或市场绩效（见图 1-4）。这种比较可能显得有些没有意义，但是当投资者考虑到共同基金的高成本、低税收效率时，那么在接受市场绩效时也就不觉得那么糟糕了。

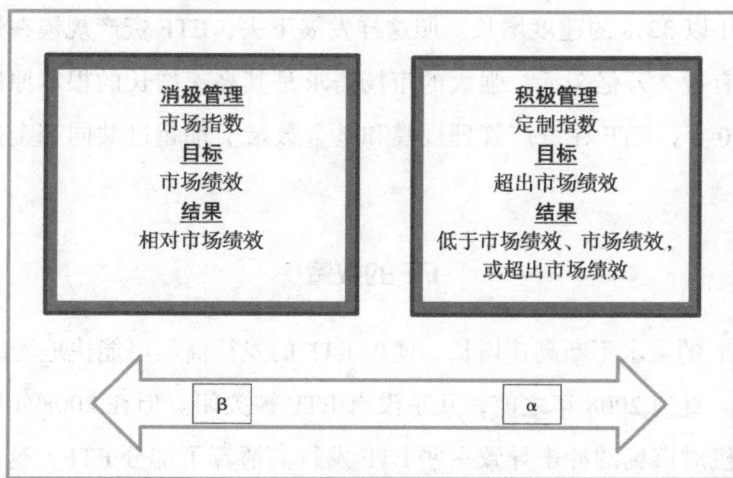

| 消极管理
市场指数
目标
市场绩效
结果
相对市场绩效 | 积极管理
定制指数
目标
超出市场绩效
结果
低于市场绩效、市场绩效，
或超出市场绩效 |

$$\beta \longleftrightarrow \alpha$$

图 1-4 投资管理风格

资料来源：Frush 金融集团

ETF 提供持续的管理

没有一个投资者希望出现这样的投资状况，那就是他们的投资不再能达到目标。当一个投资组合经理偏离他／她的预定目标时，那么说明目前这个基金经理的投资风格很不确定。这是一个不幸的状况，因为投资目标的变化，应该只由投资者进行决策，而不是受投资组合经理的影响，特别是那些之前投资者从来没有与其交谈过的投资组合经理。消极管理型 ETF 和指数基金是不会落入这种陷阱的，因为它们不是由投资组合经理及其团队操控的。相反地，消极管理型 ETF 是由复杂的计算机操控的，不会做出特别不利于投资者的投资决策。再次强调一下，对 ETF 投资者来说，他们得到的投资产品会与ETF 所宣传的完全一致。

ETF 的市场现状

ETF 的数量及其管理的资产规模，在增长速度上都是极其惊人的。在过去的几年中，这一增速进一步提高了，并且有时是指数级的增长，这种扩张趋势随着时间的推移只能变得更加明显。2000 年以来，美国的 ETF 资产规模平均每年以 32% 的速度增长。照这样发展下去，ETF 资产规模在短短的几年后就会有近 2 万亿美元。强大的市场需求是其高速增长的根本原因。在未来的 10~20 年，ETF 在资产管理规模和基金数量上都超过共同基金是很有可能的。

ETF 的数量

对 ETF 的需求不断高速增长，使得 ETF 的发行商尽可能快地增加 ETF 基金的数量。直到 2008 年之前，几乎没有 ETF 被关闭。但在 2008 年以后，由于金融危机对市场的冲击导致一些 ETF 发行商清算了部分 ETF，这一方面是由于投资者的兴趣减少，另一方面的原因更为重要，就是 ETF 缺乏充足的管理资产，这是 ETF 的命脉。将近 100 家 ETF 基金在 2008 年和 2009 年进行了清算，这一数字超过了前八年总和的 10 倍。

在美国市场的历史上，ETF 从来没在某一年度环比下降过。在 2000 年年末，美国市场上一共有 89 家 ETF——这个数字现在听起来少得不可思议，因为 ETF 在今天非常受欢迎，并且有了高度的发展。在 2010 年年末，美国市场已经有了将近 1 100 家 ETF，增长了近 11 倍（参见图 1-5）。虽然 ETF 的数量每年都在缓慢增加，但是在 2005 年前后，ETF 数量的增长速度开始腾飞。在 2005 年年末，一共有 219 家 ETF，两年之后这一数字上升到了 672 家，增长超过了 3 倍。即使在 2008 年和 2009 年这两个极其特殊的年份，近 200 家 ETF 的清算退出也并没有阻挡 ETF 总体数量增加的浪潮，因为在这两年中新发行了 200 支 ETF。一旦金融危机已过顶峰，并且开始复苏，ETF 的发行商就开始向市场大量投放新的基金；仅仅在 2010 年这一年中，ETF 的数量就增长了 20%。一些人认为这种增长速度是不可持续的，但是我认为在可预见的未来，这是一种可持续的增长，因为有超过 800 支新的 ETF 正在向美国证券交易委员会提交发行申请。

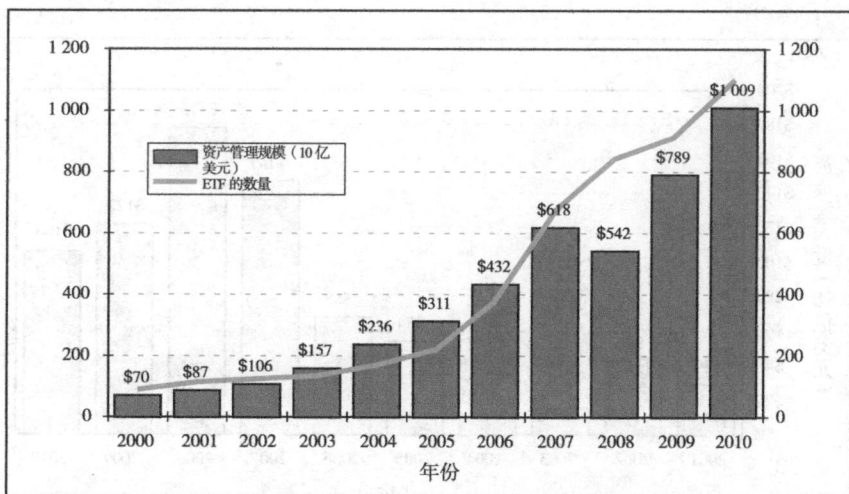

图 1-5　美国每年 ETF 的资产管理规模和数量

资料来源：黑石公司、彭博社和美国 Factset 公司

ETF 的资产管理规模

在 20 世纪末，美国的 ETF 资产管理拥有着 700 亿美元的资金，而在两年之后，它所管理的资金只增加到了 1 000 亿美元的规模。但是，从 20 世纪末开始，ETF 的资产流入量不断增加。在金融危机爆发之前（2007 年），ETF 的资金管理规模冲到了 6 000 亿美元。虽然 2008 年基金的资产管理规模看起来不如以前了，但是 2009 年的规模又重新回到了 2007 年的顶峰水平。到了 2010 年年末至 2011 年第一季度，所有的基金资产管理规模更是超过了 10 000 亿美元。

ETF 各年度资金流入与流出

从 2000 年到 2010 年，美国 ETF 市场的资金流量始终是正值，即使在 2008 年也不例外，在这一年，整个基金市场管理的总资产环比是下降的（见图 1-6）。巧合的是，在 2008 年，人们目睹了资金流入 ETF 最多的一次，有将近 1 800 亿美元，也是在这一年，资金流入 ETF 的数量第一次超过了资金流入共同基金的数量。2007 年是投资者投入 ETF 的资金第二多的一年。而流入资金最少的一年是 2003 年，只有 150 亿美元。

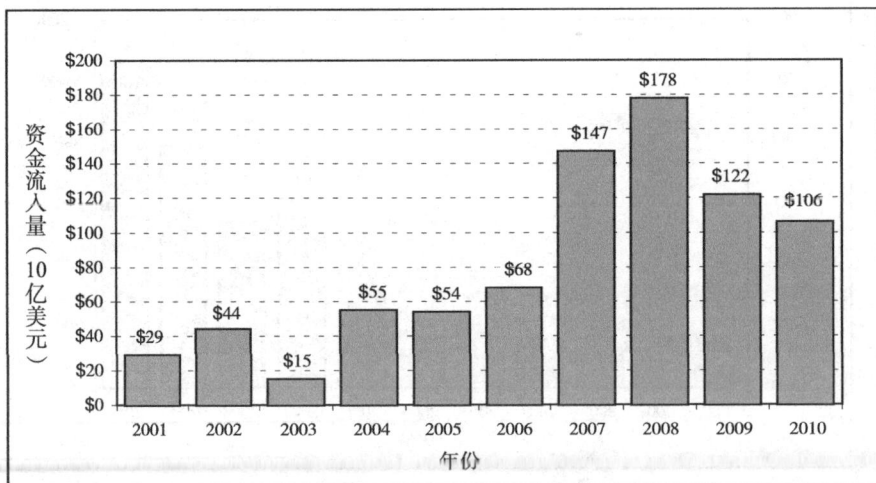

图 1-6　ETF 的年资金流入量

资料来源：黑石公司、彭博社和美国 Factset 公司

对 ETF 的需求

毫无疑问，在 ETF 诞生之后，市场对 ETF 的需求就在不断地稳定增长中。为了满足不断增加的市场需求，ETF 的发行商发行了更多的基金，这些基金可以将投资目标分散化，并且跟踪不是很有名的标的指数。在 20 世纪 90 年代中期，ETF 发行商开始发行国际股票 ETF，从 2000 年到 2005 年左右，这些 ETF 受到显著关注。在过去的十年中，有近 15% 的 ETF 资产投入到这一新兴市场中，使其成为仅次于国内大盘股 ETF 的品种（见图 1-7）。第三种受欢迎的是债券混合型 ETF，其受欢迎的程度不比国际股票 ETF 差多少。增长最快的 ETF 品种之一是大宗商品或与大宗商品相关的 ETF。大约三分之二的大宗商品 ETF 通过现货与期货市场跟踪贵金属。在所有的大宗商品 ETF 和行业 ETF 中，消费者 ETF 和公用事业 ETF 是资产管理规模最小的两种。

排序	ETF	代码	流入量（10 亿美元）	占总数百分比
1	Vanguard MSCI Emerging Markets	VWO	19.3	15.7
2	SPDR Gold Trust	GLD	5.8	4.7
3	SPDR S&P Dividend	SDY	3.5	2.8
4	iShares S&P U.S. Preferred Stock	PFF	2.8	2.3
5	SPDR Barclays Capital High Yield Bond	JNK	2.8	2.3
6	Vanguard Total Bond Market	BND	2.7	2.2
7	Vanguard MSCI Total Stock Market	VTI	2.6	2.1
8	iShares iBoxx $ High Yield Corporate Bond	HYG	2.6	2.1
9	iPath S&P 500 VIX Short-Term Futures	VXX	2.4	1.9
10	Vanguard Dividend Appreciation	VIG	2.3	1.9

图 1-7　2010 年 ETF 最高资金流入量前十位
资料来源：彭博社和黑石公司

最后，有超过 20 支 ETF 持有其他 ETF 的股份，其管理资产大约为 10 亿美元。当 ETF 开始投资于 401（k）和 403（b）之后，这类 ETF 将会有持续的高速发展。

ETF 散户投资者的特征

根据投资公司协会的报告，在 2010 年，大约有 330 万美国家庭拥有
ETF。另外，在拥有共同基金的美国家庭中，5% 的家庭拥有至少一支 ETF。
在拥有 ETF 的家庭中，97% 的家庭拥有股票、股票型共同基金，或者其他股
票的浮动年金。此外，66% 拥有 ETF 的家庭拥有债券、债券型共同基金或者
混合年金债券。最后，39% 的 ETF 投资者拥有房地产投资。绝大多数 ETF 投
资者比较富裕，有较高的收入。与全国平均水平的投资者相比，他们在投资
方面经验更多（如图 1-8 所示）。

特点	美国所有家庭	拥有 ETF 的家庭	拥有股票的家庭
平均家庭收入	$49 000	$130 000	$85 000
平均家庭金融资产	$75 000	$300 000	$225 000
大学学位或更高	31%	84%	50%
就业	60%	80%	67%
持有退休账户	41%	85%	68%

图 1-8　ETF 投资者的特点

资料来源：投资公司协会，2011 年

ETF 成员和参与者

本书的第 7 章将专门讲述 ETF 市场的主要成员与参与者，因为投资者将
在本书的前面几章遇到这些相关词汇，所以本章将对每一类参与者进行初步
的介绍。

- **ETF 发行商**。指设计、营销并监督现存每一支 ETF 的投资公司。例
  如，先锋基金、黑石公司（发行 iShares ETF）、道富公司（发行 SPDRs
  ETF）和景顺投资公司（发行 Power Shares ETF）。
- **指数编制机构**。指创建市场指数的公司，例如 ETF 试图跟踪的标准普

尔 500 指数。著名指数包括标准普尔指数、道琼斯指数、晨星指数和威尔希尔指数。

- **政府监管机构**。指联邦、各州、行业和国际机构，通过制定和实施法律法规，保证包括 ETF 市场在内的整个金融市场的可行性和有效性。这些机构包括美国证券交易委员会、美国联邦储备委员会、美国财政部和美国商品期货交易委员会。

- **证券交易所**。指为 ETF 和股票的买卖提供电子交易系统、流动资金和价格发现机制的公司。例如，纽约证券交易所、纳斯达克和多伦多证券交易所。

- **授权参与者**。通常指大型投资机构者、专家型经纪人、做市商或者主做市商（lead market makers，简称 LMMs）。他们与相应的 ETF 发行商签署协议，并直接与其进行 ETF 股份的认购和赎回。例如，德意志银行、高盛投资公司、La Branche 结构化产品公司和法国兴业银行。

- **主做市商**。以前被称作"专家型经纪人"，指在证券交易所签约成为 ETF 流动性的提供者。主做市商为 ETF 维护持续报价、提供价格发现机制，并按照交易日全天的特定份额形成最佳报价。

- **分销商**。指这样一些公司，它们不仅作为基金托管人和授权参与者之间的联系者，同时也帮忙将 ETF 售卖给散户和机构投资者。一些 ETF 发行商的子公司承担这项任务，而其他 ETF 发行商则从外界找合作伙伴。

- **托管人**。指专门的金融机构，负责保证实物持仓和金融资产（也就是一支 ETF 的标的证券）的安全，并且扮演传统资金转移代理人和基金管理者的角色。例如，美国纽约银行梅隆公司、巴黎银行和富国银行。

- **证券公司（经纪人与交易商）**。指全功能经纪公司或者折扣型经纪公司，在每个交易日都为 ETF 投资者执行买卖交易指令。例如，亚美利交易控股公司、史考特证券、嘉信理财、美林证券、瑞士联合银行、富国咨询公司。

- **新闻和研究机构**。指从事 ETF 新闻传播、调查和分析的公司。例如，晨星机构、国际指数网（IndexUniverse.com）、价值线、ETF 指导网（ETFGuide.com）、ETF 动态网（ETFTrends.com）和寻找阿尔法网（SeekingAlpha.com）。

- **投资专业人士**。指 ETF 投资组合经理和投资顾问，他们协助管理 ETF 投资组合，或者给客户和投资者提供建议与金融支持。例如，注册理财规划师、特许金融分析师、基金认证专家。
- **ETF 投资者**。ETF 的最终使用者，处于 ETF 链条的末端。例如，业余散户投资者、有经验的投机者和各种规模的机构投资者。

机构投资者在 ETF 上的利益

在 ETF 投资方面，个人投资者和机构投资者会使用不同的投资方法与策略。为什么机构投资者会在一定程度上使用 ETF 进行投资组合管理？下面列出了七个最主要的原因。

1. **核心头寸**。机构投资者和个人投资者都有一个共同目标：构建出一个配置多类资产的最佳投资组合。通过 ETF，投资者可以配置到多种资产类别，包括各种投资风格、规模、经济领域、债券市场和国际市场的证券。投资者的目标是建立一个低费用、低税率的投资组合，ETF 能够很好地胜任这一目标。

2. **投资组合最优化**。当一个机构投资者想要配置一些小的细分市场，想要弥补资产配置差距，或者想在某些资产类别上增加权重时，就会经常使用 ETF 这一工具，因为 ETF 提供即时的资产配置并且具备内在的分散化特性。使用 ETF 是机构投资者获得其期望资产配置的有效途径。

3. **独特的资产配置**。当一个机构投资者想要在他 / 她的投资组合中增加一个独特的资产配置时，例如，实物黄金或者一个没有卖空风险的反向头寸，他 / 她能够将 ETF 作为工具使用。ETF 的日益流行，帮助投资者激发出那些在其他投资市场无法找到的投资创新。

4. **交易工具**。机构投资者每时每刻都要寻找他们能快速、简便利用的投资机会。因为 ETF 拥有像股票一样的交易特性，因此，ETF 提供了一个低成本、高流动性的投资工具，在任何交易日都可以进行交易。机构投资者高度青睐 ETF 的卖空能力，特别是卖空行业基金的能力。

5. **税务管理**。如果机构投资者需要卖出含有未实现收益的证券，那么一个自然的结果是这个机构投资者需要缴纳资本利得税。此时，机构投资者可以使用 ETF，一方面保留他／她所期望的资产配置，另一方面能够避免引发虚假交易（wash-sale）。关于虚假交易的法规规定，在证券卖出后，禁止在 30 天之内买入相同证券或"实质相似"的证券。ETF 基金一般不符合"实质相似"证券的定义，即使 ETF 跟踪相同的指数。

6. **对冲工具**。许多机构投资者使用 ETF 为他们投资的相应证券提供一个保护措施，用以减少这些证券投资带来的损失。两个最主要的做法是：第一，卖空 ETF 预防下跌风险；第二，使用期权。在股票价格下降时，投资者买入看跌期权在一定程度上起到投资保险的作用，而发起持保看涨期权能够产生更多的现金收入并提高增量收益。

7. **现金管理**。当一个机构投资者拥有过高的现金余额时，便能够使用多余的现金去买 ETF。因为机构投资者有基准目标，使用多余的现金去赚钱有利于其与同行业竞争。这样做通常只是一个短时间的过渡，一旦机构投资者决定了如何把多余的现金按照自身的投资政策和投资战略来进行投资，这个过渡期也就结束了。

第 2 章

历史与里程碑：ETF 诞生与进化简史

"让我们用富有新意的交易方式来赚钱。"这是在 20 世纪 80 年代末期和 90 年代初期，美国证券交易所（American Stock Exchange，简称 AMEX）的内森·莫斯特（Nathan Most）做出的一个充满智慧的总结。这一总结是对当时现状的一个回应：当时 AMEX 面临着财务压力、资源短缺、渴望增加收入的困境，因此 ETF 应运而生，并且这一创新已经成为一个令人难以置信的成功故事。ETF 创新背后的灵感是什么？ETF 最早是如何设计的？ETF 发展的历程漫长而曲折，这一历程开始于 20 世纪 70 年代，图 2-1 着重介绍了 ETF 发展历程中的重要事件。

年份	具有里程碑意义的事件
1989	现金指数参与计划（英文简称 CIP）和指数参与股份（英文简称 IPS）成为第一个推入投资市场的交易所交易组合。
1989	多伦多指数参与股份（英文简称 TIPS）是第一支真正意义的 ETF，由加拿大多伦多证券交易所推出。
1990	美国证券交易委员会（SEC）发布 17809 号法规，允许"超级信托"（Super Trust）交易。
1993	标准普尔 500 指数 SPDR ETF 成为第一支美国的 ETF。
1995	Rydex 公司推出了第一支货币 ETF：欧元货币信托。
1996	国际股权基准股份（英文简称 WEBS）成为第一支基于单一国家组合的 ETF。
1996	国家股权基准股份（英文简称 WEBS）成为第一支使用投资公司结构的 ETF。
1996	"国家篮子"（Country Baskets）成为第一支终止交易的 ETF。
1996	德意志银行推出第一支商品 ETF：DB 商品指数基金。
2000	ETF 的首次大规模推出，有 90 支新基金同年在美国推出。
2008	贝尔斯登（Bear Stearns）推出了第一支积极管理型 ETF，但同年终止交易。

（续）

年份	具有里程碑意义的事件
2010	美国的 ETF 数量超过 1 000 支。
2010	许多经纪公司开始为特定 ETF 提供零交易佣金服务。
2010	12 月 16 日，美国 ETF 资产超过 1 万亿美元。

图 2-1　ETF 历史上的里程碑

20 世纪 70 年代：ETF 的出现

第一支指数型共同基金于 1971 年由诺贝尔奖得主威廉·夏普（William Sharpe）和比尔·福斯（Bill Fouse）在 Samsontte（即后来的富国银行，今天的巴克莱全球投资公司）建立。在当时，这支指数基金仅仅提供给大型机构投资者，并且与现在的共同基金相似程度很低。1976 年，约翰·博格尔（John Bogle）和普林斯顿大学的伯顿·马尔基尔（Burton Malkeil）一起为散户投资者创建了第一支真正意义上的指数基金：先锋 500 指数基金（Vaguard 500 Index Fund）。从那时起，博格尔已经为 ETF 奠定了这样的基调：费用低、节税。

大多数投资者对这种新型指数基金很满意，这种基金的回报率持续超过了积极管理型基金。投资者的资金流入使得先锋集团成为世界上最大的共同基金公司，其管理的资产超过 1 000 亿美元。然而，很快投资者就开始呼吁能够在证券交易所进行交易，拥有像股票一样的交易特性的指数基金。不久后，这种呼声就得到了证券投资领域主要参与者的重视。

20 世纪 70 年代，在指数型共同基金日益流行的同时，投资组合交易和程序交易也走入了投资者的视野。在这种交易方式下，一个完整的股票投资组合可以被创建为一个单一定单结构。举例来说，在美国，一个由标准普尔 500 所有成分股组成的投资组合可以创立为一个能够被主要经纪公司执行的单一定单。美国和世界各地的股票市场指数可以用来做同样的交易，这也许是 ETF 发展史上的第一步，也是最早的一步。但是，ETF 的发展史可以证明，这仅仅是冰山一角。

在 1976 年，尼尔斯·霍坎松（Nils Hakansson）在《金融分析师》杂志 11 月 /12 月发表了一篇题为"购买力基金：一种新型的金融中介"的论文。在这篇论文中，霍坎松设想了一种由"超级股份"组成的新型金融工具，这种工具的收益水平等同于一个预先设定的市场收益水平。这篇论文主张的购买力基金，其标的资产就是指数基金——但这明显标志着早期的 ETF 设计。

20 世纪 80 年代：ETF 奠定了基础

在 20 世纪 80 年代末期，有一家名为 Leland O'Brien Rubinstein Associates（简称 LOR）的金融咨询公司。该公司的主要业务是开发投资组合保险产品，其发现了上述购买力基金的简化版的不足之处。在大型机构投资者（例如 IBM 的养老基金）的支持下，LOR 公司在霍坎松"超级股份"设想的基础上，设计了名为"超级信托"的投资工具，这种设计要求将标准普尔 500 成分股的一篮子股票纳入一个交易，主要目的是满足机构投资者的需求。LOR 的创新，要求一个投资工具的标的指数能够有如下特性：（1）能够在证券交易所上市并交易（像封闭式基金一样）；（2）能够持续申购与赎回基金股份（像开放式共同基金一样）。在此之前，美国证券交易委员会在授权基金证券时，将其授权为开放式基金或上市基金，该委员会从来没有授权过同时具有两种特性的基金证券。这是一个明显需要解决的问题。这种新型投资工具的设计，要求这种基金像封闭式基金一样能够在证券交易所交易，但又没有令人烦恼的溢价和折价。为了解决这一问题，该设计计划引导大型机构投资者进行套利，这种套利将消除基金市场价格与基金净值之间的偏差。至少在理论上，这个问题解决了。

在 20 世纪 80 年代初期，大型机构投资者普遍交易并拥有一些股票篮子，这些篮子跟踪股票指数。大型机构投资者接下来也会交易这些股票指数的期

货合约。在美国，第一个官方承认的交易所交易组合是现金指数参与基金
（Cash Index Participations，简称 CIP），是在 1989 年创立、在费城证券交易所
交易的标准普尔 500 合成代理投资组合。美国证券交易所之后很快推出了类
似的证券交易所交易组合，名为指数参与股份（Index Participation Shares，简
称 IPS）。CIP 和 IPS 的交易价格按一定比例建立在标的股票指数的基础上。
尽管这两种产品非常流行，但它们的交易更像期货合约；其发展潜力在不久
之后便受到了投资者注目。不幸的是，这两种 ETF 在经过短暂的交易之后，
都被芝加哥联邦法院责令关闭，这是因为芝加哥期货交易所提起诉讼，该诉
讼认为这两种投资产品的本质是期货合约，因此必须在商品交易所进行交易，
而不能在证券交易所进行交易。

在 20 世纪 80 年代末期，加拿大成功推出了第一支可持续的 ETP。多伦多
证券交易所（Toronto Stock Exchange，简称 TSE）推出了多伦多指数参与股份
（Toronto Index Participation Shares，简称 TIP），该投资组合跟踪 TSE-35 指数，
因此成为第一支跟踪标的证券的 ETP，而且这种 ETP 并不是金融衍生品，所以
TIP 被认为是历史上第一支 ETF。与今天的 ETF 类似，TIP 的标的指数就是实
际的股票市场指数，具体来说，就是构成 TSE-35 股票指数的 35 支公司的股票。
由于其低廉的费用，并且能够让受托人交易标的股票指数的投资组合，因此这
种基金从一开始就高度流行。紧接着，TSE 推出 HIPS（多伦多 100 指数参与基
金，Toronto-100 Index Participations）。在 2000 年 3 月，TIP 与 HIP 进行了合并，
组成了一个单一的、具有高度流动性的 TSE-60 基金，该基金由巴克莱全球投
资公司进行管理。此后不久，多伦多证券交易所终止了该业务，而美国道富金
融集团分别推出了基于道琼斯加拿大 40 指数的 ETF。

美国证券交易所注意到了这些基金的流行趋势，从而研发出了符合美国
证券交易委员会法规的 ETF。与此同时，LOR 公司请求美国证券交易委员会
授权其创立一支 ETF，作为其 "超级信托" 的标的证券。这是一个艰苦并需
要付出高昂代价的过程，在这一过程中，没有人具有预见这些基金结果的洞
察力。至于 "超级信托"，LOR 公司将其标的指数定为标准普尔 500，并将这

一结构起名为"指数信托超级单位"（Index Trust Super Unit）。

20 世纪 90 年代：ETF 备受关注

在 1990 年，美国证券交易委员会发布了《投资公司法》第 17809 号法案，即"超级信托令"（Super Trust Order），该法令授予 LOR 公司创建 ETF 基金的权利，可以行使 1940 年《投资公司法》的豁免权，这使得 LOR 公司能够向前推行其发行 ETF 的计划。该法案授予 LOR 公司对于单位投资信托（Unit Investment Trust，简称 UIT）相关法律的豁免权，以及对于美国证券交易委员会监管投资公司的相关法律法规的豁免权。具体来说，这些权利与证券的卖出和交易方式有关。LOR 公司在 1990 年提交了申请，在接近两年之后获得了正式批准，对于一家准备推出创新产品的公司来说，这是一段很长的等待时间。

在 LOR 公司准备推出 ETF 的时候，美国证券交易所子公司 PDR Services 的总裁内森·莫斯特和史蒂文·布卢姆，也在向美国证券交易委员会申请发行他们自己的跟踪指数型 ETF（标的指数是标准普尔 500），这项申请在 1992 年被美国证券交易委员会批准成为一支单位投资信托，从而为在 1993 年 1 月推出的标准普尔存托凭证系列一（S&P Depository Receipts Trust Series 1，简称 SPDR）奠定了基础，人们也给该基金起了一个绰号"蜘蛛"（因为蜘蛛的英文拼写"spider"与 SPDR 很接近），其交易所代码是 SPY，该基金由美国道富环球投资公司管理（图 2-2 列出了一些 ETF 基金的批准日期，其中第一个就是 SPDR）。与指数信托相比，SPDR 在当时非常流行，并且很快成为第一支在商业上获得成功的 ETF。在进行 SPDR 交易的第一年，其资产管理规模就达到了 5 亿美元。因此，SPY 被看作第一支在美国上市的 ETF。在整个 20 世纪 90 年代，该 ETF 基金的管理资产和交易量持续显著增加并在 20 世纪 90 年代末期获得了广泛关注。实际上，标准普尔 500 SPDR 现在的净管理资产已超过 900 亿美元，成为在美国证券交易委员会注册登记的最大的单支股票型证券或者平衡型投资组合产品。

与先锋 500 指数型共同基金相比，SPDR 标准普尔 500 ETF 的成功归因于其较低的费用、ETF 作为节税投资工具的日益普及，以及在认购和赎回方面有效的做市商。然而，这种 ETF 的流行有一个经常被忽视的原因，就是为阻止资金从股市流出并转移至先锋 500 指数型共同基金，投资顾问的一种做法便是推荐投资者购买这种 ETF。

基金名称	批准日期
S&P Depository Receipts（SPDRs）	1992 年 10 月 26 日
MidCap SPDRs	1994 年 01 月 18 日
Country Baskets	1996 年 03 月 05 日
WEBS	1996 年 03 月 05 日
DIAMONDS	1997 年 12 月 30 日
Select Sector SPDRs	1998 年 11 月 13 日
QQQ	1999 年 02 月 22 日
iShares	2000 年 05 月 12 日
VIPERs	2000 年 12 月 12 日

图 2-2　美国证券交易委员会批准的部分 ETF 的日期

资料来源：Frush 金融集团

在美国证券交易所进行 ETF 交易，这给该交易所带来了新的商机，并为该交易所带来了盼望已久的新资金、缓解了其财务困境。然而，ETF 的发行充满了不可思议的监管陷阱和障碍。尽管如此，ETF 的发行是一项极大的成功，同时也是美国道富环球投资管理公司和美国证券交易所的一项成就。由于 ETF 交易的简便性和灵活性，第一批 ETF 基金采用了单位投资信托的结构。这种结构具有很大吸引力：成本不高；不需要建立昂贵的董事会；没有现金拖累；有能力出借标的证券。

在解决监管滞后问题之后，LOR 公司在 1993 年推出了超级信托和超级信托指数单元。虽然两种投资基金提供了超过其他投资产品的优势，但是这两种投资基金的缺点也很明显：不仅成本过高，还有不合理的最低投资门槛要求，并且对于绝大多数投资者来说，这两种投资基金过于复杂了（它们将信托和共同基金二者的结构结合在了一起）。因此，LOR 公司没有收回它所期待的资金支持，并且其基金交易一直不活跃。于是，这些信托在 1996 年被清算。

同年，摩根士丹利实验性地推出了交易所交易投资组合（ETP）阵容，并将品牌命名为"像上市交易证券一样的最优化组合"（Optimized Portfolios As Listed Securities，简称 OPALS）。这些 ETP 最初在卢森堡交易所进行交易，因为卢森堡对证券发行的监管环境比较宽松，容易实现资本积累。设计 OPALS 是为了反映不同的 MSCI 指数（即摩根士丹利资本国际），包括传统的标准普尔 500 指数、英国富时 100 指数和日经 225 指数。这些 ETP 的销售对象主要是政府批准参与发行的机构投资者，因此，在美国，OPALS 是相对模糊、鲜为人知的 ETP。相较于投资基金来说，OPALS 更像证券，因此，它被称为 ETP，而不是 ETF。

1995 年，美国证券交易委员会再次授权给美国证券交易所，上市一支与前述开创性的标准普尔 500 ETF 非常相似的 ETF。这支新发行的 ETF 由纽约银行进行管理，被命名为"中等市值标准普尔存托凭证 ETF"（Mid Cap SPDR ETF），这支新发行的 ETF 被用来跟踪标准普尔中等市值 400 指数。不幸的是，这支新推出的 ETF 有着不可预见的设计缺陷，导致加重了投资者额外的税收负担。直到 1999 年，这个缺陷才被修复。

在 20 世纪 90 年代中期，巴克莱银行的一家子公司与摩根士丹利联合为美国投资者设计类似于 OPALS 的 ETF，用来跟踪国际市场。这种 ETF 被命名为"国际股权基准股份"（World Equity Benchmark Shares，简称 WEBS），其诞生是一项对行业有所改变的创新，随后该基金改名为 iShares MSCI 指数基金份额。WEBS 的设计初衷是用来跟踪 MSCI 国家指数，基金序列编号为 17。

WEBS 是具有革命性的非同一般的投资产品，这样说有三个重要原因。首先，WEBS 给了美国普通投资者一个投资外国证券的机会——这种投资机会是通过规范的证券交易所进行的，例如这里提到的美国证券交易所，它坐落在美国并受到美国法律监管。其次，WEBS 的设计创新，使投资者的潜在税务负担大幅度降低。SPDR ETF 也随后紧跟创新的潮流，改变结构来优化税务设计。最后，与采用单位投资信托形式的 SPDR ETF 不同，WEBS 的组织形式是在 1940 年《投资公司法》规范下的受监管投资公司，这是全行业里的首创。受监管投资公司的这种结构，提供了一种有效的 ETF 管理方法：在同一个基金伞（或者是基金序列）下，可以创建多个 ETF，从而减少整个 ETF 家族的总成本。同时，受监管投资公司的这种结构赋予了 ETF 发行商足够的灵活性来为复制指数调整基金持仓。而单位投资信托结构则需要按固定的权重购买在某一指数内的所有成分股票。这种设计创新是摩根士丹利的一个慎重决定，旨在充分利用其在 OPALS 上积累的经验。最后，WEBS 成为第一支经美国证券交易委员会批准，可以在相同的市场营销资料中同时使用"基金指数"和"ETF"词汇的基金。

为了与 WEBS 竞争，纽约证券交易所与德意志银行协作发行了名为"国家篮子"（Country Baskets）的 ETF，目的是为了让投资者通过单笔交易买卖外国证券。Country Baskets 覆盖了九个国家及地区（澳大利亚、法国、德国、意大利、日本、南非、英国、美国和中国香港），跟踪金融时报指数（现在的富时指数）。由于各种设计上的一些缺陷和新雇用的高层管理人员没有履行承诺，Country Baskets 在市场上失败了，并在 1996 年被清算。Country Baskets 被认为是第一支 ETF 基金失败的案例，因此获得了绰号"国家棺材"。一份被清算关闭的 ETF 名单在本书的附录 C 中可以找到。

在接下来的两年里，有两支获得广泛成功的 ETF。1997 年，美国证券交易委员会批准了道琼斯工业指数 ETF 的发行申请，该基金俗称"钻石 ETF"，由道富环球投资管理公司进行管理。虽然钻石 ETF（交易代码：DIA）采用了单位投资信托的结构，但该基金在设计上吸收了 WEBS 作为受监管投资公司的税务优势。随后在 1998 年，钻石 ETF 正式发行，马上在散户投资者中取得了巨大的成功，部分原因在于其品牌力强、容易被接受，也在于报纸每天都会刊登该 ETF 的价格，使得投资者容易跟踪它的行情。道富环球投资管理公司并没有就此止步，在这一年晚些时候，该公司推出了行业选择 SPDR ETF，代表了标准普尔认可的 9 个行业。所有的 9 个新 ETF 都以标准普尔 500 的 9 个行业作为基准，因此这些 ETF 仅包含标准普尔 500 指数中出现的股票。这 9 个行业包括：非必需消费品、必需消费品、能源、金融、医疗、工业、材料、科技和公用事业。在 SPDR ETF 发展过程中，美林公司为道富公司提供了产品支持，因此使 SPDR ETF 得到了快速发展。行业选择 SPDR ETF 成为第一支拥有受监管投资公司结构、跟踪美国国内股票市场的成功 ETF 基金。

1999 年，美国证券交易委员会颁布法令，批准纳斯达克 100 信托，绰号"立方体"（Cubes），该信托采用日益流行的受监管投资公司结构。该 ETF（交易代码：QQQ，最初是 QQQQ）的设计初衷是要全面复制纳斯达克 100 指数。虽然立方体 ETF 在结构上类似于钻石 ETF，但是立方体 ETF 采用了改进的市值加权指数。这么做是出于投资政策的原因，是为了确保立方体 ETF 受到有限但有意义的管理。立方体 ETF 在市场上快速地得到了投资者的接受，现在已成为在世界范围内日均交易最频繁的证券之一。2007 年，该基金被发行商更名为 PowerShares QQQ（交易代码也随之改变）。

在这十年即将结束之际，巴克莱向美国证券交易委员会提出申请，要求批准近 50 支 ETF，并将这些 ETF 称为"交易型开放式指数基金"。使用受监管投资公司结构，巴克莱提请美国证券交易委员会批准其在管理 ETF 时，在不改变其指数化投资的前提下，拥有显著的自由决策权。这些 ETF 提供包括美国在内的全球资产配置。所有的 50 支 ETF 在同一天以 iShares 的品牌发行。因此，这一天标志着一个席卷 ETF 市场的趋势初现：通过追求数量来争取市场份额，而不是单纯地注重品质。创造和扩大市场份额成为当时 ETF 发行商最重要的目标。Rydex 公司也不甘示弱，在一天内提交了近 100 支 ETF 的申请，从而创造了新的数量纪录。

21 世纪：随后而来的 ETF 革命

2000 年，巴克莱全球投资公司对基金散户投资者进行了高强度的教育与配售。在这一举措的效用下，巴克莱逐步推出了 iShares ETF 产品，并在 2000 年年初正式发行。在五年内，iShares ETF 已经积累了大规模的基金管理资产，从而在资产规模上超越了全世界任何其他的 ETF 竞争对手。

2001 年，欧洲斯托克 50 指数基金（Euro STOXX 50）问世。到 2002 年年底，在全球范围内已经发行了 246 支国内和海外 ETF。欧洲处于市场领先地位，当时拥有 106 支 ETF（被称为"跟踪者"），其次是美国，拥有 102 支 ETF。亚洲（包括日本）和加拿大分别有 24 支 ETF 和 14 支 ETF。2001 年也是非常重要的一年，先锋集团通过引入它的第一支 ETF——先锋指数参与股权凭证（Vanguard Index Participation Equity Receipts，VIPERs），进入 ETF 基金市场，这支 ETF 与当时已有的整体股票市场指数基金挂钩。先锋集团 ETF 基金的发行，标志着 ETF 和开放式基金（指数型共同基金）挂钩的第一次实践，这是先锋集团申请专利的一个创新。先锋集团的进入使得 ETF 的竞争加剧，先锋集团的基金以低成本著称，因此迫使许多当时已发行的和新发行的 ETF 降低费用。

在接下来的几年，先锋集团不断引进新的、与旗下指数基金挂钩的 ETF。在 2002 年，它发行了它的第二支 ETF：先锋扩展市场 VIPERs，它跟踪威尔希尔 4 500 指数的收益。2006 年，先锋集团换掉了 VIPERs 的名字，为 2007 年发行固定收益 ETF 做准备，而这显然不能再用"股权凭证"给它们命名。

2002 年，纽文投资公司（Nuveen Investments）的前高管布鲁斯·邦德，成立了 PowerShares 资本管理公司。布鲁斯·邦德的目标是引入使用定制量化指数的 ETF，希望这些 ETF 不只是获得市场收益，而是能创造卓越的超常收益。市场青睐这些新型 ETF，并且截至 2006 年，这些新型 ETF 吸引了超过 10 亿美元的新资产投入。还是在 2006 年，PowerShares 作为排名第五的 ETF 发行商，被总部位于伦敦的共同基金巨头 Amvescap 收购。在收购之后，PowerShares 仍保留其名称，并且依旧是 ETF 市场的主要力量。

2005 年，第一支货币 ETF 是由瑞德克斯投资公司（现在称为 Rydex SGI）在欧元区货币信托的名义下发行的，这支 ETF 是 CurrencyShares 系列基金中的一员。这一系列更多的货币 ETF 在随后的两年陆续发行。2006 年，德意志银行发行了第一支大宗商品 ETF，名为德意志银行大宗商品指数跟踪基金。该基金在技术上不能算作真正的 ETF，因为它的结构是一种大宗商品基金池，而不是受监管投资公司或者单位投资信托结构。该 ETF 在当时是独一无二的，它第一次使用衍生工具来为投资者提供对大宗商品的资产配置，这些大宗商品包括原油、民用燃料油、黄金、铝、玉米和小麦。

没有大张旗鼓的宣扬，在 2008 年 3 月，贝尔斯登公司发行了第一支积极管理 ETF，名为当前收益基金（Current Yield Fund，YYY）。由于来自 PowerShares 随后发行的第二支积极管理 ETF（名为积极短久期基金，交易代码：PLK）的竞争，也由于贝尔斯登公司随后被收购，所以当前收益基金并未真正发行并且在 2008 年 10 月关闭。尽管如此，2008 年仍是积极管理 ETF 的诞生之年。

到 2008 年年底，美国总共有 747 支 ETF，其资产管理规模达到了 5 350 亿美元。前三大 ETF 发行商包括巴克莱银行、先锋集团和道富环球投资管理公司，控制约 86% 的 ETF 总资产。2008 年期间，有 164 支新的 ETF 发行，同时也有 46 支 ETF 关闭：分别创造了发行数量与关闭数量的新纪录。一些发行商，比如北方信托公司，在 2008 年受金融危机影响也退出了 ETF 基金市场。2009 年，巴克莱全球投资公司被黑石集团收购。

2010 年到现在：积极管理型 ETF 开始发展的十年

根据投资公司协会的数据，到 2010 年年底，在美国共有 1 099 支 ETF（技术上指的是交易所交易的金融产品），管理总计 10 000 亿美元的资产，包括仅在 2010 年一年中流入的 1 230 亿美元资产。

失控的 ETF：值得注意的 ETF 关闭事件一览

每一年都会发行 ETF，但有时也会有这样的情况：ETF 发行商在时机不对或高估了投资者需求的情况下发行了存在缺陷的 ETF。即使不考虑一些像催化剂一样的刺激因素，我们仍看到了众多 ETF 的显著失败，尤其是在 21 世纪。以下为最突出的 ETF 失败案例（没有特定顺序）。

1. **Country Baskets**。即国家篮子基金，也被人们戏称为"国家棺材"。1996 年这种系列 ETF 的失败，是由于缺乏高管承诺和不可预见的设计缺陷。国家篮子是第一支被终止的 ETF。

2. **Current Yield Fund**。即当前收益基金。贝尔斯登公司发行的这支 ETF 没有获得真正的发展机会：一方面是由于贝尔斯登公司的最终崩溃与被收购；另一方面是来自于不久后 PowerShares 发行的第二支积极管理型 ETF 的激烈竞争。

3. **HealthShares**。2007 年 3 月，一家名为 XShares 的公司发行了包括 19 支 ETF 在内的系列基金，分别针对医疗保健领域里具体的细分目标子领域。这些 ETF 的范围包括从 healthshares 整形修复到 healthshares 自身免疫性炎症。在同年 8 月，XShares 终止了其中的 15 支 ETF，其余的 4 支也在 2008 年 12 月终止。

4. **NETS**。NETS 基金是由总部位于芝加哥的北方信托银行设计的。NETS 是英文 Northern Exchange Traded Shares 的缩写。在 2008 年，一个包括 17 支 ETF 在内的系列基金开始发行，目标是跟踪国际和某个国家标准指数，但在第二年，这一系列基金就关闭了，原因是"这些基金无法为它们的创新吸引到足够多的市场利益"。在 2011 年，北方信托基金向美国证券交易委员会提交申请，内容是关于"创建和经营一系列信托管理的积极管理基金……这提供了交易所交易股份。"NETS 基金有可能起死回生。

5. **Adelante Shares**。在 2007 年 9 月，这些 ETF 由 XShares 公司发

行，这些 ETF 的设计初衷是跟踪美国房地产市场的具体细分市场。XShares 公司选择的时机很糟糕，并且当时美国的房地产估值和房地产投资信托基金一样，都处于严重的估值下降之中。这 7 支 ETF 甚至未能获得最低要求的资产（最大的一支基金仅仅获得 450 万美元），因此这些 ETF 在商业上不可行。于是这些 ETF 在 2008 年 7 月被终止。

6. **SPA ETFs**。2007 年，总部在伦敦的 SPA ETF Plc 发行了 6 支跟踪 the MarketGrader family 指数的 ETF。与其他投资者难以跟踪的定制指数不同，MarketGrader 指数影响广泛，历史表现优异。尽管如此，该公司在 2009 年 6 月终止了这 6 支 ETF，理由是"当前的市场条件不适合"长期投资战略。顺便说一下，股市讽刺性地在这些 ETF 被终止的同一个月触底。

7. **AmeriStock ETFs**。2007 年 6 月，AmeriStock 发行了 5 支国债 ETF 基金。由于先锋集团、iShares 和太平洋投资管理公司的激烈竞争，这 5 支国债 ETF 基金全部在 2008 年 7 月被终止，这标志着美国上市债券 ETF 基金的第一次重大终止。

8. **Lehman Opta ETNs**。2008 年 2 月，Opta 系列交易所交易票据基金（Exchange-Traded Notes，ETN）兼具大宗商品和私募股权基金的特征。然而，正如我们所知道的，在 2008 年年末，由于信贷冻结和随后的信用体系崩溃，雷曼公司破产了，这致使金融危机的情况更加糟糕。由于雷曼破产后，收购了大量雷曼资产的巴克莱银行拒绝接收这些系列基金，于是这些 ETN 产品在 2008 年 10 月被摘牌。

9. **FocusShares ETFs**。2007 年 12 月，FocusShares 发行了 4 支跟踪各个细分领域的 ETF，如跟踪住宅建筑商和国土安全领域。在发行后的 9 个月内，新注入的资产只有 1 700 万美元，FocusShares 决定终止这一系列基金。2011 年年初，FocusShares 重返 ETF 市场，发行了 15 支跟踪不同行业和风格的美国股票 ETF，包括费用比率为 0.05% 的 Focus Morningstar 美国市场指数 ETF（代码 FMU），它的价格低于先锋集团和嘉信理财集团发行的 ETF。

10. **Rydex ETFs**。2010 年，由于不能满足最低管理资产的要求，Rydex-SGI
    终止了十几个杠杆 ETF 和反向 ETF。最有可能的解释是：在其他杠杆基
    金和反向基金发行商（即 ProFunds 和 Direxion）的激烈竞争中，反向基
    金发行商 Direxion 在 2010 年终止了两支它自己的 ETF。

第3章

ETF 的优缺点

如果想知道为什么投资 ETF，那么一项很重要的工作就是要了解 ETF 和它们的主要竞争者之间的区别。本章将在第 1 章的基础上讲解 ETF 的优缺点。在做比较时，我们需要对 ETF 的缺点进行讨论，虽然 ETF 的缺点很少，但是列出缺点也是必须的。本章分为五个部分，如图 3-1 所示，每个部分都包含了 ETF 的多种特点。

投资组合管理

在这部分，本书将比较 ETF 在投资组合管理方面的主要特点，特别要探讨投资组合的分散化、市场资产配置、组合的换手率、跟踪误差的程度、绩效目标、管理的一致性、规模拖累风险、红利拖累、潜在利益冲突和资金完全投入性。

特点	优先程度	ETF		共同基金		股票投资组合
		消极策略	积极策略	消极策略	积极策略	
▶证券投资组合管理						
分散化	高	是	是	是	是	可能
市场资产配置	高	是	可能	是	可能	不是
换手率	高	低	中	低	中	权变
跟踪误差	高	是	不是	是	不是	不是
绩效目标	高	β 系数	α 系数	β 系数	α 系数	追求 α
管理的一致性	高	是	可能	是	可能	可能

（续）

特点	优先程度	ETF		共同基金		股票投资组合
		消极策略	积极策略	消极策略	积极策略	
规模拖累风险	高	低	中	低	高	低
红利拖累	中	可能	可能	不是	不是	不是
潜在利益冲突	中	低	中	低	高	中
资金完全投入	中	是	是	不是	不是	可能
▶透明度						
持仓披露	高	支持	支持	支持	不支持	支持
成本披露	高	支持	适合	支持	适合	支持
交易披露	高	不支持	支持	不支持	支持	支持
▶成本效益						
费用率	高	非常低	低	低	高	取决于
买卖交易成本	高	不支持	不是	不是	取决于	不是
资本利得分配	高	非常低	低	低	高	没有
买卖价差成本	高	是	是	不是	不是	是
连带交易成本	高	不是	不是	是	是	不是
交易佣金	中	是	是	典型的没有	典型的没有	是
提前赎回费用	中	不是	不是	可能	可能	不是
▶投资者权益						
可用选择的数量	中	中	低	高	高	高
是否可使用看涨、看跌期权	中	是	是	不是	不是	是
是否易于再平衡	中	是	是	是	是	不是
税收损失管理	中	是	是	不是	不是	是
交易结算	中	3天	3天	1天	1天	3天
系统性投资	中	可以	可以	支持	支持	可以
最低投资限额	低	不是	不是	是	是	不是

（续）

特点	优先程度	ETF		共同基金		股票投资组合
		消极策略	积极策略	消极策略	积极策略	
可用的招募说明书	低	是	是	是	是	不是
交易方法	低	经纪人	经纪人	基金经纪人	基金经纪人	经纪人
▶交易的灵活性						
盘中交易定价	高	是	是	不是	不是	是
盘中交易执行	高	是	是	不是	不是	是
可选择交易指令类型	中	是	是	不是	不是	是
保证金	低	是	是	不是	不是	是
卖空	低	是	是	不是	不是	是

图 3-1　ETF 的特点比较

组合的分散化

ETF 能够像股票一样进行交易，但和股票相比，ETF 在很多方面更像共同基金。二者最相似的地方是：它们在本质上的高度分散化。通过将十几支甚至数百支股票组成一个投资组合（例如，先锋小盘股 ETF 有超过 1 700 支标的股票），在其特定的细分市场中，一支 ETF 提供了一个非常好的分散化投资。因此，一支 ETF 会使个别投资的风险最小化，这些个别投资风险是和 ETF 基金中的某支个股相关的。ETF 的这个优点是很重要的，因为它会保护投资者的投资组合免于遭受由于组合中某个意外事件而导致的重大损失，例如公司 CEO 的管理不善（如安然公司）、环境灾难（如英国石油公司）、某个地区的市政债务违约。图 3-2 显示了投资组合分散化的优势。

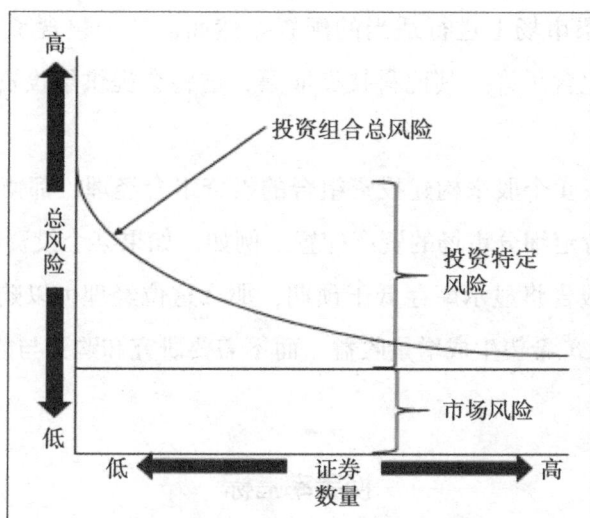

图 3-2　投资组合分散化的优势

资料来源：Frush 金融集团

　　研究清楚地表明，当投资组合持有 15~20 支股票时，会产生分散化优势。然而，为了能产生最好的结果，投资组合里的股票必须具有相似性并且都处于一个类似的细分市场之中。持有不同行业的股票与持有同一行业的多支股票相比，并不会产生同等水平的投资回报。ETF 在本质上遵循这种方法。如果已经进行了合适的资产配置，那么此时持有同一行业的股票就不会有问题。资产配置和投资组合的分散化不是一回事——但为了使投资收益最大化，这两种策略都应该被采用。

组合的市场资产配置

　　与共同基金一样，ETF 提供给投资者一种方法，能够即时获得对所需资产类别或细分市场的资产配置。通过简单地购买一支 ETF，一个投资者能够按相应的比例获得每一个标的持仓的所有权，这些持仓可能包含成百上千支股票。如果投资者想通过购买个股来建立一个投资组合的话，就要买入多支股票——还要花费许多时间来交易——这样才能在某个特定的细分市场获得实质上的资产配置。例如，购买 IBM 和谷歌股票，并不能保证投资者能够在科技类的股票市场上进行适当的配置。然而，一个包含了 IBM 和谷歌股票的 ETF，也包含了许多其他科技类股票，这将会提供给投资者需要的资产配置。

许多通过买卖个股来构建投资组合的投资组合经理，都使用 ETF 来快速轻松地实现对特定细分市场的资产配置。例如，如果某个投资组合经理认为，周三原油库存报告将显示库存低于预期，那么这位经理可以购买 XLE（能源指数 ETF-SPDR）希望生成增量收益，而不需要研究和购买与能源相关的各种个股。

换手率指标

换手率指标能够衡量一年中一支基金买入或者售出其标的投资产品或成分证券的频率。当含有累积未实现收益的投资被售出时，换手行为产生资本利得税，并将纳税义务转移给投资者。因此，与低换手率的基金相比，高换手率的基金通常会给投资者带来资本利得税账单的打击。低换手率并不意味着投资者将获得更高的投资回报率；它仅仅意味着——如果其他情况都相同——与投资高换手率的基金相比，投资低换手率的基金更具有避税优势。与积极管理的 ETF 和同样积极管理的共同基金相比，消极管理的 ETF 和指数型共同基金的换手率要低很多。因此，对于寻求规避因投资换手率而产生资本利得税的投资者来说，积极管理的基金并不是其理想的选择。

跟踪误差的程度

跟踪误差被定义为一支基金的收益与其试图跟踪的指数收益之间的差异。这二者间的任何差异都可被量化并且被报告为跟踪误差。最好的基金跟踪误差较低，而高跟踪误差被认为是一个潜在的业绩隐患。当一个投资者投资一支基金时，他应该得到应有的回报。如果一个投资者购买了较大跟踪误差的基金，那么投资者不能完全得到他本来想要得到的投资。一般的股票投资组合没有跟踪误差，因为它们并不试图复制一个指数，但指数型共同基金和消极管理型 ETF 会有跟踪误差。因此，在投资这两种基金之前，你应该调查跟踪误差，并且比较同类基金和其他基金。通常，ETF 基金之间、ETF 和共同基金之间的跟踪误差的差异相当小。可以说，挑选基金时，有更多的工作需要做（例如费用比率）。

绩效目标

当你付给投资组合经理更高的成本、期望产生 α（即超额收益）时，你肯定希望物有所值——至少在大部分的时间里是这样的。然而，当你知道不到一半的投资组合经理能够超出其基准目标收益（即市场指数收益）时，会让你疑惑自己在花钱追求什么。不要恐惧，因为 ETF 能够以相当低的成本就可以获得相应的市场指数收益（β 系数）。当这个基准被大家知道并且可以轻易复制时（例如标准普尔 500 指数），那么根据 ETF 的概念界定，一个标准普尔 500 指数 ETF 应该产生相同的回报。任何 ETF 和其标的指数之间的差异都是跟踪误差的结果。如前所述，优秀的 ETF 有着最小的跟踪误差。

当你投资消极管理的 ETF，从根本上来说，你想赚的是基准的、不多也不少的（市场指数）收益。是的，你可能在一个积极管理的共同基金投资中有机会获得更高的回报，但是你不能确定这种超额收益是否肯定能产生（见图 3-3）。唯一能确定性的是：共同基金有更高的成本、更少的优惠税收待遇、更低的透明度、更低的持仓比例。当然，超额收益可以帮助你忘记其负面因素，但是超额收益的发生以及其随着时间推移在将来持续发生的概率相当低，对你并不有利。

图 3-3 积极策略与消极策略的业绩比较

截至 2010 年 12 月 31 日的 5 年内		
价值型	平衡型	成长型

大市值
- 65.3% / 2.1%
- 36.8% / 1.9%
- 18.0% / 2.4%

中市值
- 28.2% / 4.4%
- 18.0% / 3.8%
- 17.9% / 4.9%

小市值
- 48.2% / 4.5%
- 39.8% / 4.0%
- 27.3% / 4.0%

基于晨星投资风格箱方法

顶部 %
美国股票基金跑赢它们的基准

底部 %
基准指数的回报

图 3-3 积极策略与消极策略的业绩比较

资料来源：标准普尔指数与主动管理型基金（SPIVA），2011 年

管理一致性

你以前曾经听到过"风格漂移"这个词吗？它指的是投资组合经理有了偏离他 / 她的基金的具体策略或者目标的倾向。例如，管理一个专门投资于大市值股票的共同基金的一个投资组合经理，可能会为这个投资组合买入了一些中等市值股票，这就发生了"风格漂移"。我相信这样做是出于良好的动机——为投资者赚钱——但是改变投资目标的决策应该在个人投资者投资组合层面由投资者做出，而不应该在基金层面由投资组合经理人做出。投资者最有能力设计和重新平衡自己的投资组合来满足他们的需求和目标，而不是将这项工作委托给那些他们从来没有见过、交谈过或者之前没有听说过的人。

风格漂移比你想象得更常见。但这种现象不会一直存在，即使在发生时，程度也不一定会很显著。在另一方面，ETF 的出现催生了一种固定的管理风

格。这是因为 ETF 不需要做出特定投资决策的组合经理；相反，ETF 用电脑跟踪已知的指数。在构建由多个资产类别组成的投资组合时，要对你的 ETF 投资有信心，正如投资经理们所说，他们为你的投资组合提供保证，保证 ETF 具备实现你所期望的结果的能力。

规模拖累风险

投资共同基金的一个主要的、与费用无关的弊端是存在这样一个潜在的问题：有太多的资金投入这支基金中，使得这支基金不能够进行正确的投资。随着时间的推移，越来越多的投资者将资金投入到一支特定的共同基金，由此，这支基金因其规模变得太大而不能产生它在规模更小、更敏捷时的高收益，因为当这支基金规模更小、更敏捷时，就更加容易利用投资机会。这种陷于两难困境的一个最好的例子，就是富达投资公司的麦哲伦基金。麦哲伦基金曾经由传奇基金经理彼得·林奇来管理，当基金资产在一个可控的管理水平时，该基金产生了非常好的业绩。一旦投资者开始认识到麦哲伦基金的惊人收益，他们便会争先恐后地投资这支基金。许多金融专家说，这些资本流入过多，已经到了无法掌控的程度，投资者过去习以为常的麦哲伦基金的高收益，却一去不复返了。

为什么会发生这种情况？这些基金的规模过大，以至于不能像过去规模小的时候一样，以同样的方式或采用同样的策略来使用资金进行投资。这并不是说，这些投资机会自己就完全消失了，而是机会只有这么大，如果能从拥有巨额资金的基金中拿出一小部分钱来，就能充分利用这个机会了。如果积极管理型 ETF 自身业绩好，导致自身规模太大，也可能遇到同样的问题，消极管理型 ETF 和指数型共同基金很少受到这一固有缺陷的影响。

红利拖累

红利拖累是一种隐性成本，是由于一些 ETF 承担美国证券交易委员会（SEC）的规则而造成的，这些规则规定：某些特定的 ETF 收取了投资组合中公司的股息之后，不能立即放到投资组合中进行再投资。相反，一些 ETF 必须在现金储备账户积累红利，并以定期间隔（一般以季度为间隔）将其支付给投资者。这一规则不适用于共同基金，因为共同基金可以立即再投资红利。当市场行情好时，服务投资者的最好方式是将红利进行再投资，而不是滞留到特定的日期才发放。这使 ETF 产生了一个劣势：红利不能再投资，并最终导致对业绩的拖累，因为如果红利能在支付时就及时再投资，ETF 的业绩会更高。

潜在的利益冲突

根据概念界定，消极管理型 ETF 和指数型共同基金跟踪已知的市场指数。其结果是，基金经理并不负责管理基金资产。仅凭这一点，就可以确保利益冲突发生的可能性很低。对于积极管理型 ETF 和共同基金来说，这一点就并不适用了，因为它们是由投资组合经理和研究分析师团队进行管理的——还有相应的支持人员。这种差异使得积极管理型基金发生利益冲突的可能性更大。例如，如果一个共同基金家族由一家规模很大的资产管理公司拥有，后者也有自己的投资银行集团，那么这家资产管理公司就有可能充分利用其在共同基金中的资产来支持旗下公司的投资银行集团的业务——如首次公开募股（IPO）的发行，或者在兼并投票时进行支持。另一种利益冲突，包括为了提高投资收益，在一个季度内借机买入具有潜在高风险、高回报的股票，由于买卖股票行为发生在两个季度报告披露时点之间，所以不需要向投资者公布这些股票持仓。这就是俗称的"报表粉饰"，这种做法在资产管理领域中相当普遍。

完全持仓

如果你准备构建一个由 60% 的股票和 40% 的固定收益证券组成的投资组合，后来发现你的许多股票型共同基金持有了 10% 的现金，你或许不太乐意，因为这意味着你实际的投资组合中股票和固定收益证券的配置更接近 54%：46%。由于需要现金来满足投资者的赎回的需要，共同基金必须持有一部分现金。基金经理不喜欢被迫卖掉标的持仓证券来满足投资者赎回的需要。此外，共同基金持有现金，或者是因为投资组合经理选择投资策略的战术性原因，或者是因为最近基金经历了一个较高的投资者资本流入，这些资本还没有来得及进行投资。不论原因如何，共同基金始终将一部分资产投资于现金和现金等价物。

那么，为什么基金持有更多的现金，对于投资者来说是不太理想的？有两方面相关的原因——一个在基金层面上，另一个在投资组合层面上。第一个原因，持有现金的共同基金不可避免地对投资业绩产生相应的"现金拖累"。当一支基金完全持仓时，整个基金的价值将随着标的证券价值的变动而产生同比例的变动——无论是向上或向下。然而，如果一支基金持有 10% 的现金，当基金标的证券价值增加时，仅有 90% 的基金资产将会受益。基金持有过多现金会产生消极影响，其第二个原因在于这样做会影响你的资产配置。正如前面提到的，当构建一个投资组合时，你希望自己的持仓符合你的资产配置设计。如果持仓发生变动，那么你的实际投资组合配置将不再符合你的资产配置设计。这将会导致投资组合中股票的权重过低，固定收益的权重过高。其结果当然是长期的较低预期收益。

ETF 则不同，因为它们没有义务，也不需要持有现金头寸。ETF 既不需要现金来满足投资者赎回的需要，也不需要现金来跟踪标的指数，因为根据概念界定，指数包括所有的股票、所有的债券、所有的房地产投资信托基金、所有的大宗商品等。指数不需要有一个纯粹的现金头寸，因此，ETF 的性质决定了其必定是完全持仓的——这对投资者来说是非常好的事情。如果你想持有更多的现金，那么就要对你的资产组合进行再平衡。不要让一支共同基金越俎代庖，替你做决策。

透明度

在这部分，我们将比较与透明度有关的重要特征，尤其是标的资产的披露、成本的披露以及有关透明度的关键特性，特别是标的资产的披露增持、成本公开以及执行交易的披露。

标的资产披露

所见即所得。在投资 ETF 时，你清楚你买的是什么（即标的资产）。以先锋小市值 ETF 为例，该基金涵盖了超过 1 700 支个股。如果你想了解每一个公司的名称，你可以找到这一信息，它是公开透明的。ETF 每天公布它们的资产，而大部分共同基金仅仅需要在每一季度披露同样的信息——并且延迟 60 天（常常隐藏交易策略直到这些策略被执行）。此外，如果修订跟踪的标的指数，那么 ETF 也将会改变。共同基金的这类信息则无法获取。另外一个好处是高透明度抑制了部分 ETF 发行商和指数共同基金公司的欺诈行为。我不会天真地认为了解一支 ETF 持有的投资组合就会提高它的业绩（实际上有时它对业绩是不利的），但当它对你将要得到你想要的投资有所了解时，它的确能够使你得到安慰。

成本披露

当比较 ETF、共同基金以及可能投资在你的投资组合中的股票时，了解与一项投资相关的全部成本是至关重要的。到目前为止，股票是最具成本效率的，因为构建一个包含所有股票的投资组合的辅助成本较小——假定交易佣金是可比的。当然，与费用率相似的是，一项投资管理费往往是由设计、构建以及管理这一投资组合的投资公司收取的，所以成本结构将会出现差异。共同基金和 ETF 存在额外费用，这些额外费用是由它们的组合证券及其相关活动引起的。大部分的共同基金和 ETF 在成本报告方面相当一致。积极管理型基金将会存在有时不易识别的额外成本，例如软钱成本。同样地，积极管理型基金被给予了一个安全的评级，而消极管理型基金和股票被给予了一个良好的评级。

交易披露

对于消极管理型基金的投资者而言，交易透明度通常会产生较高的成本。由于非标准化证券投资组合的内在本质，包含所有股票的投资组合往往不存在与交易透明度相关的费用。然而，消极管理型 ETF 和指数共同基金会由于它们跟踪的标的指数的透明度而面临高额成本。当一个指数编制机构提前宣布一个市场指数的结构变动时，那么"黄牛"将在 ETF 或者指数共同基金进行任何调整之前，利用这种可预见的证券价格变化，通过买入将要加入指数的证券同时卖出将要被剔除的证券获利。这类超前交易将增加为了跟踪标的市场指数而需要变化的消极管理型基金的成本。这些与套利类似的收益由持有者支付。积极管理型 ETF 和共同基金不跟踪众所周知的市场指数，所以不存在同样的问题。这种隐性成本是消极管理型基金特有的。

成本效益

在本节中，我们将比较与一项投资的成本效益相关的重要特征，尤其是费用率（或投资管理费）、购销佣金、资本利得分配、买卖价差成本、连带交易成本、交易佣金以及提前赎回费。

费用率

与共同基金相比，ETF 明显更符合成本效益，尤其是以费用率衡量。这一费用是在每个交易日按比例评估的，是用来支付基金层面的费用，如经营成本和指数编制使用费。尽管共同基金和 ETF 的费用率差异似乎微不足道，但要始终牢记，每年小的费用差异在多年后会积累到很大的费用（见图 3-4）。

为什么共同基金和 ETF 之间有费用率差异？大多数共同基金是积极管理型，这意味着投资组合经理和后台团队的专业人士使用这支基金，并在他们认为合适的时机做出买入和卖出的决策。雇用专业人士以及相关的研究预算费用较高，因此，共同基金必须收取更高的费用以弥补它们潜在的经营和营销成本。对于大多数的 ETF，既没有高价位的投资组合经理，也没有研究分析师。股票或债券组合与很容易被高精密电脑复制的已知的指数紧密相连。这样一来，当指数被修订时，标的投资组合也会被调整，但这并不频繁。低频率的买入和卖出意味着相应的较低的交易成本。

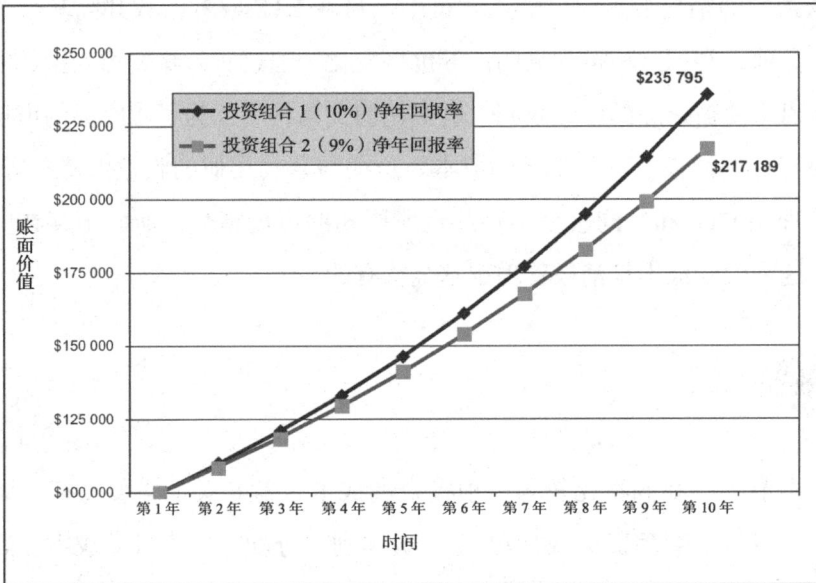

图 3-4　1% 的额外费用对投资组合价值的影响

21 世纪初，在 2001 年 12 月 31 日之前的五年期间，晨星对股票共同基金的一项研究表明，低费用基金的表现优于高费用基金。较低的费用和更好的表现，对于投资者来说是个好消息。此外，ETF 的低费用为其他投资产品（特别是指数和积极管理型共同基金）带来连锁反应（在这种情况下是一件好事），从而有助于全面压低内部费用。

低费用是跟踪市场指数的 ETF 的一个老生常谈的话题（图 3-5 列出了十几支费用率极低的 ETF）。然而，跟踪私人定制指数的 ETF 往往收取较高的费用，但仍低于一支积极管理型共同基金的收费。指数共同基金的费用率确实低于积极管理型共同基金，但仍高于 ETF。

基金名称	交易代码	费用率	分类
Vanguard S&P 500 ETF	VOO	0.06%	大市值混合型股票
Schwab U.S. Broad Market ETF	SCHB	0.06%	全市值股票
Vanguard Total Stock Market ETF	VTI	0.07%	全市值股票
Schwab U.S. Large-Cap ETF	SCHX	0.08%	大市值混合型股票
SPDR S&P 500	SPY	0.09%	大市值混合型股票
iShares S&P 500 Index Fund	IVV	0.09%	大市值混合型股票
PIMCO 1-3 Year US Treasury Index Fund	TUZ	0.09%	政府债券
Intermediate-Term U.S. Treasury ETF	SCHR	0.12%	政府债券
SPDR Barclays Shrt Trm Corp Bond ETF	SCPB	0.12%	公司债券
Wilshire 5000 Total Market ETF	WFVK	0.12%	全市值股票
Russell 1000 ETF	VONE	0.12%	大市值混合型股票
Vanguard Total Bond Market ETF	BND	0.12%	整个债券市场

图 3-5　拥有较低费用率的 ETF

资料来源：Frush 金融集团

买卖交易成本

关于费用和开销，共同基金可以分为两类——收费基金和免费基金。当投资者购买含有佣金的共同基金的份额时，他们将产生高额的处于初始投资的 2%~5% 的前端销售佣金。收取佣金的唯一原因在于补偿投资专业人士出售共同基金。相反，免费共同基金不收取前端销售佣金，因此从这个角度看对于投资者来说更符合成本效益。此外，大多数免费的共同基金的费用率甚至也低于有佣金的共同基金。

投资者在购买 ETF 或股票时不支付佣金。虽然会产生象征性的交易佣金，但是由一些共同基金收取的佣金，ETF 可以规避。其结果是，在其他条件相同的情况下，与有佣金的共同基金相比，ETF 和股票更有优势。

资本利得分配

与共同基金相比，ETF 的另一个明显优势是它们高度的优惠税收待遇。已实现的资本利得的税负对投资者的投资组合和最终的业绩有显著影响。在其他条件相同的情况下，最好是延期纳税而不是现在纳税，理由如下：

1. 由于通胀的原因，现在的 1 美元比未来的 1 美元更值钱；

2. 基于资金收益的复利效应，所以不要支付税款。

共同基金因其低税收效率而令人不满。共同基金的投资者有两种方式获得资本利得。首先，当一个投资者卖出所有或部分共同基金时获得收入，那么他 / 她就获得了基于售价和成本差异的资本利得。因此，如果你以 125 000 美元的价格卖出成本为 90 000 美元的头寸，那么你将要支付 35 000 美元的资本利得税。这种方式对于 ETF 投资者来说是一样的，但第二种方式则不然。

当共同基金在年终基金层面的资本利得转移给投资者时，共同基金投资者获得资本利得的第二种方式就出现了。在这一个交易年度中，共同基金买卖在它们投资组合中的证券。如果共同基金卖出一个含有未实现收益的头寸，那么其资本利得必须分配给投资者。

共同基金被认为是转手集合投资工具，共同基金需要对资本利得和亏损做出分配。如果共同基金不派发资本利得，那么它本身将承担税负。共同基金在年底（一般在 12 月）把这些分配给一个在特定日期登记在册的投资者。在报税时，投资者将不得不支付税负给美国政府，从而降低他们的投资业绩。

几乎所有的共同基金试图通过抵消资本损失后的资本利得或把未实现收益的证券转移到同一基金家族的另一支共同基金，而不是直接卖出使资本利得最小化。在不卖出共同基金并引起资本利得税负债的情况下，完成了减少共同基金头寸的目标。当投资者获得资本利得分配时，他们以现金形式得到这些资本利得（更像股息），并有再投资于基金的选择权。共同基金的价格因现金分配而得以调整；因此对于仅仅为了获得现金分红然后待其好转卖出这支基金再买入基金的投资者来说不存在套利机会。

由于 ETF 的税收优惠结构，所以在资本利得形成后分配给投资者的情况鲜有发生。ETF 延期纳税是《国内税收法典》M 分章的自然结果，在该基金内不触发应税事件的条件下，它允许基金以实物赎回。在赎回过程中，授权参与者将获得证券的低成本部分，而高成本则由 ETF 保留。因此，向投资者分配资本利得非常少见。

除了认识到资本利得的消极影响，在基金层面形成未实现的资本利得也会造成严重问题，特别是其对共同基金的投资组合经理的影响。与应纳税投资者相比，这个问题对免税投资者产生了不利影响。例如，如果共同基金有一个相当大的未实现收益，即使该证券被认为估值合理、值得被清算以及收益可以在其他地方再投资，那么投资组合经理为避免资本利得可能不会卖出证券。

买卖价差成本

买卖价差是指买入价和卖出价之间的差额。鉴于 ETF 在证券交易市场上的可交易性，所有的 ETF 在本质上是可以以买卖差价进行交易的。其结果是，该买卖差价的一半是买入 ETF 时买方的成本，而另一半则是当 ETF 被卖出时卖方的成本。这同样适用于股票，因为它们也在交易所进行交易。在大多数情况下，共同基金买卖价差非常小，它们是完全透明的。尽管如此，它们被认为是共同基金投资者在以基金资产净值买入或卖出基金份额时不需要支付的一项交易成本。这是一个共同基金优于 ETF 的明显的好处，但比较有限。

连带交易成本

当一个投资者买入或卖出共同基金份额时，那么该投资者期望支付一个合理的交易费用。然而，大多数共同基金投资者不仅仅为自己的交易支付费用，他们还要为其他投资者支付交易费用。也就是现有投资者要自掏腰包来补偿其他投资者的交易成本。在实践中，这种成本被称为"流动成本"，但是我们将其称为"连带交易成本"，因为它更具说明性。

当 ETF 投资者卖出他的基金份额时，该投资者就得到了一个交易标签。然而，当一个共同基金投资者卖出他的基金份额时，这一交易不考虑为了产生现金收益卖出标的投资组合的成本，而以当天的基金资产净值执行。该交易在 NAV 时不考虑出售持有标的产生的现金收益。根据不同的情况，共同基金将在第二天执行必要的交易——同时为满足其他清算投资者——从而评估几乎所有清算它的头寸的投资者的交易费用。当一个投资者交易 ETF 份额时，这个投资者只是支付他自己的买卖成本——与该基金中其他投资者引起的事件无关。相反，一个共同基金的投资者将按比例支付所有基金买家和卖家的买卖成本。

2007 年，罗杰·艾德伦、理查德·埃文斯和格雷戈里·卡德尔克的一项研究发现，每年连带交易成本合计约为 0.75%。此外，相同的研究人员发现，共同基金在基金层面的交易成本等于或超过基金本身的费用率。他们还发现，共同基金的交易成本和其业绩之间比基金的费用率和业绩之间有更高的负相关关系。

当共同基金投资者赎回基金份额时，其资金清算的收益由基金公司直接支付。如果基金公司必须筹集现金以满足投资者的赎回，那么现金将由卖出标的证券而产生。如果共同基金公司在卖出这些证券时实现了资本利得，那么这一资本利得将传递给投资者。因此，其他投资者的行为可能引起你的纳税义务。

在正常情况下，当基金份额被交易时，授权参与者获得交易标签，并把那些成本按比例转移给个体投资者。通过 ETF 份额的实物申赎过程，大部分的 ETF 为现有投资者完全消除了连带交易成本。不用支付连带交易成本是对投资者的保护，同时也是 ETF 与共同基金相比最大的优势之一。

因为 ETF 的投资者不用为其他投资者支付连带交易成本，所以随着时间的推移，ETF 投资者实现的业绩就会明显高于其他可比的共同基金投资者，无论是积极管理型 ETF 还是消极管理型 ETF。此外，没有连带交易成本的间接好处之一是它是一个完全投资 ETF。

最后，由于 ETF 投资者不支付连带交易成本——与普遍的误解相反——ETF（包括消极管理型 ETF 和积极管理型 ETF）更适合想要长期投资且不打算选择交易时机的投资者。即使 ETF 拥有像股票一样的可交易性，但诱导人们认为 ETF 对交易者而非投资者更有意义，这种情况是真实存在的。相反，共同基金更适合那些喜欢为他们的投资选择时机的投资者。

交易佣金

当投资者买入或卖出股票时，或者当投资者买入或卖出 ETF 份额时，执行经纪公司往往收取交易佣金。佣金从几美元到几百美元不等，这取决于执行交易的公司。现在一些折扣经纪公司提供的免费交易的 ETF，这个成本可以最小化或完全消除。当共同基金交易连同相关的共同基金家族一起交易时，不存在交易佣金。然而，很多经纪公司现在收取共同基金的交易佣金。我亲眼目睹了一家经纪公司对有佣金的共同基金的清偿以每笔交易 25 美元收取费用，对免费共同基金的买卖以 125 美元收取费用。因此，请选择好你下指令的地方（即选好你的经纪公司）。然而，考虑到交易佣金，共同基金夸大了其相对于 ETF 和股票的优势。

提前赎回费用

如果一个投资者在确定日期前卖出他的共同基金，将会承担一些费用。最常见的情况与 B 级共同基金有关。典型的 B 级共同基金适用五年中途退出计划，如果投资者清算持有份额（部分或全部），那么他将支付提前赎回费或佣金。幸运的是，B 级共同基金即将过时，这是经由美国证券交易委员会严格审查的结果。然而，一些经纪公司仍然允许 B 级基金的买入，因此消除 B 级共同基金将需要更多时间。

除了 B 级共同基金，如果投资者在第一年内清算 C 级共同基金，那么大部分 C 级共同基金也要收取提前赎回费。如果投资者在前 30 天之内清算一些含有较少流动证券的专业化的共同基金，那么同样需要估算提前赎回费用。而 ETF 和股票不支付提前赎回费。

投资者利益

在本节中，我们将比较与投资者利益相关的重要特性，尤其是具体投资可供选择的数量、看跌和看涨期权的使用、投资组合再平衡的难易程度、税收损失管理、交易结算、系统化投资、最低申购金额、招募说明书的使用和交易方法。

可供选择的数量

与 ETF 相比，股票和共同基金遍布全球的时间久远。因此，共同基金和股票可供投资选择的数量相当庞大——有益于投资者。ETF 的出现只有 20 多年，在最近的 12 年才普及盛行。尽管如此，市场上有超过 1 100 支 ETF 可供投资者选择，经美国证券交易委员会注册的 ETF 超过 800 支。许多在册的 ETF 将不可能成为上市产品，但是申请注册的 ETF 数量剧增表明，未来几年 ETF 的数量将会不断增长。仅在 2010 年，就有超过 100 支新的 ETF 涌入市场。

看涨和看跌期权

看涨和看跌期权为投资者提供了产生增量收入或防范因市场价格下滑而引起投资组合价值下跌的方法。例如，买入（卖出）备兑看涨期权以溢价形式向卖方提供了增量收入。利用高于一支 ETF 当前市价的执行价格不仅会提供溢价带来的收益，而且在市价低于执行价格之前提供了从 ETF 增值中获利的机会。另外，买入看跌期权可以为 ETF 市价低于执行价格提供保险。ETF 和股票通常被赋予看涨和看跌期权，而共同基金绝不会有。大部分投资者并没有介入期权，但是有机会总比没有要好。

投资组合再平衡的难易程度

为构建资产组合而确定一个理想的资产配置，并选择适当的投资，这仅仅是成功的一半。另一半——可以说是更重要的——就是在有朝一日为应对标的投资价值变动而对资产配置进行再平衡和重新分配。ETF 是目前为止最有利于投资者进行投资组合再平衡的工具。通过一些简单的交易，一个完整的投资组合可以被快速、轻松地再平衡。共同基金则需要更多的努力，因为投资者并不清楚究竟在一天结束时，他们将会买卖什么基金。共同基金投资者可以接近他 / 她的估算，但 ETF 的投资者可以更加接近他 / 她的估算。股票投资者和 ETF 投资者经历了相同的过程，但是由于为了实现分散化，一个投资组合需要的股票数量相当多，所以这个过程极其繁琐。

税务损失管理

这一特性是指为了实现一个最优的税务结果，投资者为管理投资组合的未实现收益和损失做出判断。例如，如果一个投资者在他 / 她的投资组合中有资本利得税，那么该投资者可以出售有资本损失的一个或更多的投资，以抵消或者消除资本利得税。ETF 投资者和股票投资者做出税收损失管理决策时，比共同基金投资者更灵活。就这点而言，共同基金投资者确实有管理他们投资组合的能力，但当他们交易 ETF 和股票时有着更明显的优势，因为他们有能够在知道适当的优先执行价格的前提下，在当日内执行交易指令的能力。

交易结算

交易结算是指在证券交易中为履行合同义务而交付证券或证券收益的过程——往往是付款交单。在外行看来，交易结算就是在购买时被要求全额付款前的天数，或是卖出证券的全部收益交付给卖方之前的时间。ETF 和股票结算期限为交易日后的三个工作日内。事实上，这被称为 T +3，它代表交易日以及随后的三个工作日内结算。当我在 20 世纪 90 年代初进入这个行业时，结算期为 T +7，这意味着交易的结算需要耗用七个工作日。相比之下，共同基金采用 T +1 结算期。因此，一个投资者可以在一天内使用他的基金而不是像股票和 ETF 那样等待三天。当然，这对共同基金是有利的。

系统化投资

系统化投资（也称为投资成本平均法和系统的采购协议）是指为了允许投资者能够对已持有的基金或者来自于银行或相关账户的基金进行定期投资，

由投资公司设立的程序。系统性投资受到投资者——尤其是共同基金的投资者——的欢迎，其以电子方式把一定数量的资金从一个投资者的支票账户扣除，并投资于已有的共同基金。然而，因为购买每一支证券需要承担券商交易佣金，所以为 ETF 或者股票投资组合设立一个系统的购买协议是困难的（并且花销巨大）。与 ETF 和股票相比，这一特性明显使共同基金更为获益。

最低投资限额

从投资产品的角度来说，ETF 和股票没有初始购买条件。然而，一些经纪公司对投资者想要购买的证券或产品强加了最低限额。此外，一些证券由于市场价格间接地强加了初始最低限额（例如，当苹果公司普通股在每股 300 美元的范围内交易时），所以投资者必须至少花费这么多钱来购买一个份额。

相较于股票和 ETF，大多数共同基金强加了最低购买条件，起点 1 000 美元，有些达到 5 000 美元。机构型基金类别需要更多。许多共同基金设置最低限额是因为每一个投资者，无论投资额多少，都增加了基金新的成本，如每月报表及邮寄招募说明书的邮费。在共同基金投资 100 万美元并不意味着该投资者付出的成本是投资 10 万美元的成本的 10 倍。因此，共同基金设置了投资最低限额，以确保各投资者的投入足够支付他们的可变费用。对于许多投资者而言，这些最低限额不构成真正的问题，但对于其他的投资者来说，最低限额是负担不起的。面对最低限额，事实上最困难的是，一个勉强交付最低限额的投资者可能只投资一种共同基金，这将导致一个非分散化的投资。ETF 和股票的这种特性明显优于共同基金。

招募说明书的可用性

招募说明书是一份法律文件，金融机构用它来描述他们提供给参与者的证券。招募说明书通常为投资者提供有关证券现存问题的实质信息，比如对公司业务的描述、公司的财务报表、管理人员和董事的履历、发生的任何诉讼以及实物财产清单等，但不仅限于这些内容。投资公司需要向共同基金和

ETF 的投资者提供招募说明书，这种招募说明书与股票在募集期间的招股说明书并不相同。这样一来，投资者拥有他们购买的基金的附加信息，这可以帮助他们成为更明智的投资者。但是，以我的经验来说，几乎没有人读过招募说明书，因此这种有用资源并没有被充分利用。

交易方法

基本上投资者可以在两个地方进行 ETF、股票和共同基金买入或卖出的交易。对于 ETF 和股票，只能通过经纪公司执行交易。然而，共同基金交易可以通过两种不同的分销渠道来执行：间接地通过经纪公司或直接通过基金公司。一些经纪公司——通常提供全方位服务的公司——可能不允许交易所有的共同基金，而只能交易那些批准的基金。在这种情况下，经纪公司会告诉它的客户，它只允许交易特定的共同基金，因为这些基金提供额外的服务，而其他共同基金的家庭并没有。其实，这是不正确的。许多共同基金家族没有向经纪公司支付平台费用（银行也是如此），所以这些基金不会被加入到获得批准的共同基金名单中。虽然共同基金可以从两个而不只是一个来源购买，但共同基金这种优点并不是特别重要。

交易灵活

在本节中，我们将比较相关交易的灵活性，特别是盘中价格、盘中交易执行、指令类型判断，采用保证金的可用性和做空能力的关键特性。

盘中价格

共同基金的最大挑战是其固有的有限的市场价格透明度。换句话说，投资者并不能确定他们买卖基金份额时将会接受什么样的价格，因为直到关闭市场并进行评估工作时价格才能确定。而 ETF 的投资者不会面临同样的挑战，因为在有组织的交易所上市交易，所以全天都能够了解市场价格。这意味着当你决定要执行一个交易时，一定要充分了解在交易中你将支付什么，或者得到什么。

盘中交易执行

正如前面提到的，ETF 允许投资者有机会在交易时间内随时进行交易，这样的优势归因于在 ETF 中构建了交易所交易的特征。共同基金买卖交易可以在白天进入，但它们只会在交易结束时执行——被称为"远期价格"——只要一支共同基金按市值计算的 NAV 被计算。随时执行交易的市场是开放的，允许投资者确定应该何时、如何执行交易最能满足其需求。ETF 和股票的这种巨大优势超过了共同基金。然而，能够像股票一样交易的特性也有其缺点，即给本来稳健的长期投资者带来不利的影响，促使他们做短期交易。正是出于这个原因，先锋集团的约翰·博格尔向被动管理型 ETF 的散户投资者推荐了指数共同基金。

可选择交易指令类型

在共同基金中，你可以发出购买指令或是销售指令。没有比这更简单的了。在 ETF 中，你可以发出许多不同类型的指令（见图 3-6），就像你可以在股票中这样做一样。例如，你可以发出限价指令、终止指令、撤销前有效指令，你仅能够做到这些。对于经验丰富的投资者来说，如果你想发出止损限价指令，那么你可以在 ETF 中这么做。这对投资者意味着什么？这意味着你的买卖指令可以得到最佳执行的选择更多了——这将给你带来增量收益或更好地保护你的投资。

保证金的可用性

如果投资者不想投入更多自己的钱，而希望购买更多的某类 ETF 时，保证金购买提供了一种选择。当你以保证金购买时（这种做法也被称为"杠杆"），你从经纪公司借钱，并使用该资金购买更多的 ETF 份额。只要 ETF 回报率高于借款利率，你就会受益。但是，如果 ETF 的价值下降或没有产生至少与借款成本相同的收益，那么你将受到损失。当你以保证金交易时，风险上升，但潜在的收益也会上升。因为 ETF 和单支股票在交易所交易，所以投资者有能力以保证金交易。而这种选择对共同基金并不适用。

指令	简况	正面的	负面的
随市指令	以当前最佳可成交价下单买入或出售 ETF	通常确保立即执行	在快速变化的市场中，指令可能以不同的价格在不同的时间被执行
限价指令	指令买卖 ETF 有最高价格支付或最低价格收回的限制	如果执行，指令只会以价格指定的限制或更好的价格执行	没有指令执行的保证
终止指令	如果 ETF 交易的价格受限，那么 ETF 将会以市场价格进行交易	一旦满足某个价格水平，将会自动购买或出售	在快速变化的市场中，交易可能以一个比终止情况下更高的价格或者更低的价格被执行
终止限价限制	如果 ETF 交易的价格受限，那么 ETF 将会以限定的价格进行交易	一旦终止，交易只会以预期的限定价格或更好的价格执行	没有交易执行的保证
卖空指令	销售 ETF 不能以较低的价格拥有和买回借入的股票	因借入的 ETF 股票价格的下降而获益	因借入股票的升值而受到损失

图 3-6　主要指令类型汇总

资料来源：Frush 金融集团

做空的能力

使 ETF 投资者和股票投资者受益的最终的股票可交易性特征是卖空的能力。在其他所有股票可交易性特征的前提下，共同基金无法卖空它们的投资。对于大多数的投资者，卖空是不合适的，因为它需要额外的洞察力和风险承受能力去承受无限的损失。为什么？因为假如投资者卖空所有的投资，然后投资产品价格升高了而不是下降了，这样投资者就会受到损失。如果投资产品价格继续升高，那么这个损失就将增大。理论上说，投资者购买（长期）投资产品时可能受到的最大损失是资本投资。而如果股票持续升值，那么一个投资者卖空的最大损失是无限的。尽管这对 ETF 投资者和股票投资者都有好处，但重点是这是相当低投资成本的总体方案。

图 3-7 提供了一个"报告卡"，可以对 ETF 的特征进行评级。

投资教育学院			学年：2011年春季
项目	信用等级	评级	教授的标注
分散化	5	A	最高级别
盘中的流动性	3	A	总是准备好
成本效益	5	A+	高度竞争的
税收效率	5	A+	非常创新的办法
交易的灵活性	3	A	万事通
投资组合的透明度	3	A	你所看到的就是你所得到的
成本的透明度	3	B+	不错，但是说的更多
完全投入/现金阻力	3	A–	比你的同行要好
管理的一致性	1	A	非常集中，正如预期
可用的选择	1	B	年轻，但充满了天赋
交易的透明度	3	F	别人知道你的下一步
投资组合的营业额	3	B+	控制得很好
股息阻力	3	B–	可以提高一点
内置市场风险	5	A	快速的正确答案

分数含义		
5 =非常重要	3 =重要	1 =最不重要

图 3-7 ETF 报告卡

资料来源：Scott Paul Frush 博士

第4章

标的指数：ETF 追踪的指数基准与策略

ETF 的核心要点是其追踪的标的指数。标的指数可以看作是 ETF 的路线图，没有它，ETF 将不会抵达预定的目的地。此外，ETF 以日益增长的众多指数为基准——其中有的指数历史悠久，有的指数则刚刚被编制。这些指数涵盖了从基本的被动基准指数（如标准普尔 500 指数）到运用了复杂的量化策略和选择性加权方法的定制指数。所以了解指数之间的不同、它们预定的意图以及它们被编制的方法，对于构建一个理想的 ETF 证券投资组合是必要的。如果投资者对指数的粗略理解都没有，这会妨碍他们的理财计划，并导致投资组合的失败。我把这种情况比作那句名言："输入的是垃圾，输出的也一定是垃圾。"

指数可以按一般目的和潜在的特定策略来进行分类。专业投资人士将指数划分为两种基本类型：市场指数与定制指数。市场指数是一种传统且基础的测量市场的工具，它运用于消极证券选择策略并且采用了市值加权的方法。当期市值是一个公司的流通股价值，它等于每股市价乘以在外流通普通股的数量。由于它们很好地反映了市场的横截面状况（即市场中所有证券的动态平均状况），因此市场指数是鉴于标的持股的变化来衡量和分析细分市场变化的工具。相反，对于定制指数的最佳表述是"策略"，这种说法是非常准确的。一个定制指数或策略指数是一种投资选择方法而不是衡量和分析整体变化的工具。由于市场指数追踪特定的细分市场，它代表特定市场，也就是说提供 β 系数或市场回报，市场风险通过流动性来测量。与此相反，定制指数不追踪特别的或已经定义明确的细分市场，因此，根据其概念界定，它试图产生超过市场收益的业绩或是 α 系数——只是这次不用跟踪误差。

大部分新发行的 ETF 基于定制指数。这些指数严格地以策略为基础，并且不能（或者很少能）为市场波动提供有意义的参考价值。定制指数不可用来与其他指数相比较，它们也不能被作为引导资产配置政策的决策。定制指数与评估经济进步变动水平和产生投资者信心毫无关系。只有市场指数才能扮演这一重要角色。定制指数是主观上的设计，利用证券选择和证券加权——根据特定的以规则为导向的方法论——这一点极为重要。

比较定制指数，就好像比较苹果和橙子。大多数指数之间并没有什么明显的联系。所以，只有一些关于定制指数带给投资管理好处的研究。与这个问题相对应的是，美国证券交易委员会（SEC）并未定义指数的标准。缺乏具体指引意味着投资者有时候会忽略什么才是真正的指数化被动管理。利用这种环境优势，许多积极管理型 ETF 的发行商激进地推出他们的主张：他们的指数化方法比其他方法完善得多——特别是那些使用市场指数的 ETF——所以你应该投资他们的 ETF。许多靠得住（tried-and-true）的指数，其指数计算的基础是市值加权和市场代表性，在过去的日子里，ETF 发行商的策略是依赖这些指数，但是现在这种策略陷入了危机。定制指数 ETF 成长的势头远大于市场指数。

不管你信不信，事实上，最大的定制指数编制机构是标准普尔，它是众所周知的标普 500 指数的管理人。定制指数的编制者通过考察盈利能力的窥镜来观察指数，鉴于指数是基于以规则为导向的方法论创造的，那么 ETF 发行商在得到许可后，就会创造相应的 ETF 基金并持续向指数编制机构交付使用费。然后 ETF 发行商宣称他们的策略——基于定制指数——远胜于旧制度下的市场指数。毫无疑问，投资交易涉及一大笔钱，并且任何努力都要做到极致。

指数的目的

指数扮演着三个主要角色。第一个也是最重要的角色是作为业绩基准，凭借业绩比较，一类资产可以和其他资产类别作对比，例如标普 500 指数和不动产投资信托。在这里，市场指数充当标准。指数的第二个角色是充当指示器，根据指数变化提供一种迹象，来判断一个特殊的细分市场运作的好坏。经济研究通常运用指数作为指示器。指数的第三个角色是作为可投资的工具，投资者可以通过购买跟踪指数的 ETF（或者共同基金）来获得指数配置。指数的最终目的是作为资产配置决策的基础。注意，并不是所有指数都被 ETF和共同基金所跟踪而致使它们不可被投资。

能够进行投资是理想指数的七个特征之一，当你为投资而评估一个 ETF和它的标的指数时应该考虑到这一点。识别理想指数时投资者侧重的七个特征如下。

1. **事先指定**。在设计证券投资组合时就应该了解其中的指数。

2. **可投资性**。指数本身能够轻易地被购买。

3. **可测量性**。指数收益率能够合理地频繁地进行计算。

4. **适当性**。指数风格应该符合投资者的目标。

5. **成分已知**。构成指数的有价证券是已知的。

6. **统一性**。指数的时间界限、流动性、税务管理因素以及其他内在特征彼此相似并且适用于投资者。

7. **明确性**。指数中的有价证券与其权重是所跟踪的细分市场的典型代表。

除以上提到的特征之外，特许金融分析师协会（CFA）可以说是投资管理界中最顶端的行业组织，该协会提供了一些指引，它认为这些特征能够很好地定义指数的属性。这些特征如下。

1. **综合性**。指数应该包含在常规市场条件下所有的实际可供投资者投资的机遇。

2. **费用**。指数不应该支付过多的费用，并且所有的花费都应该被市场投资者所理解。

3. **较低的准入门槛**。指数追踪的市场或细分市场不应该存在显著的进入壁垒。

4. **关联性**。指数应该与市场投资者的投资目的相关，且市场投资者对其感兴趣。

5. **可复制性**。指数的总收益应该能够被市场投资者复制并且他们能够轻易地获取。

6. **简单客观的挑选标准**。指数的构建、预测和修改应该以对证券或市场进行监管的明确的规则为依据。

7. **稳定性**。指数成分不应该频繁变动，当需要变动时，它们应该易于理解且有高度的可预测性。

指数的编制

定制指数是为一种特定的策略量身定制的，ETF 发行商使用这种策略并且将其推广给投资者。ETF 发行商可能把一类特别的资产或部门作为目标，但其参数可能相当宽泛。ETF 发行商会运用杠杆或设计一种与预定指数走向相反的 ETF。这种选择是庞大的、分散化的。另一方面，市场指数趋向被动选择，投资者或者合并一个特殊细分市场的所有证券，或者用市场横截面样本来挑选证券，其目的不是设计出一个跑赢特定细分市场的策略，而是设计出一个能够捕捉和复制特定细分市场业绩的指数。

市值加权

当一个指数的标的证券价格变动时，指数本身的价值也将变动。但这种计算并不像它们看上去那样简单。这是为什么呢？指数中有的公司市值很高——也就是说它们的规模比其他公司大。所以问题的重点是，如何衡量公司价值才能为指数价格变动提供最佳的测量方法。市场指数的编制思路是，公司应该考虑市值加权，这意味着大市值公司比小市值公司对指数有着更大的影响力。对于跟踪特定细分市值的指数来说，这并不是实质性问题，例如小盘股和中盘股，但对于那些不按规模细分的指数是有意义的。

有时大盘股的小幅价格变动对指数的影响远大于小盘股的大幅价格变动对指数的影响。所以，市场加权指数的使用受到许多人的抨击，这些人认为，这种指数化的方式只是跟风而行，因此创造了一个并非有效的风险收益权衡特征。不考虑这些言论的情况下，市值更加紧跟市场，因为实际上公司有着各种各样的规模。

市值应该分为四种：全部资本化市值、流通股市值、上限市值和流动性市值。全部资本化市值运用传统的市值计算方式，而流通股市值是基于公众可用于交易的一定数量的股票份额的市值。这是一种重要的区分方法，因为许多公司都拥有庞大数量的受限股——例如公司员工持有的股票。上限市值被用来限制源于一个或多个公司的影响，如果不给予上限控制，这些公司会对市值加权指数产生过多影响。在这种上限市值中，任何一支股票的权重都被赋予一个百分比上限，如 10%。流动性市值实质上对流通股给了一个更严格的界定：在这种计算方式下，只有一支特定证券的正常成交量才能被用于计算。在流通股可比时，这种计算方式可以减少一些证券交易量远低于其他证券的情况发生。

市值加权法并不是唯一可用的方法。有一种新型的方法，被称为"基本面加权"，正在逐渐影响指数编制机构。这种方法基于公司的基本面挑选股票，例如税收、股利、收益和账面价值。

另一种流行的方法被称为"等权市值"，它主要被锁定定制指数的 ETF 发行商使用。就像它的命名一样，在这种方式下，指数中的每一支证券权重相同。这种方法的好处是每份证券对指数的影响是成比例的，并且消除了较大市值证券带来的重大影响，因此在这种方法下，可将市场看成一个整体。这些指数显而易见的缺点是，它们并非是标的证券变动的真实代表。例如，一个由微软（市值超过 2 000 亿美元）和捷迪讯光电（市值 50 亿美元）组成的等权指数，如果在一个交易日内微软增长 1%，捷迪讯增长 3%，这个等权指数会有 2% 的收益率。如你所见，较小的公司——捷迪讯光电——对指数的影响大体上和微软差不多。尽管如此，市值加权和等权两种方法在特定的 ETF

发行商中都很盛行，因此，在可预见的未来里，这两种方法将会被广泛运用。

细分市场的指数

除了股票市场，还有其他的指数在跟踪更多界定风格、行业和固定收益细分市场。例如大盘价值指数、大盘成长指数、小盘价值指数、小盘成长指数等。行业指数包括但不限于金融、医疗保健、公用事业和技术。固定收益细分市场由公司债、市政债、抵押贷款债券和国债组成。同样还有国际市场指数和实物资产指数。

这种区分很重要，因为从本质上来说，股票市场是它们各部分的总和。这是市场指数的关键特性，而不适用于定制指数，因为它们是不考虑组成成分的策略。罗素 3 000 指数是成分指数如何加总构成一个股票市场的例子，该指数代表了 98% 的美国可投资的股权市场。你可以把罗素 3 000 指数划分为代表 1 000 支大盘股的罗素 1 000 指数和代表 2 000 支小盘股的罗素 2 000 指数。

主要指数编制机构

虽然有许多指数编制机构——特别是在定制指数方面——但是有七个主要市场指数编制机构占据了主导地位，包括标准普尔、道琼斯指数（DJI）、摩根士丹利资本国际（MSCI）、罗素投资、巴克莱全球投资公司、威尔希尔协会和晨星公司（见图 4-1）。我们将在之后的篇章介绍。

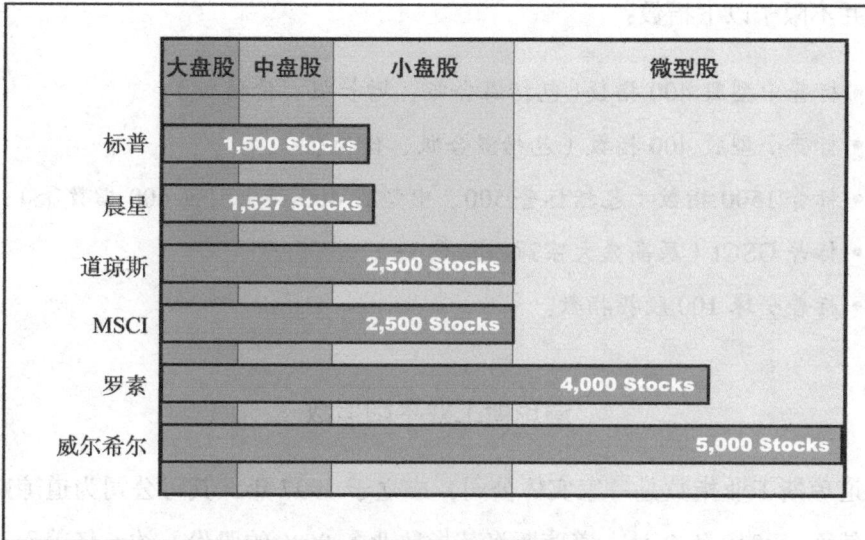

	大盘股	中盘股	小盘股	微型股
标普		1,500 Stocks		
晨星		1,527 Stocks		
道琼斯			2,500 Stocks	
MSCI			2,500 Stocks	
罗素				4,000 Stocks
威尔希尔				5,000 Stocks

图 4-1　由指数编制者代表的美国股票市值

资料来源：标普、晨星、道琼斯、MSCI、罗素、威尔希尔

　　标准普尔是一家位于美国的金融服务公司，是麦格劳－希尔集团（McGraw-Hill）的子公司，同时也是本书英文版的出版商。标准普尔、穆迪投资者服务公司以及惠誉是世界上最大的三家信用评级机构。该公司发行了大量的股票市场指数，覆盖世界每一个区域、不同的市值水平和各类型投资。更确切地说，标准普尔涵盖了约 30 个全球市场，大概为全球资本总和的70%。

　　标普表示，约 1.1 万亿美元的投资资产与标普指数直接挂钩，超过 3.5 万亿美元的资产以标普 500 指数为基准。这表明，当今世界更多的资产以这个指数为基准而不是其他任何指数。道富标普 500 指数 ETF 规模庞大，它以自身所管理的资产总额超过其他许多 ETF 基金管理下的资产总额而自豪。

　　尽管在标普 500 指数中，大多数公司市值较大，在各自领域都是领头羊，但该指数还涵盖了一些中市值公司。

　　除了主导的标普 500 指数，还包括其他被广泛认可的指数，这些指数包括但并不限于以下指数：

- 标普中型股 400 指数（包括混合版、增长版、价值版）；
- 标普小型股 400 指数（包括混合版、价值版）；
- 标普 1500 指数（包括标普 500、中型股 400 和小型股 600 指数等）；
- 标普 GSCI（原高盛大宗商品指数）；
- 标普全球 100 股指指数。

道琼斯工业平均指数

道琼斯工业指数是一家实体公司，成立于 1997 年，其母公司为道琼斯公司。然而，2010 年 2 月，道琼斯将其指数业务 90% 的股份，约 6 亿美元，出售给了芝加哥商品交易集团。此后，该公司才被称为"道琼斯指数"，是一家芝加哥商品交易集团的公司。

道指职员遍布全球 14 座城市，它编制、维护、授权并销售作为行业基准和产品投资基础的指数。道指创造了 3 000 多个美国和国际指数专利。其中最知名的指数是 1896 年创造的道琼斯工业平均指数。而最早的指数——事实上是目前还使用的——是《华尔街日报》的创始人查尔斯·道于 1882 年创造的道琼斯交通平均指数。除了前面提到的两个指数，道琼斯指数中其他被广泛知晓的指数包括道琼斯平均公用事业指数、道琼斯平均价格指数、道琼斯股票市场整体指数、道琼斯瑞银商品指数、道琼斯美国整体市场指数（代表美国股票市场前 95% 的自由流通股的总价值）。

道琼斯工业指数是价格加权平均指数，涵盖了美国 30 家最著名的特大型企业。目前其大部分组成成分与传统重工业几乎毫无关系，"工业"这个词的使用在很大程度上是出于历史原因。这 30 支股票的市场价值代表了超过美股总市值的五分之一。2011 年年初，指数中增加了 30 支股票的名称和公司的成立时间，其具体如下。

1. 通用电气，1907 年

2. 埃克森美孚，1928 年

3. 宝洁，1932 年

4. 杜邦公司，1935 年

5. 联合技术，1939 年

6. 美国铝业，1959 年

7. 3 M，1976 年

8. IBM，1979 年

9. 默克公司，1979 年

10. 美国运通，1982 年

11. 麦当劳，1985 年

12. 波音，1987 年

13. 可口可乐，1987 年

14. 卡特彼勒，1991 年

15. 摩根大通，1991 年

16. 迪士尼，1991 年

17. 惠普，1997 年

18. 强生公司，1997 年

19. 沃尔玛，1997 年

20. 美国电话电报公司，1999 年

21. 家得宝，1999 年

22. 英特尔，1999 年

23. 微软，1999 年

24. 辉瑞公司，2004 年

25. 威瑞森通信，2004 年

26. 美国银行，2008 年

27. 雪佛龙公司，2008 年

28. 卡夫食品，2008 年

29. 思科公司，2009 年

30. 旅行者，2009 年

摩根士丹利资本国际

MSCI 全球股票指数可以追溯到 20 世纪 60 年代后期，而美国股票指数在先锋的协助下创建于 2003 年年底。MSCI 最知名的指数包括 MSCI 新兴市场指数和 MSCI EAFE 指数——EAFE 代表欧洲、澳大利亚和远东地区。摩根士丹利指数被广泛用作全球股票投资组合的基准。摩根士丹利注资成立的 iShares ETF，最初被称为 WEBS，它的设计目的是为了追踪各种 MSCI 指数。基于三个市值细分，MSCI 还提供了美国股票指数：大市值、中市值、小市值以及价值和增长风格指数。

2007 年 11 月，摩根士丹利母公司通过一小部分股票的首次公开发行剥离了 MSCI 的一部分。整体剥离于 2009 年完成。

除了上述两个指数，摩根士丹利资本国际还包括以下指数：

- MSCI 所有国家世界指数；
- MSCI 欧洲指数；
- MSCI 金砖四国指数；
- MSCI 亚太指数；
- MSCI 巴西指数；
- MSCI 日本指数；
- MSCI 中国指数。

罗素投资

位于华盛顿塔科马的弗兰克·罗素公司，1999 年被西北共同基金收购（但保留其原名），1984 年推出了美国指数系列，用来衡量美国细分市场，跟踪投资管理人的业绩。该结果创造了宽基罗素 3 000 指数和成分指数，如这家公司最流行的指数——小市值罗素 2 000 指数。使用一个以规则为导向的方法，罗素按照经过浮动调整的市值（实际可交易的股份数额）降序排列了它的所有公司。罗素 3 000 指数包括在美国及其属地规模排名前 3 000 的公司的股票，它们相当于近 98% 的可投资的美国股票市场。在这 3 000 支股票中，前 1 000 支被用来编制大市值罗素 1 000 指数，后面的 2 000 支构成了小市值罗素 2 000 指数。最后，罗素还为每个美国指数编制了包含价值版和增长版的指数。所有指数于每年 5 月 31 日以市场价值重新编制。

根据罗素资料显示，以罗素指数为基准的可投资资产（4 万亿美元）要多于其他美国股票指数。此外，2008 年机构投资者 63.3% 的基准资产被罗素指数占有。罗素最知名的指数如下。

- **罗素 3 000 指数**。位于美国及其属地排名前 3 000 的最大的公司的大盘股指数。
- **罗素 2 000 指数**。罗素 3 000 指数中后 2 000 支股票的小盘股基准指数。
- **罗素微市值指数**。在罗素 2 000 指数中的 1 000 个最小的公司加 1 000 支最小的股票的微市值指数。
- **罗素 1 000 指数**。罗素 3 000 指数中的前 1 000 支股票的大盘指数。
- **罗素前 200 强指数**。罗素 3 000 指数中最大的 200 支股票的超级大盘指数。

巴克莱全球投资

在 2008 年至 2009 年的金融危机时期，雷曼兄弟编制并维持了许多固定收益指数。正如我们所知，雷曼公司并没有幸免于金融危机，它的大部分资产被总部位于伦敦的大型国际银行巴克莱银行购买。在此次收购后，巴克莱与雷曼分道扬镳，并且将历史悠久的雷曼固定收益指数以一个全新的巴克莱品牌命名——巴克莱资本。由于在收购前，巴克莱已经编制了大量的指数，因此交易十分顺利。

据巴克莱资料显示，其旗舰指数包括整体指数、通胀挂钩债券指数、高收益指数、新兴市场指数、市政债券指数、浮动汇率指数、国债即政府债券指数、全球指数以及互换（名义和通货膨胀）指数系列，其中包括全球多种货币宏观业绩基准和单一货币版指数。

由于逐渐增加的财政考虑和资本增加的需求，巴克莱银行在 2009 年将它的 iShares ETF 资产管理业务出售给了贝莱德集团，而巴克莱集团拥有贝莱德集团 20% 的控股权。

威尔希尔公司

威尔希尔是一个独立的、私有化的投资管理公司，其总部设在加利福尼亚的圣莫妮卡，提供多种类型的投资咨询服务和产品分析服务。威尔希尔为 600 多个机构投资者管理着超过 8 亿美元的资产。威尔希尔以建立 1974 年的威尔希尔 5 000 股票指数而闻名，近来的威尔希尔 4 500 股票指数——包括了威尔希尔 5 000 中的所有股票，剔除了标准普尔 500 指数中的大部分公司。威尔希尔 4 500 跟踪威尔希尔 5 000 内的中小市值股票业绩。威尔希尔还提供了源自威尔希尔 5 000 指数的风格和规模指数，其包括大市值、中市值、小市值和微型市值，再将这些指数细分到成长和价值类型。

晨星公司

总部设在芝加哥的晨星是针对北美、欧洲、澳大利亚和亚洲进行独立投资研究的领先发行商，它在全球超过 26 个国家开展业务。晨星的研究为将近 40 万支股票、共同基金和 ETF 提供数据和分析。晨星风格指数系列包括 16 个指数，利用该公司流行的基于 10 个因素方法论的选股规则，这 16 个指数按照不同的规模和风格追踪美股。这 16 个指数覆盖了超过 97% 的自由流通的美国股票，并且每季度再平衡，每年进行再编制。

16 个指数覆盖了组成晨星投资风格箱的九个资产类别，一个整合各种规模股票的指数（小盘股、中盘股和大盘股），一个整合不同风格的指数（成长型、价值型、混合型），一个包括所有其他 15 个指数的指数。大市值占了最大的可投资市值的 70%，中市值占 20%，小市值占 7%，微市值占 3%。然而，微市值不在晨星投资风格箱中。

第 5 章

内部工作机制：ETF 的技术特征

到目前为止，我们已经讨论了 ETF 的基本内容，并且强调了投资 ETF 需要考虑的重要的本质属性。但是，许多概念和特征只是抓住了 ETF 及其相关市场的表面。本章将深入探讨，并提供更多有关 ETF 技术方面的专题，包括重要的和关键的申购和赎回过程、重要的可变部分、买入并持有 ETF 的真实成本以及 ETF 的估值标准。

申购和赎回

使得 ETF 与其他投资（尤其是共同基金）如此不同的关键在于申购和赎回的过程，这个过程是至关重要的。如果没有它，ETF 将不会像今天这样，而将更接近于封闭式基金。同当今证券市场上几乎所有的其他投资相比，申购和赎回流程赋予了 ETF 更低的费用、更高的透明度、没有溢价或折价交易、充分的投资以及更高的税收效率。但是，确切的申购和赎回过程是什么，它为什么如此独特和重要？

背景

在 ETF 之前，所有交易的投资组合都会以市场计量的净资产价值溢价或折价，为了避免当时模型存在的固有的缺陷，ETF 的发行商设想了一个过程，在这个过程中没有溢价或折价出现，因为它们会迅速而又容易地被独立的第三方资金管理者套利而消除。为什么是第三方？ETF 发行商意识到，在标的证券的交易中，任何参与都可能产生利益冲突，无论是虚构的还是真实的，进而使得依靠申购和赎回流程的任何创新偏离正轨。所以，这一计划将依靠外部的第三方资金管理者（例如美林、高盛、摩根士丹利），依照 ETF 的结构，决定什么时候发行新的 ETF 份额，什么时候赎回现有的 ETF 份额。终于，这些独立的第三方资金管理者成为了授权参与者。

尽管第三方资金管理者的角色非常重要，但是从内部角度来看，他们的角色几乎没有任何风险——这就是所谓的套利。在他们设定的角色里，授权参与者为保证不存在溢价或折价而买入和卖出 ETF 份额。ETF 的最初设计者并不愚蠢，他们知道有竞争性的多方授权参与者加入这份工作对这一流程的竞争力和公信力是必不可少的。因此，曾有几次摩根士丹利和高盛各自都想对同一 ETF 实施套利交易，因而降低了利益冲突的可能性，提供了更高的透明度，最终形成合理的套利收益。这里"合理性"是最主要的关键词，因为使大部分利润流向公司而非投资者的投资项目是没有意义的。政府监管者监督 ETF 申购和赎回流程的各个层面，如果没有这样的套利设计，他们是不会满意的。

过程

当 ETF 被发行时，授权参与者要么买入、要么借入一篮子适当的 ETF 标的证券，用这些证券和 ETF 发行商交换申购单位（如图 5-1 所示）。这些申购单位包括大量的数以万计的 ETF 份额，它们必须等于以前一天收盘价计算的基金资产净值。这样做可以阻止 ETF 发行商从申购和赎回过程中间接地获益，因为收盘价计量的基金资产净值是一个已知量。这种保护措施满足了美国证券交易委员会对这个过程中潜在的权力滥用的关注。

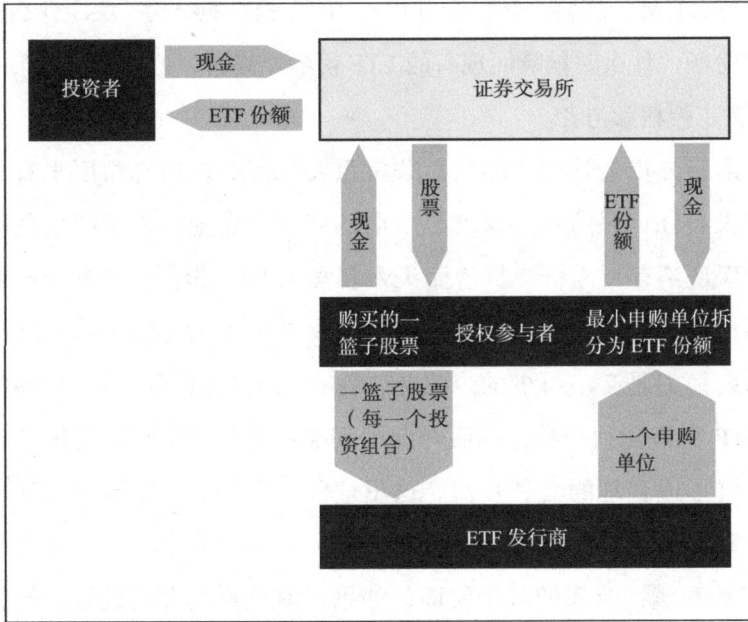

图 5-1　简化的申购流程

资料来源：Frush 金融集团

当一个授权参与者把一篮子标的证券和相关的现金交付给 ETF 发行商时（通过托管银行），相应地，授权参与者得到一个由发行商通过指定的托管人发行的申购单位。这些申购单位往往是大批量的 ETF 份额——通常可以达到 50 000——但是也可以高达 600 000 或者低至 20 000。对于获得的这些申购单位，授权参与者可以选择持有它们，或者在公开市场中立刻出售一部分或者全部——可能转让给另一授权参与者。授权参与者甚至可能把这些申购单位拆分成单个的 ETF 份额并且通过证券交易所把它们出售给投资者。当证券难以获得或者特定类型的投资者未持有时，ETF 可能允许授权参与者用现金代替一部分证券或者全部证券。

当投资者出售他／她的 ETF 份额，或者当市场价格与基金资产净值不一致时，那么，这一流程就会逆向进行（如图 5-2 所示）。在赎回时，一个授权参与者在二级市场中购买 ETF 份额，按照需求构建一个申购单位（即"赎回篮子"），并把它交付给 ETF 发行商。随着申购单位的交付，授权参与者将获得与申购单位精准的基金资产净值等价的个别证券以及相关的现金。ETF发行商往往基于申购或赎回单位的数量评估授权参与者的费用。这个费用相当低，通常每 50 000 份交易是 1 000 美元，但是在参与申购和赎回的流程中，当这个收费比率乘以 ETF 发行商交易的单位数量时，其总的费用就足够高了。

授权参与者如何知道他们交付给 ETF 发行商的一篮子 ETF 标的证券包括哪些？实际上，这一过程比想象的更加精确也更加不固定。每个交易日结束时，ETF 发行商会公布一个所谓的申购赎回清单文件，英文简写为 PCF。这一数据告诉授权参与者获得一个申购单位需要的证券及其数量以及现金的数量。数据的时间选择和精确度对于确保申购赎回流程的平稳运行是必不可少的。

被称为全国证券交易清算公司的第三方组织承担着在下一交易日开盘之前，为感兴趣的授权参与者接收、处理和公布所有申购赎回清单文件的责任。被跟踪的市场指数的任何变化都可以通过申购赎回清单文件在 ETF 发行商和授权参与者之间进行调整。例如 ETF 里的标的证券被修改——申购单位也随之改变——通过托管银行，授权参与者将新增的标的证券交付给 ETF 发行商，并相应地收到被剔除的证券。

从严格意义上讲，不是 ETF 发行商出售 ETF 份额，而是授权参与者承担了这一角色。因此，投资者与 ETF 发行商本身并没有什么直接的关系。尽管这一区分在本质上不重要，但仍需提及。

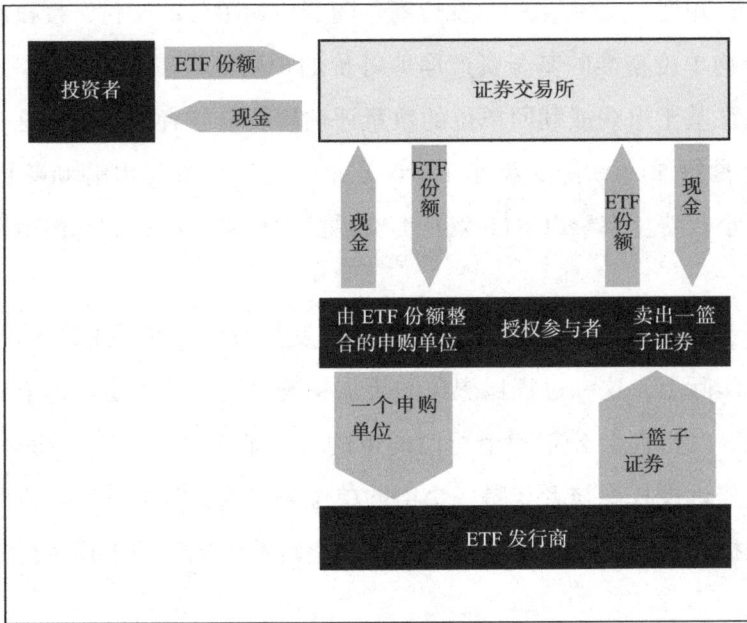

图 5-2 简化的赎回流程

资料来源：Frush 金融集团

授权参与者的角色

当发行新的 ETF 和已有 ETF 的交易份额的需求增加时，都会涉及授权参与者。授权参与者的工作就是便于 ETF 的申购和赎回。授权参与者一对一，以市场价值为基础进行一篮子标的证券与申购单位的交易。尤其是授权参与者基于特定时刻 ETF 的基金资产净值而非市值，交付一定数量的标的证券（即一篮子证券），并收到等价的 ETF 份额。结果，双方均从交易中获益。ETF 发行商得到了需要跟踪指数的证券，而授权参与者得到的是为了获利而准备持有或再售的相应数量的 ETF 申购单位。

同样地，当投资者卖出他/她的 ETF 份额时，授权参与者通过购买组成一个申购单位的证券，从证券市场上收回 ETF 份额，然后把这一申购单位交付给 ETF 发行商。作为交换，授权参与者获得了与 ETF 标的证券相等的价值。

授权参与者是怎样从申购赎回过程中获益呢？——是什么给予了他们财务

动机使他们参与其中呢？其主要途径是从套利交易中获益，这些套利活动能够消除基金层面上的溢价或折价，并使授权参与者在这一过程中获得无风险收益。例如，当 ETF 正以高于它净值的价格出售，那么，一个或者多个授权参与者将介入证券市场并出售 ETF 份额，同时买入标的证券份额。授权参与者将继续这一过程直至 ETF 市场价格与 ETF 基金资产净值一致。随后，授权参与者将会用最近购买的标的证券份额与 ETF 发行商交换申购单位。尽管这一过程可能麻烦且耗时，但这更接近实际情况。复杂精密的计算机借助于清楚而详细的模型使得买入和卖出的交易更加便捷，形成一个简单快速的流程。最终的结果是授权参与者获得了一个合理恰当的与 ETF 相关的无风险利润。

申购和赎回流程的重要性

对于 ETF，申购和赎回是至关重要的，有三个重要的原因。以下是对这几个原因的详细解释。

1. 通过使所有的 ETF 市场价格与它们相应的净值相互保持一致来消除交易的溢价和折价。
2. 避免了由现有投资者来支付其他人产生的交易成本（连带成本和授权参与者的成本）。
3. 由于授权参与者的介入，消除了财务利益冲突（尤其是滥用的贸易惯例和不合理的套利收益）。

第一，申购和赎回流程保证了 ETF 交易价格与其净值一致。没有这个优势，ETF 将会更像封闭式基金一样发生溢价或折价交易。由于 ETF 具有类似的股票的可交易性，在交易日期间，由于供求关系，ETF 价格发生波动。就此而言，当 ETF 价格高于它的标的证券，授权参与者可以出售 ETF 份额，买入并交付给 ETF 发行商标的份额，因此得到申购单位，然后在证券市场立即交换申购单位或者售出 ETF 份额。这个过程中，ETF 的市场价格回到它的基金资产净值。同样地，如果标的证券价格高于 ETF 市场价值，那么授权参与者可以买入与申购单位等值的 ETF 份额，并用它们赎回标的证券，这些标的证券可以在证券市场出售。申购和赎回套利流程的最终结果是 ETF 的市场价格与它的基金资产净值相一致。

第二，申购和赎回流程保证了当前投资者不会为选择授权参与者连同他们的套利角色执行的交易支付费用。因此，对于所有的参与者而言，ETF 是一种非常有效和公平的方式。相反，当共同基金投资者投入新的资金时，基金公司必须用这些资金在证券市场买入标的证券。遗憾的是，这转化成了所有投资者的高成本。并且众所周知，较高的成本最终会损害收益。当投资者把他们的资金从共同基金中收回时也会经历同样的过程。

幸运的是，ETF 显著不同。授权参与者在做了大量的购销活动后产生了大量的交易成本（包括显性成本和隐性成本）。授权参与者往往会支付所有的交易成本和费用——包括因在所有的申购赎回过程中涉及的"日常文书工作"而支付给 ETF 发行商的额外费用。因此，ETF 系统把与投资者交易有关的潜在的交易成本的负担转嫁给了授权参与者。对于共同基金来说，这并不是真实的，当其他的投资者卖出他们的头寸时，基金和现有的投资者将支付交易成本。在这种情况下，不考虑特定的投资者，由共同基金承担交易成本。尽管如此，ETF 有责任为非投资者的交易买单，例如，标的证券的组成部分正被另外的证券取代而引起的指数变化，ETF 被要求做出相应的修正。

第三，由于通过申购赎回清单文件可以了解到所有的标的证券及其权重，申购赎回流程保证了利益上的财务冲突的消除。另外，因为有多个授权参与者签约加入，所以他们之间更激烈的竞争保证了这一流程能够按照需要运行。

从经济学入门知识中我们知道，更多的竞争往往意味着更低的回报——或者是在这种情况下相互可接受的套利收益。如果一个 ETF 发行商只雇用一个授权参与者，在给予投资者更大的权力去决定何时或者在什么程度下购买标的证券后，追求不现实的高额套利收益的机会将会更加普遍。

ETF 的组成结构

这部分主要致力于研究 ETF 的组成结构，或者说内部结构。有四个非常重要的因素经常会被投资者误解：市场价格、基金资产净值、跟踪误差以及流动性。我们以调查研究 ETF 市场价格的复杂性为开端。

市场价格

市场价格是指 ETF 交易的最近的价格，这个价格可以是买价，也可以是卖价，或者在两者之间的价格。市场价格提供了交易 100 股或者更多 ETF 的价格水平——至少是买入或卖出 100 股的价格。这两者之间的差异叫做"买卖价差"或者"交易价差"。市场价格反映了 ETF 最公允的价格，因此被用在很多价值计算中，例如基金资产净值和市值。一些 ETF 的买卖差价相对较小，而另一些买卖差价较大。尽管投资者的供求关系在决定交易差价方面作用较小，但是，ETF 交易价差的决定因素来源于标的证券的范围。结果，当其他因素都不改变时，那些平均价差较小、具有高流动性证券的 ETF 通常会显现出它们本身较小的价差。跟踪蓝筹股公司的 ETF，例如道琼斯工业平均指数，将享有这个优势。其他的 ETF，尤其是跟踪新兴市场的那些，将发现它们自己的价差比其他的要大。

ETF 显著优势之一在于授权参与者参与套利，使得 ETF 的价差与标的证券一致。没有这种无风险的交易，ETF 的价差将会偏离标的价差，这可能意味着基金层面出现更大的价差，从而形成更高的交易成本。

最后，ETF 的价差并不是固定不变的。它们的不断变化反映了市场如何表现以及如何影响标的证券的价差。当市场上由于地缘政治事件引起额外风险时，价差往往会变大。相反，市场上一段平稳良性的时期会使价差变小。

基金资产净值

基金资产净值是一个用来描述在每股基础上一支 ETF 的账面价值的术语。基金资产净值的计算非常简单：这项基金的资产减去负债再除以已对外发行的股数。结果用美元表示。共同基金也使用基金资产净值，且计算方法同 ETF 一样。

计算基金资产净值是基金会计团队的工作，有时被称作"投资组合账户"。基金会计团队所使用的计算机系统极其复杂，他们用这样的系统来核算投资的流入和流出、标的证券的买入和卖出、基金的经营费用以及一些特定证券的收入、利得和损失。一旦基金资产的净值计算过程完成，所有的会计分录就会公示出来，会计账簿会跟着"结账"，就可以算出每股资产净值并公示于市场。尽管 ETF 和共同基金都使用同样的系统，但是 ETF 还适当地提供了现行价值的交易日内的实时评估，被称作"日内参考价值"。每股日内参考价值为投资者和授权参与者每 15 秒发布一次。假定 ETF 在全天持续交易，像共同基金一样在接近于以基金净值交易时不交易，那么日内参考价值是必不可少的。

跟踪误差

跟踪误差是在一段固定时期内一支 ETF 的收益率与一项基准指标收益率之间的比率。在整个时期内，越充分利用消极管理，跟踪误差就越小。跟踪误差被表示为 ETF 超常收益的正值或业绩不佳的负值。收益标准差之间的误差通常都非常小，因此用基点来表示，而不是百分点。

在很多年前，由于跟踪指数的数量较低，所以用跟踪误差分析 ETF 在很大程度上是行不通的。然而，随着 ETF 开始跟踪越来越多的指数，分析、评估和比较 ETF 的需要变得越来越重要。尽管有几个不同的计算跟踪误差的方法，但最为投资者广泛接受的方法是在逐日盯市制度下净值的收益与所跟踪的指数的收益之间的差额。因为 ETF 的市场价值汇集了在整个时期内的基金资产净值，所以基金资产净值与 ETF 的收益率的任何差异都不显著。

在计算跟踪误差问题时，最后一部分的问题之一就是是否包括费用比率。从一些 ETF 市场内部的角度来看，费用比率是在 ETF 管理之外的，因此在解释净收益方面的一些差异上，它不是一个真正的因素。因此，费用比率应该被加回到以投资为中心的测量中。然而，从 ETF 投资者的角度来看，成本费用比率确实是他们为了投资 ETF 而花费的实际成本并且有助于他们更好地比较各种 ETF，因此，计算时保留成本更适用于 ETF 投资者。低成本 ETF 发行商也同样更愿意将成本包含进去，因为这可以使他们在其他条件相同的情况下，与他们的同行相比，跟踪误差更小一些。

一些 ETF 产生较小的跟踪误差，然而另一些 ETF 产生的跟踪误差较大。当跟踪误差异常高于跟踪指数时，通常可以归结为以下一个或更多的原因。

1. 由于非流动指数组成成分而难以跟踪指数。

2. 假定指数的组成成分数量非常大，由于取样以及取样最优化的障碍而难以跟踪指数。

3. 由于各种原因，ETF 发行商决定不把现金完全投资于一种 ETF 而引起的现金拖累。

流动性

由于 ETF 可以像股票一样交易，所以它们被视为比传统的共同基金更具有流动性。尽管这在总体上是正确的，但在所有情况下，这未必是对的。为什么高流动性会更有利？因为较低的流动性水平会导致 ETF 更大的买卖价差以及 ETF 基金资产净值与它的标的证券价值之间更大的偏差；此外，低流动性可以降低投资者交易的盈利能力。

ETF 的流动性水平取决于四个因素。第一，ETF 的流动性受标的证券流动性的影响。大型蓝筹股具有极好的流动性，而新兴市场的股票以及房地产投资信托基金的流动性则要低很多。证券上市的地点（即在哪个交易所、哪个国家上市）也影响着它们的标的证券以及相关的流动性。

第二，ETF 的流动性也受标的证券交易量的影响，交易量大的证券能够更快且更容易交易，最终转变成高流动性。交易量小的证券具有较大的价差，投资者很少有机会买入或卖出，这些都影响了 ETF 的流动性水平。

第三，ETF 的流动性在很小的程度上受 ETF 本身交易量的影响。越频繁被买入或卖出的 ETF，往往其流动性越高。

第四，ETF 的流动性也受对标的证券的投资机会的影响。当原油价格上涨时，更多的投资者对购买能源股票感兴趣。同样地，当经济被认为将从衰退中走出来时，消费必需品类股票将向非消费必需品类股票转变。

ETF 的成本

ETF 和共同基金的最大区别之一，在于投资者为拥有基金而支付全部成本。绝大多数的投资者都能深刻地认识到 ETF 比共同基金成本低（或许并不明显）。然而，尽管 ETF 成本低，但这并不意味着它们是免费的——有些成本是必须要支付的。在这些成本中，有些成本是高度透明的，而有些则不然。另外，可以根据成本评估的层次（基金层面或投资者层面）以及这些成本是否会影响跟踪误差来对它们进行分类（如图 5-3 所示）。如果成本确实影响跟踪误差，则被恰当地称为跟踪成本。

跟踪成本	
成本	**评估**
费用率	基金层面
利息拖累	基金层面
现金拖累	基金层面
交易透明度	基金层面
跟踪成本	基金层面
非跟踪成本	
成本	**评估**
佣金	投资者层面
买卖价差	投资者层面
溢价	投资者层面
税	投资者层面

图 5-3　ETF 成本的概述

资料来源：Frush 金融集团

跟踪成本

后续的部分强调了在基金层面下引发的内部成本，影响了 ETF 如何密切地跟踪其标的指数。对于大多数 ETF 来说，较高的成本意味着较大的跟踪误差，而较低的成本意味着较小的跟踪误差——当然，跟踪误差最小化是 ETF 的主要目标。ETF 主要的跟踪成本包括管理费用率、红利拖累、现金拖累、交易透明度和跟踪误差。

费用率

投资者投资 ETF 所支付的最明显的成本就是费用率，在欧洲被称为"管理费用比率"。费用率以百分比形式表示，可用来估计 ETF 的市场价值，由 ETF 投资者每天按一定的比例支付。经营成本是费用率的最重要的组成部分，还包括由 ETF 发行商引起的成本，例如特许权使用费——持续地支付给指数编制机构用以跟踪和出售他们的指数。

当你做同等条件的对比时，就会发现 ETF 与共同基金相比，费用率会低很多。原因之一就是 12b-1 费用的存在（经验值为 0.25%）。这种费用由许多共同基金评估，用来补偿投资专家为了服务（也就是吸引）投资者留在他们的基金中而所做的努力。共同基金公司将这种费用视为服务或者销售费用。ETF 无法收取 12b-1 费用。

红利拖累

红利拖累指的是由一些 ETF（单位投资信托基金）而引起的隐性成本，美国证券交易委员会准则规定了由 ETF 产生的红利不可以立即放入证券组合中进行再投资。相反地，这些 ETF 必须在现金储备账户中积累一定的股利，并且定期地（一般为一个季度）向投资者支付股利。这一要求不同于共同基金，因为共同基金可以立即对股利进行再投资。当股票交易市场运行良好时，对股息进行再投资比直到确定日期才能取得股息要好。一些 ETF 引起了收益损失并且最终形成了收益拖累，如果没有这种拖累，就不会发生收益损失，因为当标的股票支付红利时，这些红利就会被再投资。

现金拖累

现金拖累指的是 ETF 没有被充分投资时造成的潜在收益损失，绝大多数 ETF 可以被完全投资，因为它们不需要满足投资者的退股要求。而这一要求在共同基金中普遍存在。尽管没有什么可以阻止用所有可用的现金去投资基金，但是 ETF 还是不能被完全投资。这种情况虽然不经常发生，但还是存在的。因为红利拖累的存在，所以当市场呈上升趋势时，用现金进行基金投资要比把它们放在股市中获得极小部分收益要好得多。

交易透明度

交易透明度指的是，由于对调整既定的预期指数重建而引起的对 ETF 的消极管理所产生的隐性成本。一旦指数编制机构提前公布一个市场指数即将发生的变化，之后投机者（实践中被称为"黄牛"）可以先于任何 ETF 发行商购买将被加入指数的证券，卖出将从指数中剔除的证券，这一切都发生在指数正式重新编制以及 ETF 做出相应调整之前。这种超前交易会给需要做出改变来反映标的指数的 ETF 带来成本。这种成本是基金固有的，但很少被投资者知晓。

跟踪障碍

对于跟踪市场指数的 ETF 来说，跟踪障碍是个大麻烦并且成本较高。这种成本与费用率一样，都是解释跟踪误差的关键因素。关于跟踪成本，ETF 引起的最普遍的问题之一，就是难以复制包含缺乏流动性的证券或者证券数量很多尤其是小市值的市场指数。缺乏流动性的证券会导致交易时机延迟，而且可能带来更高的交易成本。除此之外，当市场指数包含异常多的证券时，那么 ETF 的发行商往往会选择一个抽样模型来复制市场指数，从而减少托管成本。然而，由于抽样和最优化模型会赋予小市值较小的权重，那么当小市值表现不佳时 ETF 将优于市场指数，反之亦然。不考虑其他影响因素时，由于指数复制障碍导致的跟踪误差对于 ETF 投资者是一个真实存在的成本，而且这是由于基金层面所引起的。

非跟踪成本

以下部分强调了投资者层面引起的成本，这些成本不会对"ETF 如何密切跟踪标的指数"产生影响。这些成本被恰当地称为"非跟踪成本"。主要的非跟踪成本包括佣金、买卖差价、溢价（相对于基金资产净值）和税负。

佣金

与共同基金不同，ETF 是唯一的由证券经纪公司买入和卖出的基金——而不是通过发行商（先锋公司除外）。这些经纪公司希望自己的劳动能得到回报，因此会收取交易佣金。大多数 ETF 都会有这些费用。购销交易通常不会与共同基金一起计算佣金，这是因为一些基金收取前期和后期的费用或佣金，而所有共同基金的投资者会把交易成本加入他们的基金中——这最终会影响基金的资产净值。尽管如此，显性费用总是好于隐性和未知的费用。

此外，许多经纪公司——即富达投资、亚美利交易控股公司、嘉信理财、史考特证券和先锋公司现在为投资者选择的 ETF 提供免费交易，以吸引更多的投资者和更多的管理资产。当一个投资者想买入一支 ETF 时，他/她会与经纪公司进行交易。在纽约证券交易所上市的 ETF 有三个字母的标志，而纳斯达克发行的 ETF 标志用了四个字母。

买卖价差也称为交易差价，最好的定义是：投资者售出证券的价格与交易对方购买这支证券的价格之间的差额。图 5-4 展示了一些例子。由于它们像股票一样可以在证券交易所交易，本质上所有的 ETF 都以买卖价差交易。这一成本是无法简单避免的。结果就是买卖价差的一半是你购买 ETF 时的成本，另一半是你卖出 ETF 的成本。

ETF	标志	$ 价差	% 价差
Market Vectors China	PEK	0.755	1.67
Power Shares Active Low Duration	PLK	0.403	1.61
Wisdom Tree Dreyfus Euro	EU	0.317	1.37
SPDR S&P International Health Care	IRY	0.322	1.03
Vanguard Mortgaged Backed 美国证券交易委员会 urities	VMBS	0.275	0.55
SPOR S&P 500	SPY	0.014	0.01

图 5-4　挑选的 ETF 的交易价差

资料来源：Frush 金融集团

在大多数情况下，买卖价差非常小而且完全透明。卖出价和买入价或者相应价差是没有隐性的。ETF 的流动性决定了买入价和卖出价之间的价差，ETF 流动性本身又是以标的证券的差价为基础的。流动性更强的 ETF 以较小的差价交易（每股只有几分钱差价），而流动性较差的 ETF 差价较大——有时达到每股 0.5 美元。

了解这个价差是非常重要的，因为它通过一个限价指令赋予你削减差价的能力去买入或卖出，而不是按市场定购单进入并接受价差。共同基金在基金层面没有买卖价差，因此与 ETF 相比，共同基金在这方面有明显的优势。这是因为共同基金不在证券交易所买入或卖出，而是以收盘价进行交易，即基金资产净值。无论如何细分它，为买入或卖出 ETF 而支付的价差是无法避免的成本，是在投资时需要考虑的成本。

溢价

共同基金的溢价和折价是不存在的，因为投资者以基金资产净值进行交易。溢价和折价与封闭式基金联系最为广泛。因此，大多数封闭式基金要么是以低于资产净值要么是以高于资产净值进行交易。假定 ETF 经过授权参与者的套利交易的申购和赎回过程，那么溢价和折价往往就不成问题了。尽管如此，一些 ETF 确实存在溢价和折价，有时甚至会长时间存在。因为标的固定收益证券缺乏流动性或不可控的外部因素，如由于监管审查而停止申购和赎回流程，所以非国债 ETF 是最敏感的。国际 ETF 比美国 ETF 更易出现溢价。

税负

与共同基金相比，ETF 给予的税收优惠待遇是投资 ETF 的原因之一。不同于共同基金，ETF 申购和赎回的过程有着固有的效率，它几乎不会引起资本利得税负。当然，税负取决于 ETF 的类型，因为货币、杠杆和反向杠杆以及与最重要的大宗商品相关的 ETF 有较少的税收优惠待遇。最普通的 ETF 从未做过资本利得分配——但有很少的共同基金做到了。对免税的投资者来说，因为他们再投资时没有支付税款，所以资本利得不是问题。然而，完全应税投资者则不然。此外，当他们必须在卖出一个因未实现利得而被高估的标的证券和为了避免引发资本利得税而持有证券之间做出决定时，共同基金投资组合管理者发现他们自己陷入了困境。

杠杆 ETF 和反向 ETF 已经支付了大量的资本利得，与货币相关的 ETF 也是如此。不了解 ETF 间的这一差异，会使投资者陷入困境，并面临着意想不到的税负。例如，大多数投资者都不了解贵金属 ETF 方面的投资，比如大量的标准普尔黄金信托基金（交易代码为"GLD"），因为贵金属被视为收藏品，这意味着资本利得要按 28% 的税率来征税。此外，大多数投资者并不了解商品投资的税收规定。据美国国税局规定，标的证券为商品期货的 ETF 所获取的长期收益按 60% 征税，短期收益按 40% 征税。更为复杂的问题是，国税局规定的收益被认为是"按市价估值"，这意味着收益是在年末确认，因此即使投资是非流动性的，也需纳税。

除了资本利得税外，股息和利息的纳税也相当普遍，然而，这与投资共同基金并没有什么不同。当一个标的证券支付股息或利息时，ETF 会在特定的日期进行再投资或通过投资者来累计收益。根据账户类型，收入是完全纳税的，往往冲减纳税人的税负。

ETF 的虚假交易法规

虚假交易税收规则由国税局制定，目的在于防止当投资者在 ETF 销售之前或之后的 30 天内转手购买相同或者实质上相似的证券时，以证券的资本损失抵税。对于已经发生了 ETF 资本损失的投资者来说，他们这样做，仍可以通过在同一部门的不同发行商那里买入 ETF 作为清算 ETF 的方法来规避虚假交易法规。

你可能会问什么是"实质上相似"的证券？依照国税局的规定，实质相似的证券是相同的证券或者一种可转换为相同证券的证券，比如，看涨期权或者可转换的优先股或债券。因此，购买跟踪同一细分市场不同的 ETF——比如大市值的证券，就可以规避虚假交易法规。因为 ETF 虽然是不一样的证券，但也不可转换为相同的证券。同样地，投资者能够为了产生资本损失而卖出 ETF，并在不违背虚假交易法规的情况下基于同一指数来购买不同的ETF。这一点一定要记住。

ETF 的估值

在一个完美的市场环境下，ETF 市场价格应该等于其真正的公允价值。但是事实并非总是如此。如前所述，市场价格是基于投资者的供求关系确定的——至于 ETF，授权参与者也有一点点作用。然而，当深入探讨时，你会发现大量的定义 ETF 公允价值的指标或要素。这一部分详细阐述了获得公允价值的六个指标。这些指标中的每一个都是完全透明的，每天至少发布一次——甚至每日几百次。

基金资产净值

大多数 ETF 发行商会至少每天计算一次按市值计价的基金资产净值，通常在下午四点交易结束时进行计算。基金资产净值的计算非常简单：先用

ETF 的总资产减去总负债，再用这一差值除以 ETF 的流通股总数得出的结果
即是每股价值，其可应用于第二天的计算中。共同基金也以同样的方法计算
基金资产净值。

日内参考价值

IIV 也被称为"日内参考价值"或"潜在的交易价值"，这个数值以每 15
秒至 60 秒的速度被计算出来，并用单独的交易代码公布。日内参考价值是以
与申购单位相关的标的证券加上估计现金金额（应计股息）的市场价格为基
础确定 ETF 最近的市场实时价格。这个数据是在每股基础上表示出来的并可
以从大量的行情数据服务中获得。这一计算结果非常重要，因为它为投资者
提供了一个 ETF 的即时价值，这一价值就可以与 ETF 的当前市场价格（整个
交易日）作比较。

流通股数

流通股数只是前一个交易日收盘时市场上已发行的 ETF 数量。这个数据
是以 1 000 为单位，用于计算基金资产净值。然而，由于 ETF 是开放式基金，
所以发行数量是不固定的，并且投资者的购销交易数额在交易日内是变动的。

累积红利

虽然只适用于特定的 ETF，累积红利是指 ETF 已获得的和给投资者发放
现金股利之前所持有的现金数额。ETF 往往但不总是按季度支付股息给投资
者。在季度内，因为标的证券在不同的时间支付股利，ETF 会从其中获得无
数次的分红。ETF 含有的累积红利的数量体现在了市场价格和日内参考价值
中。累积红利以每股为基础，分别进行确定。

估计现金金额

估计现金金额可以向授权参与者提供一个认知，即在特定交易日申购或

赎回 ETF 的份额时，每一个申购单位大约需要多少现金。基于不同的 ETF 发行商的投资政策和流程，其采用的方法也是不同的。

所需总现金

这个数值是指在上一交易日执行申购和赎回流程所需要的现金（每一个申购单位）。这个数值确保了申购和赎回以资产净值进行，从而避免了这一流程稀释已有 ETF 份额的价值。

第 6 章

法规与发行：将 ETF 推入市场

交易所交易组合（Exchange-Traded Portfolios，简称 ETP）由多个部门包括美国证券交易委员会以及其他监管实体（如美国商品期货交易委员会）监管。在证券交易委员会中，交易与市场部（以前是美国证券交易委员会的"市场法规部"）承担监管 ETP 的"交易所交易"责任——包括监管美国所有主要的证券交易所。另外，美国证券交易委员会的投资管理部门还负责监管 ETP "投资组合"。在美国证券交易委员会内外，部门与实体之间的执行权与监管权有一个清晰且明确的划分。例如，商品期货交易委员会对以商品为标的物的 ETP 有管辖权，而美国证券交易委员会的公司财务部门会对交易所交易票据（Exchange-Traded Notes，简称 ETN）有管辖权。证券交易委员会会基于国会通过的一系列法律监督执行法律法规。

政府监管

影响 ETF 以及其他所有 ETP 的注册、发行和交易监督的两个最为重要和适用的法案是《1933 年证券法》和《1940 年投资公司法》。

《1933 年证券法》

在 1929 年股市衰败的影响下，美国国会颁布了《1933 年证券法》，要求任何使用州际贸易的工具和手段交易证券的投资者都需依照此法案进行注册，美国法律法规规定可以豁免登记的除外。

《1933 年证券法》的颁布在证券立法中被认为是一个里程碑事件，因为这是第一部管理证券交易的联邦法案——主要是给美国和受该法案管制的其他国家制定的法律，故称为《蓝天法》。除非取得豁免的证券资格，否则在美国任何提供或出售给公众的证券必须按照注册声明进行注册——往往需要向证券交易委员会提供招股说明书。证券交易委员会随后对所提议的证券进行彻底的筛选，这一过程可花费数月甚至数年。

《1940 年投资公司法》

1929 年股市衰败之后，为了恢复公众对股票市场的信心，在 1940 年 8 月 22 日，国会通过了《1940 年投资公司法》，目的是通过设立直接的行为准则强化投资公司的法律法规以达到保护公众的利益。这个法案的许多规定都被《2010 年多德弗兰克法案》所修正。

根据这一法案，投资公司现在需要对每一支基金设立常规的汇报程序，对基金分散化设立最低标准，并且引入新的广告规则；而这项法案赋予了美国证券交易委员会管理监督权。一些重要事实——包括利益冲突，现在需要向投资大众披露。更进一步说，该法案需要投资公司披露关于他们财务状况的所有重要事实。

更为重要的是，该法案严格定义投资公司并将其分为三类——面值凭证公司、单位投资信托公司和投资管理公司。想想看，在 1940 年以前，还没有一个看起来像投资公司的标准出台。

针对 ETF 的法律豁免权

当《1940 年投资公司法》起草时，国会无法预料到大约 50 年后 ETF 的出现和需求。所以，ETF 为了获取美国证券交易委员会方面的批准，它们需要从与 1940 法案相关的大量规则与章程中取得豁免权。让我们来研究一下四项最为迫切的需求。

首先，ETF 发行商必须被允许发行大额的可赎回的 ETF 份额　申购单位。因此，他们需要豁免规则 22d 和 22c-1。其次，必须允许授权参与者对申购单位进行购买和赎回——因此需要豁免规则 17（a）和 17（b）。再次，需要规则 22c-1 的豁免，来允许以不同于基金资产净值的价格交易 ETF 份额。最后，必须允许投资公司购买在超出法案的以基金为对象的基金规章，即 12（d）（1）范围以外的 ETF 份额。请求美国证券交易委员会承认上述豁免权并满足其他要求是一件既耗时又成本高的事情。考虑到 ETF 的显著增长以及对豁免权的需要，美国证券交易委员会于 2008 年宣布一项提议，采用规则 6c-11，这项规则使得公司将会自动得到数个豁免权而不用再为每个新的 ETF 寻找豁免权。

上市条件

除了美国证券交易委员会的规则章程以外，证券交易所对要在其平台上市的 ETF 也有自己的需求。所有的 ETF，无论是否持有国内证券或国际证券，均需要在交易开始时发行最低 10 万个 ETF 份额，每股最低报价偏差为 0.01 美元。然而，证券交易所对国内股票 ETF、国际股票 ETF 和固定收益 ETF 都有额外的要求。根据纽约证券交易所《上市公司手册》规定，美国国内股票型 ETF 需要满足以下五个规则。

1. 成分股至少占指数或投资组合权重的 90%，每个都必须至少有 7 500 万美元的市场价值。

2. 成分股至少占指数或投资组合权重的 90%，每个都必须有月交易总量最低限额，在过去的六个月内至少有 250 万股。

3. 最大比重的美国成分股不能超过指数或投资组合权重的 30%，权重前五的成分股不能超过指数或投资组合权重的 65%。

4. 该指数或者投资组合必须至少含有 13 种成分股。

5. 指数或者投资组合标的的所有证券必须是在国家证券交易所上市的美国成分股，并且应该是交易法案中 NMS 规章中的规则 600 所定义的 NMS 股票。

根据纽约证券交易所挂牌公司手册，固定收益 ETF 需符合以下六个上市规则。

1. 该指数或者投资组合必须包括固定收益证券。

2. 占指数或者投资组合权重 75% 的成分股必须有一个最低限额的原始资

本，至少达到 1 亿美元。

3. 成分股可以是可转换证券；然而一旦可转换证券转化为标的权益性证券，那么这一部分将会从指数或投资组合中移除。

4. 非固定收益证券（不包含财政部证券或者 GSE 证券）将占 30% 以上的权重，五个最高权重的固定收益证券的权重不超过指数权重的 65%。

5. 标的证券的指数或者投资组合（除完全豁免的证券之外）必须包括最少 13 个非关联发行商。

6. 至少占指数或投资组合权重 90% 的成分证券必须是来自于：（a）依照交易法案中的 13 和 15（d）两部分而提出报告的发行商；（b）由非关联公司持有的在外发行的普通股的市值至少为 7 亿美元的发行商；（c）要求持有的已发行证券包括票据、债券信用债券和债务证明至少有 10 亿美元的总体剩余资本的发行商；（d）交易法案中 3（a）（12）部分规定的豁免证券；（e）发行者是某个外国政府或者某个外国政治分区的政府。

豁免规则 12（d）（1）

如今，包括共同基金在内的许多机构投资者，由于一系列的原因，都在它们的投资组合中纳入了 ETF。这些原因包括现金管理以及在一个确定的细分市场进行快速配置的能力。一些共同基金只持有 ETF 而不持有股票。资产配置基金和行业轮换基金往往属于这种情况。尽管如此，对于 1940 年法案下注册的投资公司在向相同法案下注册的投资公司进行投资时，美国证券交易委员会必须授予该公司《1940 年投资公司法》下的豁免规则 12（d）（1）。第一个取得该豁免权的公司是 2003 年的巴克莱全球投资公司，而现如今，这对于大多数的 ETF 发行商来说早已司空见惯。

法律结构

对于大多数投资者来说，ETF 代表着已上市的以及在交易所交易的所有基金。鲜为人知的是，ETF 只是现有 ETP 的许多不同类型中的一种。甚至《华尔街日报》也在"交易所交易投资组合"专栏里列示了 ETF 的价格。这是一个恰当的安排，因为很多特殊信托、有限合伙以及票据与 ETF 有相同的外观和感觉，但是 ETF 许多重要的特征它们都没有。尽管如此，ETF 这个术语的使用已经在传统的流行文化中根深蒂固，并且现在已经成为所有 ETP 的首选代名词。正如以上所述，许多 ETP 并不完全具有甚至并不具有 ETF 的主要特征。一些 ETP 并不是真正的低成本，而另一些也不节税。例如，按照法律，货币基金的收益以普通收入来征税，往往比资本利得税还高。还有其他一些基金没有申购和赎回的过程，特别是实物贵金属信托。

本节对每个法律结构都进行了一个简要的概述，以便投资者更好地区分 ETP 的每一种类型。

封闭式基金

像 ETF 一样，封闭式基金是集合投资，投资者把他们的资金注入一篮子标的证券的基金中。表 6-1 列出了 ETF 和封闭式基金的一些显著的不同。

表 6-1   ETF 和封闭式基金的区别

特征	ETF	封闭式基金
组织方式	《1940 年投资公司法》	《1940 年投资公司法》
发行方式	孵化和上市	首次公开发行股票（IPO）
交易所交易	是	是
流通股数量	变动	固定
像股票一样的可交易性	是	是
溢价和折价交易	否	是
可以卖空	是	是
保证金交易	是	是
资产组合周转率	低	低
标的证券的流动性	是	否

资料来源：Frush 金融集团

其实，封闭式基金并没有向新的投资者封闭。但更确切地说，一旦新股出售给投资者，封闭式基金不再发行新的份额。一旦所有的新股卖出，投资者可以购买份额的唯一途径是在证券交易所的二级市场。这意味着，封闭式基金的价格是由供求决定的，这一点很像 ETF。然而，封闭式基金不涉及授权参与者，因此不能对偏离资产净值的溢价或折价进行套利。这个缺点对于一些只投资于封闭式基金，并只基于溢价或折价的数额及折价或溢价如何随时间变化来做购买和销售决策的投资者来说，实际上是一个优点。此外，一些投资者寻求他们认为折价会减少的封闭式基金。

例如，假定投资者以每股 20 美元购买资产净值为 22 美元的某一封闭式基金。如果每股的折扣从 2 美元减少到 1 美元，那么即使标的证券的价值保持不变，投资者也会赚 1 美元。大多数封闭式基金都是以资产净值的 15%~25% 的折扣进行交易，考虑到这些相当大的折扣，封闭式基金价格比其他 ETP 更为波动。无论是否有折价或溢价的存在，封闭式基金都提供给人们另外一种管理资金的方式。如果你想了解更多关于封闭式基金的知识，封闭式基金协会，这个大约有 20 个左右基金管理者的基金协会可以为你提供帮助。该协会的网址是 www.cefa.com。

单位投资信托

自《1940 年投资公司法》颁布以来，单位投资信托是第一个被用来发行 ETF 的合法组织。如今，一些最知名的 ETF 都是由单位投资信托编制的，包括标准普尔 500 指数、道琼斯工业平均指数，以及跟踪纳斯达克 100 指数的 Power Shares QQQ。与开放式基金不同，单位投资信托要求包含指数中所有的证券，不允许抽样和优化。ETF 发行商对于包含或剔除哪支证券没有裁决权——必须包括跟踪指数的所有证券，不能多也不能少。美国证券交易委员会所给予的唯一的灵活性，就是为了跟踪刚重新编制的指数，ETF 可以选择进行再平衡的时机。

附加限制包括以下内容：

- 与一个权重为 5% 或者更大的公司相连的基金资产不多于 25%；
- 与行业类股或集中持股相连的 ETF 资产不多于 50%；
- 基金可以控制的任何一个公司的有表决权的股票不多于 10%。

大部分广泛分散化的单位投资信托往往不关心这些限制，但是对投资于特定行业或特定国家的基金而言，这些限制可能会带来麻烦和问题。最后，即使单位投资信托可以从标的股票获得股利，但是信托不允许把这些股利再投资到标的股票。相反地，信托必须将红利存入没有利息的第三方存管账户，直到季度末，信托将累积的现金分配给投资者时，才发放这些红利。由于跟踪指数的业绩包括股息的直接再投资，所以将出现跟踪误差。这种业绩损失被称为"红利拖累"。

开放式基金
（受监管投资公司）

依据《1940 年投资公司法》，大多数新推出的 ETF 由受监管投资公司发行。这种趋势有五个主要的原因。第一，受监管投资公司赋予了 ETF 发行商关于管理标的证券的显著的灵活性。与单位投资信托不一样，ETF 必须包含跟踪指数中的每一支证券的限制已经消失了。相反地，一支 EIT 可以使用采样和优化跟踪索引。受监管投资公司与普通股一样，也可以包括期权、期货和固定收益证券。

第二，与单位投资信托相比较，受监管投资公司允许股利再投资——而不是积累在托管账户——利用红利来购买更多的相应股票。这消除了其它 ETF 可能遇到的与股息拖累有关的业绩损失。

第三，假如 ETF 被注册为非分散化基金，并且控制任何一个公司的有表决权的股票不超过 10%，那么受监管投资公司发行的 ETF 允许单一集中的投资高达公司资产的 50% 以及在任何一种证券上的投资达到公司资产的 25%。

第四，受监管投资公司还提供了一个不寻常的但是非常有利可图的业务

——标的证券的借贷。当一个受监管投资公司借出标的证券时，获得的额外收益可以用来抵消经营费用，所以，向投资者收取的费用比率降低了。因此，贝莱德、先锋、道富银行与其他大的 ETF 发行商都积极地参与到这个业务中。

第五，受监管投资公司构建的 ETF 赋予投资者们根据他们的股份表决的权利。对于某些投资者来说，这是极其重要的；而对于一些投资者来说，这并不重要。

受监管投资公司的主要缺陷是由发行商在管理基金方面拥有的内在灵活性所导致。因此，ETF 发行商不好的决策和政策会引起跟踪误差，所以跟踪指数的潜在业绩不佳。

委托人信托

交易所交易委托人信托不是受监管投资公司也不是单位投资信托，而是依据《1933 年证券法》注册的。投资者对标的公司具有表决权，并且可以以每次 100 份的量交易份额。红利不会被再投资到信托，而是被立即支付给投资者。交易所交易委托信托的股票投资组合不会改变，因此，也不会被再平衡。这种安排最终会导致更少的分散化投资组合，因为一些标的证券升值，而另一些则以合并、收购或破产的方式剔除。信托委托人构建的 ETP 是与商品相关的。根据这一安排，真实的实物商品由信托持有，从而构成了标的物。三个被广泛认可的 ETP 包括：CurrencyShares、iShares Gold Trust 和 iShares Silver Trust。

控股公司存托凭证

控股公司存托凭证（HOLDR）是委托人信托的一类，从投资于一支基金及该基金的标的证券跟踪一个确定的指数或市场的角度来说，非常像 ETF。HOLDR 并不像 ETF 那样是真正的基金。控股公司存托凭证可能与 ETF 相似，但是也有几处明显的差异。

第一，控股公司存托凭证仅包括 20 支原始股，它们是由美林旗下的一个委托人信托持有并独创的产品。随着时间的推移，随着公司被收购或与其他公司合并，信托中的股票数量可能会减少。当一个公司消失后，信托没有替代品。正如前面提到的，这最终会导致更少的分散化基金，就像互联网控股公司存托凭证（交易代码为 HHH），超过 50% 的资金投资于雅虎，在基金创建后，eBay 自从首次公开发行以来都没有对谷歌进行配置。

第二，不像单位投资信托的 ETF，表决权由 ETF 发行商持有而不是基金投资者。在信托基金中，控股公司存托凭证为投资者提供了独一无二的接受代理和直接对有关公司问题进行表决的能力，比如在董事会上的表决。

第三，控股公司存托凭证的投资者有权从信托基金持有的公司中直接获得股息。

第四，投资者不按费用比率支付费用，而是由因现金股利和分配的每股一年的托管费来评估。

第五，对控股公司存托凭证进行投资，一个投资者必须一次性买卖至少 100 股；与 ETF 正好相反，ETF 的交易量最少可以从一股做起。控股公司存托凭证通常只占市场很少的一部分，比如生物技术（交易代码为 BBH）或宽带（交易代码为 BDH）的控股公司存托凭证。

交易所交易票据

ETN 由巴克莱银行在 2006 年首次发行，ETN 是跟踪单一货币、商品或指数收益的债务工具。图 6-2 是 ETF 和 ETN 的简要对比。

与 ETF 相比，ETN 不持有或不代表大量标的证券的集合。相反地，ETN 是依据《1933 年证券法》注册的主办银行的高级的、无担保的普通信用债券。ETN 采用套利策略，因此市场价格与每个 ETN 跟踪的基准标的证券的内在价值紧密相连。ETN 被设定了 30 年的期限，没有提供任何主要的保护。此外，ETN 不支付股息或利息，不向投资者提供表决权，并且遵循发行商的赎回条款。

特征	ETF	ETN
卖空的能力	是	是
工具的构成	证券投资组合	发行人信用
一天内连续定价和交易	是	是
分配股利	是	否
有到期日	否	是
有资产净值	是	否
可融资	是	是
注册和监管的方法	《1940 年投资公司法》	《1933 年证券法》
通过传统的经纪账户和个人退休账户购买	是	是
已有数量	大量的	少量的
投资风险	市场风险	市场风险和发行人信用风险
税务待遇	非常类似于投资者持有的股票超过一年，就有资格获得长期资本收益的情况	类似于投资者持有的股票超过一年，就有资格获得长期资本收益的情况

图 6-2　ETF 和 ETN 的区别

投资 ETN 的主要缺陷和风险是与开证银行有关的信用风险。如果开证银行的信用评级被降低，那么尽管跟踪指数没有变化，ETN 的价值也可能会下跌。发行商的破产可能会造成投资完全没有价值。

ETN 的主要优势是有利的税收待遇——持仓至少一年按长期资本利得税来交税，从而获得较低的税率。对持有应税的投资组合并希望获得对商品市场特定部门进行配置的投资者来说，这是特别重要的。另一优势包括像股票一样的可交易性和在细分市场投资的机会，如谷物、糖、畜。

持有 ETN 的投资者有三种使他们的投资变现的方法：

1. 像其他证券一样，在二级市场上卖出份额；

2. 开证银行以现金方式通过每周一次的赎回程序卖出股票（仅限于大户投资者）；

3. 持有份额到期，并从开证行以现金的形式获得头寸的市场价值。

交易所大宗商品集合

ETP 最新的创新产品之一是交易所大宗商品集合——通常的组织形式为特拉华有限责任合伙企业发行。交易所大宗商品集合并没有按照《1940 年投资公司法》所要求的那样，由证券交易委员会进行注册或管理，而是由美国商品期货委员会进行监管。然而，根据《1933 年证券法》，持有实物大宗商品头寸的 ETF 由证券交易委员会进行监管。ETF 所有资产约 10% 投资于交易所大宗商品集合。

这些合伙企业和信托发行单位是可以在纽约证券交易所进行买卖的投资单位。合伙企业不再使用股票或实物大宗商品换取基金，而是利用大宗商品期货合同和其他大宗商品相关的期货、远期合约、互换合约来获得他们想要的目标基金。投资者对交易所大宗商品集合进行投资后，就变为有限合伙人。与此同时，普通合伙人（即 ETF 发行商）负责监督合伙资产的管理。其中一个最大的普通合伙人是美国期货基金有限责任公司，它经营着广受欢迎的美国石油基金（交易代码为 USO）以及美国天然气基金（标志为 UNG）。与其他 ETF 相似，交易所大宗商品集合试图获得所跟踪的特定指数的收益，而非试图超越它们。

考虑到大宗商品集合在溢价发行时暴露出的固有缺陷，在过去几年，交易所大宗商品集合受到了严格的审查。期货溢价是随着合同日期的推进，未来预期价格也会逐渐增长的市场状态。最终，随着合同日期的向前推进，期货合约的价格就会比当前月份的合约价格要高，从而产生了负的价差并使收益受损。尽管如此，交易所大宗商品集合为投资者提供了一个接触目标大宗商品类别的额外选择。

图 6-3 总结出了不同类型 ETP 的法律结构。

ETP 名称 特征	封闭式基金	单位投资信托基金	开放式基金	委托人信托	交易所交易债券	交易所大宗商品集合
主要的 ETF	N/A	道琼斯工业平均指数、标准普尔指数、黄金共同基金、powershares、先锋盾	iShares、Sector Sector SPDRs、PowerShares、和 Vanguard	CurrencyShares、iShares Gold Trust 和 HOLDRs	iPath ETNs、ELEMENTS ETNs	U.S. Oil Fund
注册的基础法律	《1940 年投资公司法》	《1940 年投资公司法》	《1940 年投资公司法》	《1993 年证券法》	《1993 年证券法》	《1993 年证券法》
结构	企业或信托	信托	企业或信托	信托	债券	信托或有限责任合伙企业
跟踪指数	否	是——必须完全复制	是——可能的样本和优化	否——客户权重篮子	多样	多样
红利再投资	是	否	是	否	隐含	多样
美国税务报告方法	1099 年形成	1099 年形成	1099 年形成	委托人信托委托书	利息或预付合约	K-1 形式
能否选择实物方式赎回	否	否	否	否	是	否
是否允许集中持仓	否	否	否	是	是	是
标的持仓	自主管理	指数	指数或有限公司自主管理	现有一篮子证券或实物大宗商品	有担保票据	指数远期基金

图 6-3　ETF 的法律结构

资料来源：Frush 金融集团

发行 ETF 的程序

发行一支 ETF 并把它推入市场，开始于创建一个规划好的 ETF 篮子的过程。然而，在 ETF 上市并销售给普通投资大众之前，发行商必须完成一系列耗时且高成本的活动。图 6-4 反映出了这一过程所需要的时间。

ETF 名称	结构	申请日期	批准日期	审批持续时间
QQQ	单位投资信托	1998 年 8 月 19 日	1999 年 2 月 22 日	6 个月
DIAMONDS	单位投资信托	1997 年 6 月 17 日	1997 年 12 月 30 日	6 个月
VIPERs	开放式基金	2000 年 5 月 12 日	2000 年 12 月 12 日	7 个月
iShares	开放式基金	1999 年 4 月 30 日	2000 年 5 月 12 日	13 个月
WEBS	开放式基金	1994 年 9 月 19 日	1996 年 3 月 5 日	18 个月
Select Sector SPDRs	开放式基金	1997 年 5 月 13 日	1998 年 11 月 13 日	18 个月
Country Baskets	开放式基金	1994 年 8 月 19 日	1996 年 3 月 5 日	19 个月
MidCap SPDRs	单位投资信托	1993 年 5 月 28 日	1995 年 1 月 18 日	20 个月
S&P Dep. Rec. SPDRs	单位投资信托	1990 年 6 月 25 日	1992 年 10 月 26 日	28 个月

* 部分 ETF 的法规程序所需时间

图 6-4 选择 ETF 的监管时间

资料来源：Frush 金融集团

以下是对这一过程从概念到 ETF 上市产品进行的简要概述，从而使读者能够更好地理解发行 ETF 的复杂性。

产品设计

在初始阶段，ETF 发行商会设计出完全符合其构想的 ETF，ETF 发行商首先会想要构建一个跟踪市场指数的 ETF，或者构建一个跟踪特定指数的 ETF 并采取积极管理。在设计阶段，选择一个合适的法律结构当然是十分必要的，包括相关的监管、税收和会计政策等方面的考虑。其他需要考虑的重要因素还包括如何体现与标的证券相关的问题（例如流动性、交易和定价的透明度，以及清算与结算的安排），构建基金的复杂程度（例如多个资产类别、目标基金加联接基金或基金中的基金），如何处理知识产权问题（例如商标和专利），最后还有如何最大化地满足投资者的需求和偏好。

合作关系

一旦设计阶段完成后，ETF 发行商将选择并与很多重要的中介形成合作关系。这其中就包括上市的证券交易所、托管人（即服务提供商）、经纪人和交易商、做市商和授权参与者。当选择证券交易所时，ETF 发行商会考虑产品支持、声誉、流动性、交易量以及交叉上市的安排。至于托管人，一个 ETF 发行商将考虑信誉和承诺、技术、完整的产品线，以及为了获得增量收入而参与证券借贷的流程。至于经销商，一个 ETF 发行商将选择能作为托管人和授权参与者之间最佳纽带的公司。接着 ETF 发行商要寻找具有良好声誉的做市商和授权参与者，这里的声誉是指能够提供流动性并且能够帮助构建一个稳健的申购赎回流程。最后，ETF 发行商将需要做出人事决定，如选择首席合规官和受托人。

注册

在这一阶段，一个 ETF 发行商需要向美国证券交易委员会提交关于 ETF 的注册申请表（包括基金招募说明书和需要展示的资料）。所有豁免申请也将在同一时间做出。注册声明的修正版可能需要在最终批准申请前多次提交。美国证券交易委员会不会在很短的时间内回复，审批流程可能需要数月或更长的时间。

营销

一旦美国证券交易委员会正式批准发行 ETF，ETF 发行商的市场营销部门就会马上全力工作。如果没有及早地关注即将发售 ETF 的营销工作，ETF 可能不会吸引投资者的兴趣以及投资者带来的资金投入。

孵化（播种）

在孵化阶段，授权参与者将交付给托管人一篮子 ETF 标的证券，从而存入 ETF 投资组合，这些标的证券是由 ETF 发行商事先确定的。这一篮子标的证券通常包括绝大多数组成跟踪指数的标的证券。作为交付的一篮子标的证券交换对价，授权参与者将收到与 ETF 份额等值的申购单位。从此时起，该授权参与者可以选择持有该申购单位，或者在二级市场出售部分或全部申购单位，在作为二级市场的证券交易所中，在整个交易日中，ETF 可以被买卖和定价。

上市

现在，新的 ETF 已经完成孵化，它实际上已经准备好要在选定的证券交易所上市并开始交易。在很短的时间内，该 ETF 发行商将会发现他们的努力是否能得到回报，这些回报体现在投资者的兴趣和相应的资金流入上。

第7章

市场参与者：ETF 全部参与者的介绍

你可曾想过，哪些证券交易所上市的 ETF 最多？哪个 ETF 发行商是最大的，哪个又是最便宜的？也许你感兴趣的是谁在背后构建和管理这些指数？这一章主要介绍 ETF 市场的主要参与者。如你所想，ETF 市场上有很多不同类型的参与者，每个参与者都有其独特而重要的角色。把每个参与者都视为一条锁链的一环——从指数编制机构开始到投资者结束——是一个简单而有效的类比。

了解主要参与者将有助于读者理解 ETF 市场的复杂性，并且对你的资金投资到哪以及如何作出投资决策是非常重要的。为了按时间先后顺序的角度进行描述，我将参与者分成了三个简化的组别——后台、中台和前台。仍有一些额外的参与者未包括在这一章，因为他们只是 ETF 市场的小角色，包括顾问、税务专业人士和基金市场。图 7-1 是 ETF 生态系统的图解说明。

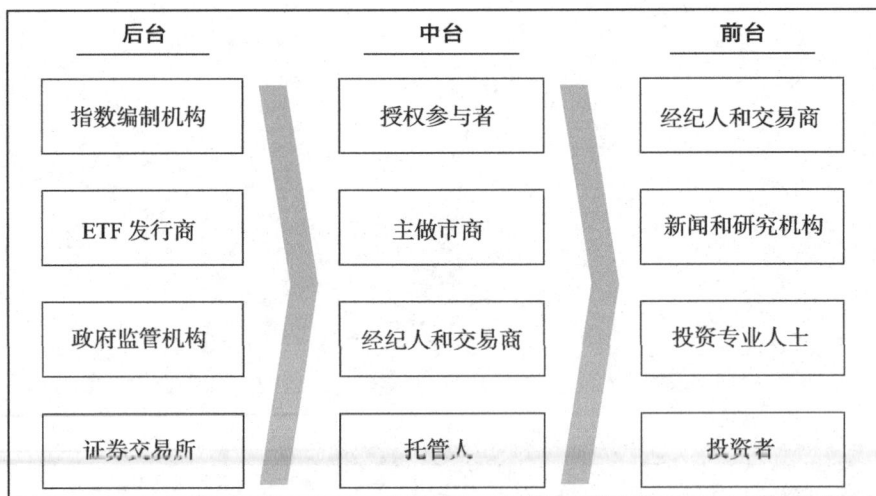

后台	中台	前台
指数编制机构	授权参与者	经纪人和交易商
ETF 发行商	主做市商	新闻和研究机构
政府监管机构	经纪人和交易商	投资专业人士
证券交易所	托管人	投资者

图 7-1 ETF 生态系统

资料来源：Frush 金融集团

后台：一切从这里开始

以下部分强调了把 ETF 纳入市场的早期阶段所涉及的主要参与者，包括指数编制机构、ETF 发行商、政府监管部门和证券交易所。

指数编制机构

任何 ETF 的焦点都是 ETF 跟踪的指数——各种指数基金的路线图。一般我们将指数分为两类，即市场指数和定制指数。一些发行商强调众所周知的和传统的市场指数，例如标准普尔 500 指数和道琼斯工业平均指数，而其他发行商着重他们自己构建的定制指数。本书的出版商——麦格劳 – 希尔拥有标准普尔公司，标准普尔的信用评级服务是世界闻名的。除了最被广泛认可的标准普尔 500 指数外，标准普尔还编制着数百种指数。就指数编制机构而言，标准普尔编制的指数被 ETF 跟踪得最多，远多于其他编制机构。在超过 3 000 个指数中，道琼斯指数是一个强大的竞争对手，尤其是当你认识到道琼斯工业指数是世界上最为广泛认可的指数时。在指数领域，其他重要的参与者包括罗素投资、摩根士丹利资本国际有限公司和威尔逊协会。

大部分新的 ETF 的增长可以归因于私人定制指数的日益流行。原因很简单：大的发行商或多或少地垄断市场上的市场指数，迫使小的或新的发行商除了构建定制指数外别无选择。尽管如此，许多小的或新的 ETF 发行商，例如 Claymore、First Trust 和 Guggenheim，已经使用非传统的指数开发出有趣的 ETF，这给投资者带来更多的选择和方式来强化他们的投资组合。

ETF 发行商

发行商就是那些构建、发行和管理 ETF 的投资公司。表面上，许多发行商可发行任何数量的 ETF——从几支到超过 100 支。然而，从数量和其管理的总资产的角度来说，ETF 主要由几大发行商进行管理——黑石集团（发行 iShares）、道富（发行 SPDRs）、先锋集团、景顺集团（发行 Power Shares）和

ProFunds（发行 ProShares）。图 7-2 为前十大 ETF 发行商。

排名	ETF 发行商	资产		ETFs	
		($M)	%	#	%
1	BlackRock (iShares)	448 389	44	220	20
2	StateStreet (SPDRs)	234 738	23	93	8
3	Vanguard	147 926	15	63	6
4	Invesco (PowerShares)	54 020	5	142	13
5	ProFunds (ProShares)	23 569	2	112	10
6	Van Eck (Market Vectors)	20 000	2	33	3
7	Bank of New York Mellon	12 211	1	1	1
8	WisdomTree	9 891	1	44	4
9	Barclays (iPath)	8 474	1	50	5
10	Direxion	6 571	1	39	4

图 7-2　前十大 ETF 发行商

资料来源：《黑石集团战略上的洞察力》，2010 年 12 月

当 ETF 最初刚刚开始发展时，大型 ETF 发行商中的大多数致力于它们的投资管理业务。随着 ETF 产品的人气飙升，大的发行商也加入了 ETF 市场。对很多发行商来说这是一个自然的转变。然而，一些发行商要拿捏好分寸，因为他们在经济上和声誉上坚定不移地进行积极投资组合管理。例如，嘉信理财，虽然它不是一个重要的 ETF 发行商，但它对其管理的投资组合引以为傲，并且它的许多共同基金产生了优良的业绩（α 系数）。那么反过来，其发行消极管理的 ETF 会发出相互矛盾的信号。如果积极管理可以如此强大，那么为什么给消极管理的 ETF 分配资源？

还有许多较小的发行商是你可能没有听说过的，如 AdvisorShares、Deutsche Bank、ETF Securities、Faith Shares、First Trust、Focus Shares、Global X、Guggenheim、Pax World、Revenue Shares 和 ALPS。大多数中小型发行商试图开拓一个有利可图的细分市场，而不是发行现有类型的 ETF 并同大的发行商进行白热化的竞争——就大规模营销预算和知名度而言，中小型发行商无法与大发行商相比。中小型发行商适合的战略应该是设计更好的、与众不同的 ETF。本书附录 A 中列出了精选的 ETF 发行商清单。

从财务顾问的忠诚度角度来说，谁是排在首位的 ETF 发行商？在许多 ETF 发行商中，根据 Cogent 研究公司 2010 年的调查，这个奖项颁给了先锋基金管理公司。黑石紧随其后名列第二，道富环球投资管理公司位列第三，太平洋投资管理公司位列第四。

政府监管机构

与任何相关的投资一样，你难以逃避政府监管。电影《黑色豪门企业》证明了这一让人印象深刻的说法："公司正在某个黑暗的深处倾听。"虽然 ETF 没有专门的监管机构，如美国商品期货交易委员会对商品期货交易的监管，但是美国证券交易委员会和美国金融业监管局高度致力于对 ETF 市场的监管和规范。例如，美国证券交易委员会负责批准新的 ETF 以及制定与它们如何被交易相关的规定。美国金融业监管局是一个自律组织的私营企业，执行对投资经纪商和交易市场的金融监管。他们一起制定和执行规则，以确保金融市场的活力和效率。其他参与 ETF 监管的机构包括美国联邦储备委员会、美国财政部和上述商品期货交易委员会。

证券交易所

证券交易所是完成股票和 ETF 买卖交易的中心。在过去，交易主要是通过公开报价系统由交易员簇拥在一起执行买入和卖出指令的工作。现在，ETF 交易运用电子系统来处理，这样既提高了交易的效率，又产生更大的交易量。也许在股票交易中抛弃"纸质股票"一词正当其时。证券交易所为 ETF 发行商和大众投资者提供中介服务。图 7-3 列出了世界上最大的十个证券交易所。

过去和现在，用来交易 ETF 的三个最重要的证交所：1）美国证交所，或者叫美国运通（现归于纽约证交所旗下，或者叫纽交所）；2）纳斯达克；3）纽交所，它是美国第二个最古老的证交所，排在费城交易所之后。直到 2005 年之前，ETF 交易排名第一的是美国运通。然而 2005 年，考虑到需要采用更好的技术，巴克莱银行把它超过 75 支的 ETF 从美国运通转移到了纽交所。这

次交易的结果就是，美国运通和纽交所骄傲地宣称他们有所有市场上一半的
上市 ETF。纽交所收购美国运通之后，控制了 90% 以上在美国上市的 ETF。
纳斯达克则控制着数量少得多的上市 ETF，但却吹嘘其控制着全世界交易量
最高的证券之一——Powershare QQQ ETF（跟踪纳斯达克 –100 指数）。

排名	证券交易所	总部	市值 （10亿美元）	上市公司 数量
1	纽约证券交易所	美国纽约	13 390	2 317
2	纳斯达克	美国纽约	4 931	2 872
3	东京证券交易所	日本东京	3 827	2 292
4	伦敦证券交易所	英国伦敦	3 613	2 966
5	上海证券交易所	中国上海	2 717	900
6	香港证券交易所	中国香港	2 711	1 421
7	多伦多证券交易所	加拿大 多伦多	2 170	3 741
8	孟买证券交易所	印度孟买	1 631	5 034
9	印度国家证券交易所	印度孟买	1 596	1 552
10	巴西证券交易所和期货市场运营商	巴西圣保罗	1 545	381

2010 年 12 月简况

图 7-3　全球十大证券交易所

资料来源：Frush 金融集团

中台：推动工作的团队

下面的部分重点强调了一些主要参与者，他们出现在将 ETF 推向市场的整
个过程的中间阶段，包括授权参与者、主做市商、经纪人、交易商和托管人。

授权参与者

授权参与者（也称为申购单位持有者），通常是大型机构投资者、专家

型经纪人、做市商或主做市商，他们与特定的 ETF 发行商签署了参与者协议，直接与发行商在申购和赎回的过程中进行交易。申购过程涉及获得申购 ETF 要求的标的证券，然后，为了 ETF 发行商的利益，将它们转移到一个托管银行。作为回报，发行商交付给授权参与者一个 ETF 的申购单位（通常是 50 000 或其整数倍），并允许他们持有 ETF 或在公开市场上进行销售。

在赎回时，一个 ETF 发行商将从授权参与者那里收到一个申购单位（赎回篮子），并基于最低成本交付给授权参与者标的证券，这主要是为了将 ETF 资本利得税最小化。因此，ETF 发行商将以更高的成本卖出标的证券，从而使基金产生更低的资本利得。标的证券在授权参与者和 ETF 发行商之间的交换被认为是"实物"交换——意味着没有现金的交换，这样可以减少基金层面的税负。

以下为一些主要的授权参与者。

- Bluefin Specialists
- 瑞士信贷
- 德意志银行
- 高盛集团
- 汇丰银行
- 简街资本
- 骑士资本
- 摩根大通银行

- LaBranche 结构性产品公司
- 美林专业结算
- 野村证券
- 兴业银行
- 海纳国际银行
- 瑞银
- 美国新际
- 韦德布什·摩根证券

主做市商

之前被称为专家型经纪人的主做市商是交易中首要的合约流动性提供者。此外，他们须保持连续的报价，管理开盘和收盘竞价，提供价格发现功能，在全天时间里将内部报价保持在一个合理的百分比之内。用专家的老系统和用领先做市商的新系统两者最重要的区别是后者不需要占用更长的时间和更大的空间。因此，主做市商被要求在特定的 ETF 中提供电子流动性——纽交所试图将主做市商引入到所有的新产品——做市商比投资领域的其他任何机构都提供了更多更好的信息。如果想要成为一名领先的做市商，除了经验，纽交所还要求其有充足的资本，掌握发行人偏好，有操作能力和技术支持人员，并拥有促进纽交所发展的志向。

显然，主做市商只能在获得报酬的前提下来执行这项职能。为了满足这些要求，主做市商从他们参与的每个产品中收取一份小的额外的折扣。ETF交易的越多，做市商希望得到的补偿就越多。这种安排将证券交易所的目标与主做市商获得的报酬联系在一起。主做市商也可以通过传统的做市业务赚钱，例如以买价买入、以卖价卖出，赚取差价。此外，他们可以从多余的借贷证券中获取报酬。

经纪交易商

当一个 ETF 发行商不想销售自己的 ETF 时，他必须雇用一个外部的承销商。经纪人和交易商的主要角色是以申购单位申购和赎回 ETF 份额时，作为 ETF 托管人和授权参与者之间的联络人。此外，承销商利用由内外部批发商组成的富有经验的销售团队把 ETF 推销给经纪交易商和注册投资顾问市场中的机构资产管理者以及金融顾问。为了区别 ETF，以及利用平台机会增加资产流入，经纪人和交易商也帮助做产品定位。

托管人

托管人也被称为服务提供者，是一种专门的金融服务机构，该金融机构对实际持有的金融资产（即 ETF 的标的证券）负有保护责任。托管人具有股票转让中间人和基金管理者的身份，他们不参与诸如抵押贷款或个人贷款的传统商业或个人银行业务。相反，托管人处理并对买入和卖出 ETF 的每一支标的证券以及它的头寸负责。当申购和赎回 ETF 时，托管人需确保标的证券的类型和数量完全准确。托管人像 ETF 发行商一样获得报酬；他们基于持有的资产价值而获得酬金。托管人不仅仅围绕着 ETF 工作，他们也涉及很多其他的证券，例如美国托存凭证，它们也由托管人持有并保护。

以下公司提供托管银行服务。

- 纽约梅隆银行
- 摩根大通服务
- 法国巴黎银行证券
- 布朗兄弟哈里曼银行
- 日本受托人服务银行
- 花旗银行
- 瑞士信贷
- 北方信托银行

- 德意志银行
- 主信托银行
- 第五第三央行
- 高盛
- 瑞银
- 汇丰银行
- 富国银行

前台：为终端投资者服务

这一部分强调了前台主要参与者，它们要么参与了将 ETF 推向市场的最后阶段，要么参与了 ETF 正在市场上的交易。这些参与者包括经纪自营商、新闻研究机构、投资专家和投资者。

经纪自营商

经纪自营商是指那些有助于促进 ETF 购销的经纪商。经纪自营商不仅提供使人们可以进行账户交易的平台，而且还提供更多的 ETF 和其他投资需要的信息。经销商可以分为两类——全能型和贴现型。全能型经纪商包括知名的公司美林、摩根士丹利、富国咨询和瑞银等。这些公司引以为傲的是提供一流的方案和服务，这些服务优于贴现型经纪商。当然，对于全能型经纪商，你需要支付更多的佣金和费用。

另一方面，贴现型经纪商以低佣金和最低的账户费用提高其竞争优势。在 2010 年，许多贴现型经纪商开始为选定数量的 ETF 提供无限制的免费交易。目前，亚美利交易控股公司给大多数（超过 100 家）ETF 提供了免费买入或卖出服务。投资者从贴现型经纪商那里得到了更有利的价格，所以他们往往会放弃高端服务和专门的客户服务。尽管如此，选择哪一类型的公司最明智，取决于你。

五个顶级贴现型经纪商如下所示：

- 亚美利交易控股公司；
- 嘉信理财；
- 美国富达投资集团；
- 史考特证券；
- 亿创理财。

新闻研究机构

尽管单独参与传播关于 ETF 的新闻研究公司的数量和广度不如共同基金，但是仍然存在少数优秀的公司。国际指数网是信息的极好来源，如晨星，当然最为人熟知的是它的共同基金评级。有五个备受推崇的信息来源，它们是 IndexInvestor.com、ETFZone.com、ETF 指导网、ETF 动态网和寻找阿尔法网。其他提供 ETF 的可靠信息的主流来源有雅虎财经、彭博和中央银行。随着 ETF 的盛行，更多致力于 ETF 的资源将会浮现。

共同基金有单独的评级，那么为什么 ETF 不行呢？实际上有许多众所周知的能够提供 ETF 数据或为 ETF 评级提供服务的机构。评级对于跟踪市场指数的 ETF 而言不如跟踪特定指数的 ETF 重要。为什么？通过比较标准普尔 500 指数 ETF 和道琼斯工业平均指数 ETF 的评级，你会发现你并没有特别获益，因为你已经知道你将要得到什么。然而，通过比较跟踪高股利证券的特定指数 ETF 和跟踪采用同一策略但标的证券不同的 ETF 的评级，显然能够使你获得有利信息。对费用率和跟踪误差进行比较是一个快速且容易的任务，投资者可以在没有评级服务的帮助下进行。

我最喜欢的两个 ETF 评级服务机构是晨星和价值线公司。晨星应用与共同基金相同的星级评定 ETF。因为大多数人都知道共同基金评级，这显然有助于投资者理解和解释具体的评级。就像价值线公司在股票领域的出色表现一样，该公司在深入研究 ETF 并提供卓越的洞察力方面也同样出色。根据价值线公司，其"人性化筛选"提供了有关资产类别、持有的 ETF 的构成部分、投资理念、主要的交易等。此外，价值线公司既检验了用来测量效率的结构完整的数据，也检验了用来评估绩效的投资标准，并提供全球热点地图以快速定位在特定地区和国家的 ETF。

投资专业人士

投资专业人士主要有两类：与投资者互动的投资组合管理者和投资顾问。投资组合管理者更多的是在幕后起作用，而投资顾问往往是投资者的第一个接触人。

投资组合管理者被认为是投资管理食物链中的最高层。投资组合管理者的主要职责是在每个投资组合的规则和指导原则范围内管理大量的客户资金。一些投资组合管理者努力超越一个特定的同业指数（这是相对收益），而其他人几乎不考虑超越同行，只是试图获得正的收益（这是绝对收益）。尽管当听到"投资组合管理者"时，人们往往会想到共同基金，但 ETF 也被各种类型的资金管理者使用。在实践中，许多私人投资顾问和保险公司采用 ETF。当一个特定资产类别的需要被满足时，一些公司会在证券投资组合中使用 ETF。因此 ETF 的用途很广。

尽管很多使用 ETF 的投资者都是自己指导自己，但也有很多人不是，而一个合格的关于投资组合问题方面的投资专家的指导对投资者是很有帮助的。投资专家在 ETF 中扮演着重要的角色，他们往往是很多 ETF 投资者的第一个引路人。投资顾问往往对客户充满信任也很有信心，也是 ETF 知识的传递者。投资专业人士往往会向客户提供了解 ETF 的极好的方法以及如何最好地把 ETF 纳入他们的投资组合。"财务顾问"是许多投资专业人士使用的一个通用的标签。其他同样用到的标签包括"理财规划师""理财经理""财富顾问"

和"投资顾问"。

投资者

不可能有一个市场没有投资者和交易员，这是很显然的事。尽管如此，本书仍会深入探讨一下 ETF 的投资者和交易员。从本质上讲，投资者和交易员以从价格升值或贬值（卖空）中获利或者赚取利息和股利为目的进行购销，但是如何完成这一目标往往是各有不同。投资者倾向于买入并长期持有，很少做影响长期财务计划的短期决策。此外，投资者往往有效分散投资，最优配置投资组合，他们不会集中他们的投资组合而放大波动性。许多个人投资者和大多数机构可以被归为投资者类别。

另一方面，交易者不执行买入并持有的策略，反而进行更多的短期投资。希望在同一时间上，短期收益额将高于采用长期买入并持有策略的收益。交易者倾向于集中他们的投资组合并利用卖空和买入的优势以获得最大收益。这些虽是泛泛而谈，但在大多数情况下成立。投资者和交易员给市场带来了效率。

第二部分

ETF 类型

第8章

跟踪市场指数的 ETF：标准普尔 500ETF、道琼斯指数 ETF 和纳斯达克 ETF 等

超过 1.5 亿的美国人直接或间接地通过共同基金、ETF、管理账户或保险产品拥有普通股。美国人拥有权益性证券的数量在过去几十年来激增，并且同比有继续上升的趋势。

权益性证券被认为是传统投资组合的核心。基于大小和风格（增长或价值），普遍的权益性证券可以被划分为不同的类别。每一个本质不同点都可以为提高投资组合的固有风险和收益概况而提供更大的投资机会和其他增加投资组合风险和收益的方式。

尽管我们在本章仅强调权益性证券，但是请注意，并不是所有的股票都是同样的——它们有着内在的本质区别。在不同时期，一些类型的股票将表现良好，而在其他时候则是其他股票表现良好。例如，在经济衰退期间，消费必需品类股票——即不管经济运营状况如何，生产生活必需品（如牙膏、剃须刀、卫生纸）的公司的股票将会优于非消费必需品类股票。另一类股票是销售那些在本质上更随意的产品或服务，例如高档食品、高档葡萄酒和音乐专辑的公司的非消费必需品类股票。然而，在经济复苏和扩张时期，非消费必需品类股票将优于消费必需品类股票。第9章将更详细地探讨这些股票板块。

权益性证券是什么

权益性证券代表着公司的所有者权益，意味着对公司资产的索取权。为

了满足商业经营，公司首先通过发行股票筹集资本，投资者将获得一定比例的公司利润的份额，这一份额往往是以股利的形式分配。此外，大多数股票的所有者拥有投票权。例如，为一个公司的董事会投票，批准或不批准员工股票期权计划或者支持或反对收购。许多散户投资者不行使表决权。所以，更多的表决权从散户投资者转移到企业管理层和大型机构。公司管理层和大型机构都有自己的日程安排，但这些日程安排往往对散户投资者来说并不是最好的。

权益性资产的框架

今天，在美国有成千上万的上市公司在进行交易，其中大约有一半是在国内的证券交易所交易，如纽约证券交易所或纳斯达克。在纽约证券交易所上市的有超过 2 300 个公司，在纳斯达克上市的有超过 2 800 个公司。以市场价值为基础，纽交所拥有美国权益性证券市场价值的 73%，纳斯达克拥有 25%。可以这样说，投资选择的广度和深度都是相当大的。

权益性证券有两种形式——优先股和普通股，其中普通股更为普遍。不要太注重股票的名称，因为拥有优先股未必比拥有普通股更让人满意。每一种形式都有它的优点，它们分别适合不同类型的投资者（见图 8-1）。我们首先来探讨优先股，然后再探讨普通股。

优先股

优先股与普通股一样，代表着一个公司的所有权，但是与普通股相比还是略有不同。优先股投资者没有表决权。但是在公司发生破产清算时，优先股投资者对于公司资产有着更高的优先分配的权利。此外，对于优先股投资者来讲，不仅能收到更高的股利，而且还能比普通股投资者优先获得股利。例如，如果公司发生财务困难，不能同时支付优先股和普通股的股利，那么公司必须优先支付优先股投资者的股利。之后，在有足够资金剩余的前提下，普通股投资者才能获得他们的股利。累积优先股投资者比普通股投资者在分配股利时享有优先权。虽然累积优先股条款规定，公司分配普通股股利之前必须支付所有的累积股利，但实际上公司尚未支付。

优先股	普通股
▶ 股价稳定，但升值潜力小	▶ 更大的升值潜力
▶ 没有表决权	▶ 有投票权
▶ 公司破产时，倒数第二位获得公司资本	▶ 公司破产时，最后一位获得公司资本
▶ 在分配普通股股利之前，必须支付固定的股利	▶ 股利分配与公司经营的好坏直接相关

图 8-1　股票的主要特征

资料来源：Frush 金融集团

最后，很多公司发行了可转换优先股。这种类型的优先股与不可转换优先股非常类似，但有一个显著的不同。可转换优先股赋予投资者在预定期之后可将其优先股转换为（用他们的股票交换）固定数量的普通股股票的选择权。这种类型的优先股的市场价值更不稳定，因为它的价值受到标的普通股市场价值的影响。

普通股

在世界范围内，普通股是所有者权益最为广泛的形式。普通股投资者具有表决权并且可以以股利的形式来分配利润。然而，并不是所有的公司都是以分红的形式来分配利润。相反地，一些公司为了满足现有的经营和预算，会把股利再投资到他们的公司。

普通股最普遍的分类方法是按照风格和规模进行分类。风格是指一个特定的股票是属于增长型股票还是价值型股票，而规模指的是一个特定的股票是属于大市值、中市值、小市值甚至是微市值。每个资产子类都有着它们特有的风险与收益权衡。成长型股票是那些具有坚实的现金流、收入和账面价值增长率，并且具有强劲长期收益增长率的公司的股票。另一方面，价值型股票是那些与每股预期收益、账面价值、每股售价（还有其他一些重要性稍低的指标）相比，股价较低的公司的股票。由于股票风格和规模之间的差异，两者之间的相关性比较受关注，因此提供了一定程度上的分散化收益。

晨星公司运用以下因素和权重把股票定义和归类为价值型股票。

- 预期收益占股价的比重：50%
- 每股账面价值占股价的比重：12.5%
- 每股收入占股价的比重：12.5%
- 每股现金流量占股价的比重：12.5%
- 股息收益率：12.5%

晨星公司运用以下因素和权重把股票定义和归类为成长型股票。

- 长期预期收益增长率：50%
- 市盈率增长率：12.5%
- 销售增长率：12.5%
- 现金流增长率：12.5%
- 账面价值增长率：12.5%

根据每个因素的变量，晨星公司把一个特定的股票指定为增长型、价值型或核心型。核心型股票本质上是一种没有明显增长或价值趋势的均衡型股票。上面提及的晨星评级是它的股票和共同基金评级体系的基础。

直觉上，人们会看到这种情况：随着股价的上涨，某支特定的股票先是被视为价值型股票，后来又被视为增长型股票。由于增长型股票和价值型股票彼此的步调不完全一致，投资者就有机会通过资产配置来提高他们投资组合的风险调整收益。低成本的 ETF 是完成这项任务的极好的方式。

在过去，只是把公司的股票划分为大市值、中市值和小市值。然而，随着企业规模不断扩大，已经超出了现在市值划分的界限，因此增加超高市值股票和微市值股票（有时是毫微型股票）成为必然。把公司股票划分到相关的类别是一个相当主观的过程，因为没有市值分组的官方定义、完全一致的协议、确切的区分价值标准。一些公司基于百分位数设定了界限，而其他公司则是基于名义美元。更为复杂的局面是，股票市值不是稳定的，它们是持续变化的，而且随着时间推移规模会越来越大，结果，为了与目前的市场价值保持一致，大约每 10 年每一类别的界限都会增长。例如，一个拥有 10 亿美元市值的公司在 1950 年被认为是大市值，但是在如今同样市值的公司只能被归为小市值公司或者是中市值公司，不会再和大公司沾边。世界不同的国家对界限的确认有不同的评估标准。此外，并没有根据规模来定义公司的严格规定。

以下是基于市值的股票价值目前最被广泛接受的评判标准。

- **巨型市值：** 超过 1 000 亿美元
- **大市值：** 100 亿美元 ~ 1 000 亿美元
- **中市值：** 10 亿美元 ~ 100 亿美元
- **小市值：** 1 亿美元 ~ 10 亿美元
- **微市值：** 1 000 万美元 ~ 1 亿美元
- **毫微市值：** 低于 1 000 万美元

股票：优点和缺点

在提出股票的优点和缺点之前，先考虑影响股票收益的主要因素是有益的。

影响证券收益的因素：

- 整体的宏观经济环境；
- 具体的投资特征，主要是预期未来现金流的现值；
- 以市销率、市盈率、市场价格与自由现金流量比和市场价格与有形账面价值比来衡量的估价；

- 投资者的行为、偏好和风险承受能力；

- 资金流动的一般趋势。

了解了影响股票收益的因素，我们现在可以将注意力转向股票具体的优缺点。

股票的优点：

- 潜在的高收益；

- 股东有表决权；

- 可以用不同类型的资产提高投资组合的风险和收益水平；

- 相对流动和有效的市场；

- 易于分散化。

股票的缺点：

- 潜在的高波动风险；

- 难以预测的风险和收益；

- 波动的相关性；

- 潜在的高管理费；

- 违约或破产风险。

波动风险和相关性

毫无疑问，权益性资产具有高风险性。而且，一些权益性资产比其他权益性资产表现出更大的风险。例如，小市值风险高于大市值。然而，附加的风险意味着更高的潜在收益。这两个方面是相辅相成的。从历史的角度来说，小市值和微型股具有大的波动性风险。大市值和中市值也有波动性风险，但是，由于在较为有效的市场上，它们是较为成熟的公司，所以波动性较小。通过配置低相关性的投资项目，投资者可以降低投资组合的波动性并且可以平滑大的市值波动。

权益性资产类别往往彼此高度相关。在 2004 年至 2010 年的六年间，小市值与大市值之间的相关系数接近于 0.91。相应地，中市值与大市值的相关系数更高，同期达到 0.93。至于风格，在上述期间内，成长型股票与价值型股票的相关系数达到 0.92。尽管权益性资产类别之间高度相关，但是投资者可以获得资产配置好处，因为权益性资产类别相互步调并非完全一致。

ETF 的表现

即使我们已经对所有的规模类别做出了同样的探讨，但是从本质上来说，大市值ETF的资产管理规模（AuM）高于中市值和小市值ETF是理所当然的。

在 2011 年年初，大市值 ETF 资产管理规模几乎膨胀到 2 470 亿美元。许多这样的例子清楚地阐明了各自细分市场（即资产等级规模）的主导。中市值 ETF、小市值 ETF 和微市值 ETF 资产管理规模大约有 540 亿美元~580 亿美元。此外，增长导向型 ETF 资产管理规模约有 460 亿美元，价值导向型 ETF 基金约有 400 亿美元，它们彼此之间的差异并不是特别重要。

最大的跟踪股票指数的 ETF

在前五大风格和规模的 ETF 中，有四支是大市值成长型 ETF：PowerShares QQQ、iShares Russell 1 000 Growth、iShares Russell 1 000 Value、iSharesS&P 500 Growth、the Vanguard Growth。这足以表明，与价值型 ETF、中市值 ETF 和小市值 ETF 相比，投资者非常偏爱增长型 ETF 和大市值 ETF。第一支出现在前十的小市值 ETF 是 iShares Russell 2000 价值型 ETF，而第一支中市值 ETF 是与 iShares Russell 相似的中市值价值型 ETF。直到按照风格和规模股票指数 ETF 的第 21 位才出现巨型市值 ETF。总之，由资产管理规模衡量的 ETF 排名中，大市值 ETF 占主导地位，并且与价值型 ETF 相比更偏向于成长型 ETF。

投资组合的优化机会

从微观和宏观角度，已经有很多关于驱动投资组合收益因素的研究。很显然资产配置是投资组合绩效的主要决定因素。但在微观层面上，影响绩效的变量是怎样的呢？以下是三个已经表明能够为投资者带来超额收益的领域。每一个都应该结合投资者的个人情况进行慎重考虑。

波动溢价

风险水平越高，潜在的收益就越高，这是投资的本质。β 系数是一种估计波动性的方法，β 系数是一种财务计量系数，用来反映某一支特定股票相对于整个市场的波动程度。β 系数越高意味着价格变动越大，也意味着潜在的高风险和高回报。研究表明，近 70% 的投资组合的回报受 β 系数影响。因此，结合坚实的资产配置和分散化计划来配置高 β 系数的投资项目将有助于提高风险调整收益。成分股市值越小，β 系数就越高。如果一个投资者能承受大的价格波动，赋予小市值更高的权重，那么就能够获得收益。β 系数不是唯一的波动性的度量标准，因此你可能会发现使用其他的方法计量风险是更方便的，例如使用标准差。通常根据股票市值，只有小市值和微市值股票可以获得这种波动溢价。

风格溢价

正如前面提到的，股票风格是指成长导向型或价值导向型股票。每个分类都是由特定的因素来定义的，即每一种资产类别分别提供不同的投资组合收益。许多年前，股息收益和账面价值是把股票分为成长型或者价值型的主要决定因素。随着时间的推移，人们进行了额外的研究，现在，我们有了更多复杂的分类方法。在同一期间，有一些学术研究在探讨成长型和价值型股票哪一种更好。大多数研究者认为，价值股优于成长股，但是不显著。此外，这些研究结果表明，价值股比成长股的波动风险要低，因此，在提供一种降低总体投资组合风险的方法时，价值股还提供了一种增加投资组合收益的方法——一个非常好的组合。

尽管成长型股票和价值型股票的相关性很高而且是不利的，但是它们的相关性变得有利已经很长一段时间了。例如，20 世纪 90 年代末，成长型股票和价值型股票的相关性下跌至近 0.5，虽然仍属于正相关的范围，但是显然提供了更好的资产配置收益。这些研究成果均表明，投资者应该考虑他们的投资组合中有适当比例的价值型股票。

规模溢价

股票的规模是由市值来衡量的，这一市值是由一个特定公司发行在外的股数乘以股价得到的。通过计算得到的市值，可用作分组比较的基础。值得注意的是，计算市值的新趋势是用发行在外的流通股替代所有发行在外的股票。发行在外的流通股是指发行在外的总股数减去内部持有的股数，例如公司内部人员持有的股数。这种新式计算市场价值的方法将会使投资大众更好地了解流通的股票。有三个主要的股票规模分别是大市值、中市值、小市值，微型股被远远地甩在了后面，排第四位。根据晨星公司的股票，大市值占了近 70% 的可投资的市场股份，中市值占 20%，小市值占 7%，微市值占 3%。

研究表明，小市值优于大市值。更具体来说，即使对波动性作了调整，微市值股票也会大幅度超过大市值。总之，实体规模确实很重要，它可以提高回报，降低风险。

选择跟踪市场指数 ETF

权益性资产是最有效的分散化的投资组合的基础。股票提供了避免由于通货膨胀的严重影响而产生的购买力风险，即资产价值损失。图 8-2 至图 8-12 提供了你可能想要加入投资组合的各种可供选择的 ETF。我非常支持你自己评估并判断这些 ETF 是否能为你带来经济利益。根据你的财务状况和目标，你可能想要它们中的多种 ETF 加入你的投资组合，或者只使用一支或两支。图中的每一支 ETF 都按照费用率分类并提供了不同的市场风险和风险收益机会。

大市值混合			
ETF 名称	交易代码	费用率	成立日期
Vanguard Total Stock Market	VTI	0.06%	2001 年 5 月 24 日
Vanguard S&P 500	VOO	0.06%	2010 年 9 月 7 日
Schwab U.S. Broad Market	SCHB	0.07%	2009 年 11 月 3 日
Schwab U.S. Large-Cap	SCHX	0.08%	2009 年 11 月 3 日
SPDR S&P 500	SPY	0.09%	1993 年 1 月 22 日
iShares S&P 500 Index	IVV	0.09%	2000 年 5 月 15 日
Wilshire 5000 Total Market	WFVK	0.12%	2010 年 3 月 9 日
Vanguard Large Cap ETF	VV	0.12%	2004 年 1 月 27 日
Vanguard Mega Cap 300 Index	MGC	0.13%	2007 年 12 月 17 日
iShares Russell 1000 Index	IWB	0.15%	2000 年 5 月 15 日
Vanguard Russell 1000 Index	VONE	0.15%	2010 年 9 月 20 日
Vanguard Russell 3000 Index	VTHR	0.15%	2010 年 9 月 20 日
iShares Russell Top 200 Index	IWL	0.15%	2009 年 9 月 22 日
iShares MSCI USA Index	EUSA	0.15%	2010 年 5 月 5 日
Vanguard Dividend Appreciation	VIG	0.18%	2006 年 4 月 21 日
iShares Russell 3000 Index	IWV	0.20%	2000 年 5 月 22 日
iShares S&P 100 Index	OEF	0.20%	2000 年 10 月 23 日
iShares Dow Jones U.S. Index	IYY	0.20%	2000 年 6 月 12 日
SPDR Dow Jones Large Cap	ELR	0.20%	2005 年 11 月 8 日
Rydex Russell Top 50	XLG	0.20%	2005 年 5 月 4 日
iShares S&P 1500 Index	ISI	0.20%	2004 年 1 月 20 日
iShares Morningstar Large Core Index	JKD	0.20%	2004 年 6 月 28 日
SPDR Dow Jones Total Market	TMW	0.20%	2000 年 10 月 4 日
TXF Large Companies	TXF	0.20%	2009 年 11 月 3 日

（续）

ETF 名称	交易代码	费用率	成立日期
iShares NYSE Composite Index	NYC	0.25%	2004 年 3 月 30 日
Vanguard Total Stock Market	VTI	0.06%	2001 年 5 月 24 日
Vanguard S&P 500	VOO	0.06%	2010 年 9 月 7 日
Schwab U.S. Broad Market	SCHB	0.07%	2009 年 11 月 3 日
Schwab U.S. Large-Cap	SCHX	0.08%	2009 年 11 月 3 日
SPDR S&P 500	SPY	0.09%	1993 年 1 月 22 日
iShares S&P 500 Index	IVV	0.09%	2000 年 5 月 15 日
Wilshire 5000 Total Market	WFVK	0.12%	2010 年 3 月 9 日
Vanguard Large Cap ETF	VV	0.12%	2004 年 1 月 27 日
Vanguard Mega Cap 300 Index	MGC	0.13%	2007 年 12 月 17 日
iShares Russell 1000 Index	IWB	0.15%	2000 年 5 月 15 日
Vanguard Russell 1000 Index	VONE	0.15%	2010 年 9 月 20 日
Vanguard Russell 3000 Index	VTHR	0.15%	2010 年 9 月 20 日
iShares Russell Top 200 Index	IWL	0.15%	2009 年 9 月 22 日
iShares MSCI USA Index	EUSA	0.15%	2010 年 5 月 5 日
Vanguard Dividend Appreciation	VIG	0.18%	2006 年 4 月 21 日
iShares Russell 3000 Index	IWV	0.20%	2000 年 5 月 22 日
iShares S&P 100 Index	OEF	0.20%	2000 年 10 月 23 日
iShares Dow Jones U.S. Index	IYY	0.20%	2000 年 6 月 12 日
SPDR Dow Jones Large Cap	ELR	0.20%	2005 年 11 月 8 日
Rydex Russell Top 50	XLG	0.20%	2005 年 5 月 4 日
iShares S&P 1500 Index	ISI	0.20%	2004 年 1 月 20 日
iShares Morningstar Large Core Index	JKD	0.20%	2004 年 6 月 28 日
SPDR Dow Jones Total Market	TMW	0.20%	2000 年 10 月 4 日
TXF Large Companies	TXF	0.20%	2009 年 11 月 3 日
iShares NYSE Composite Index	NYC	0.25%	2004 年 3 月 30 日
WisdomTree Earnings 500	EPS	0.28%	2007 年 2 月 23 日
WisdomTree Total Earnings	EXT	0.28%	2007 年 2 月 23 日
ALPS Equal Sector Weight	EQL	0.34%	2009 年 7 月 6 日

（续）

ETF 名称	交易代码	费用率	成立日期
iPath Long Extended S&P 500TR ETN	SFLA	0.35%	2010 年 11 月 29 日
Rydex Russell 1000 Equal Weight	EWRI	0.40%	2010 年 12 月 3 日
Rydex S&P Equal Weight	RSP	0.40%	2003 年 4 月 24 日
iPath Long Extended Russell 1000TR ETN	ROLA	0.50%	2010 年 11 月 29 日
Pax MSCI North America ESG Index	NASI	0.50%	2010 年 5 月 19 日
iShares MSCI USA ESG Select Index	KLD	0.50%	2005 年 1 月 24 日
iShares KLD 400 Social Index	DSI	0.50%	2006 年 11 月 14 日
PowerShares Dynamic Market	PWC	0.60%	2003 年 5 月 1 日
PowerShares Dynamic Large Cap	PJF	0.65%	2006 年 12 月 1 日
Guggenheim Ocean Tomo Patent	OTP	0.65%	2006 年 12 月 15 日
PowerShares Buyback Achievers	PKW	0.70%	2006 年 12 月 20 日
First Trust Large Cap Core AlphaDEX	FEX	0.70%	2007 年 5 月 8 日
ELEMENTS Morningstar Wide Moat Focus ETN	WMW	0.75%	2007 年 10 月 17 日
PowerShares Active Mega Cap	PMA	0.75%	2008 年 4 月 11 日
ELEMENTS SPEC. Large Cap U.S.Sector ETN	EEH	0.75%	2007 年 8 月 1 日
FaithShares Catholic Values	FCV	0.87%	2009 年 12 月 8 日
FaithShares Christian Values	FOC	0.87%	2009 年 12 月 8 日
FaithShares Methodist Values	FMV	0.87%	2009 年 12 月 8 日
FaithShares Baptist Values	FZB	0.87%	2009 年 12 月 14 日
FaithShares Lutheran Values	FKL	0.87%	2009 年 12 月 14 日
RBS US Large Cap Trendpilot ETN	TRND	1.00%	2010 年 12 月 6 日

图 8-2　选择宽基指数 ETF：大市值混合

大市值成长			
ETF 名称	交易代码	费用率	成立日期
Vanguard Growth	VUG	0.12%	2004 年 1 月 26 日
Vanguard Mega Cap 300 Growth Index	MGK	0.13%	2007 年 12 月 17 日

（续）

ETF 名称	交易代码	费用率	成立日期
Schwab U.S. Large-Cap Growth	SCHG	0.14%	2009 年 12 月 11 日
Vanguard Russell 1000 Growth Index	VONG	0.15%	2010 年 9 月 20 日
Vanguard S&P 500 Growth Index	VOOG	0.15%	2010 年 9 月 7 日
iShares S&P 500 Growth Index	IVW	0.18%	2000 年 5 月 22 日
iShares Russell Top 200 Growth Index	IWY	0.20%	2009 年 9 月 22 日
PowerShares QQQ	QQQ	0.20%	1999 年 3 月 10 日
SPDR S&P 500 Growth	SPYG	0.20%	2000 年 9 月 25 日
iShares Russell 1000 Growth Index	IWF	0.20%	2000 年 5 月 22 日
iShares Morningstar Large Growth Index	JKE	0.25%	2004 年 6 月 28 日
iShares Russell 3000 Growth Index	IWZ	0.25%	2000 年 7 月 24 日
Fidelity Nasdaq Composite Index Tracking	ONEQ	0.30%	2003 年 9 月 25 日
Rydex S&P 500 Pure Growth	RPG	0.35%	2006 年 3 月 1 日
WisdomTree Large Cap Growth	ROI	0.38%	2008 年 12 月 4 日
First Trust Nasdaq-100 Equal Weight	QQEW	0.60%	2006 年 4 月 19 日
First Trust Nasdaq-100 EX-Tech Sec	QQXT	0.60%	2007 年 2 月 8 日
First Trust US IPO Index	FPX	0.60%	2006 年 4 月 12 日
PowerShares Dynamic Large Cap Growth	PWB	0.61%	2005 年 3 月 3 日
Guggenheim Ocean Tomo Growth Index	OTR	0.65%	2007 年 4 月 2 日
Guggenheim Sector Rotation	XRO	0.65%	2006 年 9 月 21 日
RP Focused Large Cap Growth	RWG	0.89%	2009 年 10 月 2 日

图 8-3　选择宽基指数 ETF：大市值成长

大市值价值			
ETF 名称	交易代码	费用率	成立日期
Vanguard Value	VTV	0.12%	2004 年 1 月 26 日
Vanguard Mega Cap 300 Value Index	MGV	0.13%	2007 年 12 月 17 日
Schwab U.S. Large-Cap Value	SCHV	0.14%	2009 年 12 月 11 日

（续）

ETF 名称	交易代码	费用率	成立日期
Vanguard S&P 500 Value Index	VOOV	0.15%	2010 年 9 月 7 日
Vanguard Russell 1000 Value Index	VONV	0.15%	2010 年 9 月 20 日
SPDR Dow Jones Industrial Average	DIA	0.18%	1998 年 1 月 13 日
iShares S&P 500 Value Index	IVE	0.18%	2000 年 5 月 22 日
Vanguard High-Dividend Yield	VYM	0.18%	2006 年 11 月 10 日
iShares NYSE 100 Index	NY	0.20%	2004 年 3 月 29 日
iShares Russell Top 200 Value Index	IWX	0.20%	2009 年 9 月 22 日
SPDR S&P 500 Value	SPYV	0.20%	2000 年 9 月 25 日
iShares Russell 1000 Value Index	IWD	0.20%	2000 年 5 月 22 日
iShares Russell 3000 Value Index	IWW	0.25%	2000 年 7 月 24 日
iShares Morningstar Large Value Index	JKF	0.25%	2004 年 6 月 28 日
WisdomTree Large Cap Dividend	DLN	0.28%	2006 年 6 月 16 日
WisdomTree Total Dividend	DTD	0.28%	2006 年 6 月 16 日
SPDR S&P Dividend	SDY	0.35%	2005 年 11 月 8 日
Rydex S&P 500 Pure Value	RPV	0.35%	2006 年 3 月 1 日
WisdomTree Dividend EX-Financials	DTN	0.38%	2006 年 6 月 16 日
WisdomTree Large Cap Value	EZY	0.38%	2007 年 2 月 23 日
WisdomTree Equity Income	DHS	0.38%	2006 年 6 月 16 日
PowerShares FTSE RAFI US 1000	PRF	0.39%	2005 年 12 月 19 日
iShares Dow Jones Select Dividend Index	DVY	0.40%	2003 年 11 月 3 日
First Trust Morningstar Dividend Leaders	FDL	0.45%	2006 年 3 月 9 日
RevenueShares Large Cap	RWL	0.49%	2008 年 2 月 22 日
PowerShares Dynamic Large Cap Value	PWV	0.60%	2005 年 3 月 3 日
PowerShares Dividend Achievers	PFM	0.60%	2005 年 9 月 15 日
Guggenheim Multi-Asset Income	CVY	0.65%	2006 年 9 月 21 日
First Trust Strategic Value Index	FDV	0.65%	2006 年 7 月 6 日
Guggenheim Defensive Equity	DEF	0.65%	2006 年 12 月 15 日
First Trust Value Line Dividend Index	FVD	0.70%	2003 年 8 月 19 日
ELEMENTS DJ High Yield Select 10 ETN	DOD	0.75%	2007 年 11 月 7 日
ELEMENTS BG Large Cap ETN	BVL	0.75%	2008 年 8 月 6 日
ELEMENTS BG Total Market ETN	BVT	0.75%	2008 年 8 月 6 日
Grail American Beacon Large Value	GVT	0.79%	2009 年 5 月 4 日

图 8-4 选择宽基指数 ETF：大市值价值

中市值混合			
ETF 名称	交易代码	费用率	成立日期
Vanguard Mid-Cap	VO	0.12%	2004 年 1 月 26 日
Vanguard Extended Market Index	VXF	0.12%	2001 年 12 月 27 日
Vanguard S&P Mid-Cap 400 Index	IVOO	0.15%	2010 年 9 月 7 日
Wilshire 4500 Completion	WXSP	0.18%	2010 年 3 月 9 日
iShares Russell Midcap Index	IWR	0.20%	2001 年 7 月 17 日
iShares S&P Mid Cap 400 Index	IJH	0.20%	2000 年 5 月 22 日
iShares Morningstar Mid Core Index	JKG	0.25%	2004 年 6 月 28 日
SPDR S&P Mid Cap 400	MDY	0.25%	1995 年 5 月 4 日
SPDR Dow Jones Mid Cap	EMM	0.26%	2005 年 11 月 8 日
WisdomTree Mid Cap Earnings	EZM	0.38%	2007 年 2 月 23 日
Rydex Russell Mid Cap Equal Weight	EWRM	0.40%	2010 年 12 月 3 日
JETS Contrarian Opportunities Index	JCO	0.58%	2010 年 4 月 7 日
PowerShares Dynamic MagniQuant	PIQ	0.65%	2006 年 10 月 12 日
PowerShares Dynamic Mid Cap	PJG	0.65%	2006 年 12 月 1 日
Guggenheim Insider Sentiment	NFO	0.65%	2006 年 9 月 21 日
First Trust Value Line Equity Allc Index	FVI	0.70%	2006 年 12 月 5 日
First Trust Mid Cap Core AlphaDEX	FNX	0.70%	2007 年 5 月 8 日
Guggenheim Raymond James SB-1 Equity	RYJ	0.72%	2006 年 5 月 19 日
RBS US Mid Cap Trendpilot ETN	TRNM	1.00%	2011 年 1 月 25 日

图 8-5　选择宽基指数 ETF：中市值混合

中市值增长			
ETF 名称	交易代码	费用率	成立日期
Vanguard Mid-Cap Growth	VOT	0.12%	2006 年 8 月 17 日
Vanguard S&P Mid-Cap 400 Growth	IVOG	0.20%	2010 年 9 月 7 日
iShares S&P Mid Cap 400 Growth Index	IJK	0.25%	2000 年 7 月 24 日
iShares Russell Midcap Growth Index	IWP	0.25%	2001 年 7 月 17 日
SPDR S&P 400 Mid Cap Growth	MDYG	0.26%	2005 年 11 月 8 日
iShares Morningstar Mid Growth Index	JKH	0.30%	2004 年 6 月 28 日
Rydex S&P Midcap 400 Pure Growth	RFG	0.35%	2006 年 3 月 1 日
RevenueSharesNavellier Overall A-100	RWV	0.60%	2009 年 1 月 23 日

（续）

ETF 名称	交易代码	费用率	成立日期
PowerShares Dynamic OTC	PWO	0.60%	2003 年 5 月 1 日
PowerShares Dynamic Mid Cap Growth	PWJ	0.63%	2005 年 3 月 3 日
Guggenheim Spin-Off	CSD	0.65%	2006 年 12 月 15 日
PowerShares NXQ	PNXQ	0.70%	2008 年 4 月 3 日
PowerShares DWA Technical Leaders	PDP	0.70%	2007 年 3 月 1 日
PowerShares Morningstar Stock Investor	PYH	0.70%	2006 年 12 月 1 日
First Trust Multi Cap Growth AlphaDEX	FAD	0.70%	2007 年 5 月 8 日
PowerShares S&P 500 High Quality	PIV	0.70%	2005 年 12 月 6 日
First Trust Value Line 100	FVL	0.70%	2003 年 6 月 12 日

图 8-6　选择宽基指数 ETF：中市值增长

中市值价值			
ETF 名称	交易代码	费用率	成立日期
Vanguard Mid-Cap Value	VOE	0.12%	2006 年 8 月 17 日
Vanguard S&P Mid-Cap 400 Value Index	IVOV	0.20%	2010 年 9 月 7 日
iShares Russell Midcap Value Index	IWS	0.25%	2001 年 7 月 17 日
iShares S&P Mid Cap 400 Value Index	IJJ	0.25%	2000 年 7 月 24 日
SPDR S&P 400 Mid Cap Value	MDYV	0.26%	2005 年 11 月 8 日
iShares Morningstar Mid Value Index	JKI	0.30%	2004 年 6 月 28 日
Rydex S&P Midcap 400 Pure Value	RFV	0.35%	2006 年 3 月 1 日
WisdomTree Mid Cap Dividend	DON	0.38%	2006 年 6 月 16 日
RevenueShares Mid Cap	RWK	0.54%	2008 年 2 月 22 日
PowerShares High-Yield Dividend Achievers	PEY	0.60%	2004 年 12 月 9 日
PowerShares Dynamic Mid Cap Value	PWP	0.63%	2005 年 3 月 3 日
Guggenheim Mid-Cap Core	CZA	0.65%	2007 年 4 月 2 日
First Trust Multi Cap Value AlphaDEX	FAB	0.70%	2007 年 5 月 8 日

图 8-7　选择宽基指数 ETF：中市值价值

小市值混合			
ETF 名称	交易代码	费用率	成立日期
Vanguard Small Cap	VB	0.12%	2004 年 1 月 26 日
Schwab U.S. Small-Cap	SCHA	0.14%	2009 年 11 月 3 日
Vanguard S&P Small-Cap 600 Index	VIOO	0.15%	2010 年 9 月 7 日
Vanguard Russell 2000 Index	VTWO	0.15%	2010 年 9 月 20 日
iShares S&P Small Cap 600 Index	IJR	0.20%	2000 年 5 月 22 日
iShares Russell 2000 Index	IWM	0.20%	2000 年 5 月 22 日
iShares Morningstar Small Core Index	JKJ	0.25%	2004 年 6 月 28 日
SPDR S&P 600 Small Cap	SLY	0.26%	2005 年 11 月 8 日
WisdomTree Small Cap Earnings	EES	0.38%	2007 年 2 月 23 日
Rydex Russell 2000 Equal Weight	EWRS	0.40%	2010 年 12 月 3 日
iShares Russell Microcap Index	IWC	0.60%	2005 年 8 月 12 日
First Trust Dow Jones Select Micro Cap	FDM	0.60%	2005 年 9 月 27 日
PowerShares Dynamic Small Cap	PJM	0.65%	2006 年 12 月 1 日
First Trust Small Cap Core AlphaDEX	FYX	0.70%	2007 年 5 月 8 日

图 8-8　选择宽基指数 ETF：小市值混合

小市值成长			
ETF 名称	交易代码	费用率	成立日期
Vanguard Small Cap Growth	VBK	0.12%	2004 年 1 月 26 日
Vanguard Russell 2000 Growth Index	VTWG	0.20%	2010 年 9 月 20 日
Vanguard S&P Small-Cap 600 Growth	VIOG	0.20%	2010 年 9 月 7 日
iShares Russell 2000 Growth Index	IWO	0.25%	2000 年 7 月 24 日
iShares S&P Small Cap 600 Growth	IJT	0.25%	2000 年 7 月 24 日
SPDR S&P 600 Small Cap Growth	SLYG	0.25%	2000 年 9 月 25 日
iShares Morningstar Small Growth Index	JKK	0.30%	2004 年 6 月 28 日
Rydex S&P Small Cap 600 Pure Growth	RZG	0.35%	2006 年 3 月 1 日
PowerShares Dynamic Small Cap Growth	PWT	0.63%	2005 年 3 月 3 日
PowerShares FTSE Nasdaq Small Cap	PQSC	0.70%	2008 年 4 月 3 日

图 8-9　选择宽基指数 ETF：小市值成长

小市值价值			
ETF 名称	交易代码	费用率	成立日期
Vanguard Small Cap Value	VBR	0.12%	2004 年 1 月 26 日
Vanguard Russell 2000 Value Index	VTWV	0.20%	2010 年 9 月 20 日
Vanguard S&P Small-Cap 600 Value	VIOV	0.20%	2010 年 9 月 7 日
iShares Russell 2000 Value Index	IWN	0.25%	2000 年 7 月 24 日
iShares S&P Small Cap 600 Value Index	IJS	0.25%	2000 年 7 月 24 日
SPDR S&P 600 Small Cap Value	SLYV	0.26%	2000 年 9 月 25 日
iShares Morningstar Small Value Index	JKL	0.30%	2004 年 6 月 28 日
Rydex S&P Small Cap 600 Pure Value	RZV	0.35%	2006 年 3 月 1 日
WisdomTree Small Cap Dividend	DES	0.38%	2006 年 6 月 16 日
PowerShares FTSE RAFI US 1500 Small-Mid	PRFZ	0.39%	2006 年 9 月 20 日
RevenueShares Small Cap	RWJ	0.54%	2008 年 2 月 22 日
PowerShares Dynamic Small Cap Value	PWY	0.63%	2005 年 3 月 3 日
Wilshire Micro-Cap	WMCR	0.64%	2006 年 9 月 21 日
PowerSharesZacks Micro Cap	PZI	0.70%	2005 年 8 月 18 日
ELEMENTS BG Small Cap ETN	BSC	0.75%	2008 年 8 月 6 日

图 8-10　选择宽基指数 ETF：小市值价值

资产配置			
ETF 名称	交易代码	费用率	成立日期
iShares S&P Aggressive Allocation	AOA	0.11%	2008 年 11 月 4 日
iShares S&P Target Date Retirement	TGR	0.11%	2008 年 11 月 4 日
iShares S&P Conservative Allocation	AOK	0.11%	2008 年 11 月 4 日
iShares S&P Moderate Allocation	AOM	0.11%	2008 年 11 月 4 日
PowerShares CEF Income Composite	PCEF	0.50%	2010 年 2 月 19 日
TDX Independence In-Target	TDX	0.65%	2007 年 10 月 1 日
Claymore CEF GS Connect ETN	GCE	0.95%	2007 年 10 月 12 日

图 8-11　选择宽基指数 ETF：资产配置

目标日期			
ETF 名称	交易代码	费用率	成立日期
iShares S&P Target Date 2015	TZE	0.11%	2008 年 11 月 4 日
iShares S&P Target Date 2020	TZG	0.11%	2008 年 11 月 4 日
iShares S&P Target Date 2025	TZI	0.11%	2008 年 11 月 4 日
iShares S&P Target Date 2030	TZL	0.11%	2008 年 11 月 4 日
iShares S&P Target Date 2035	TZO	0.11%	2008 年 11 月 4 日
iShares S&P Target Date 2040	TZV	0.11%	2008 年 11 月 4 日
TDX Independence 2020	TDH	0.65%	2007 年 10 月 1 日
TDX Independence 2030	TDN	0.65%	2007 年 10 月 1 日
TDX Independence 2040	TDV	0.65%	2007 年 10 月 1 日

图 8-12　选择宽基指数 ETF：目标日期

第 9 章

板块和行业共同基金：从基础原材料到公共事业

除了将股票按照规模大小和风格进行分类外，还可以将股票按照经济板块和行业进行分组。这些更具针对性的组别的盛行引起了跟踪这些权益类指数的 ETF 的强劲增长。事实证明，所有的股票指数 ETF 有将近 25% 是板块和行业 ETF。板块和行业基金不仅仅跟踪美国市场，它们也跟踪国际市场。这样一来，投资者可以有可靠的投资选择来保护和发展他们的投资组合。正如第 2 章所述，1998 年由道富环球投资管理公司基于标准普尔指数的 9 个经济板块（随着交易代码为 XTL 的标准普尔 Telecom ETF 的发行，现在是 10 个）引入了第一支板块基金——Select Sector SPDRs。Vanguard、PowerShares、WisdomTree、Rydex 以及其他很多公司也提供板块和行业 ETF。

投资于板块和行业 ETF 有三个主要的原因。第一，这些 ETF 给投资者提供了填补他们资产配置可能存在的缺口的必要的方法。

第二，这些基金给投资者提供了在他们认为可以获得超过整个股票市场的超额收益的投资机会。例如，如果一个投资者认为基本原材料类股接近极限时，从技术的角度来看，那么投资者可以通过购买材料个别板块标普（交易代码 XLB）来增加基本材料。尽管标普 500 确实对基本材料有风险，但是投资者为了充分利用证券市场上被低估的部分，被迫增加他 / 她的风险。

第三，板块和行业基金允许自由投资者和机构投资者对投资组合进行套期保值，尤其是集中的股票投资组合。例如，一个最近从高科技公司退休的高管可能持有他前任雇主的很大一部分股票。如果这些股票的成本很低，那么这个高管可能就会想要采取超前的策略，例如，卖空短期高科技板块 ETF 来对集中头寸的下行风险进行套期保值，假定价格下跌时没有立即卖出低成本的股票，也未引起大量的资本利得税。

板块 ETF 有两个主要的缺点。第一，大部分板块基金的费用率高于广泛分散化的 ETF。尽管差别较小，并且仍低于可比的共同基金，但是差异确实存在。第二，板块 ETF 的使用可能促使投资者构建一个并非最佳的投资组合，甚至可能诱发比正常情况下更频繁的交易。在最佳配置、低成本和节税策略的条件下实现对板块或行业 ETF 的投资。

板块和行业分类

在美国有成千上万支股票，国际市场上的股票数量更多。在股票数量如此多的条件下，为了便于比较和分析，把它们归类到有序并确定的组别中是有意义的。到目前为止，对于股票分类，道琼斯指数和标准普尔指数是两个最重要的公司。晨星和其他一些指数编制机构也提供了它们自己独有的方法。

道琼斯指数

道琼斯板块指数包括在不同国家、地区和全球层面多样化的股票市场。每个板块都是以行业分类为基准，即由道琼斯指数和富时集团共同持有的独有的分类标准来确定。在道琼斯方法下，按照四个特征把 72 个国家的超过 6 万支全球证券的数据归类，包括 10 大类行业、19 个大型行业、41 个一般行业，以及最细层次的 114 个子行业。这些行业的每一次细分都是为了获得特定市场细分的风险和回报的特征，找出回应经济、政治、环境因素的方法。

下面列出了 10 大类经济板块及其包括的行业。此外，括号里给出了目前美国道琼斯指数中每一行业的权重，其代表了大约 95% 的美国市值。

1. **基础材料类（3.86%）**：化学物质、木材和纸张、工业金属、矿业和矿产品。

2. **消费品类（10.22%）**：汽车及零部件、饮料、食品制造、日用品以及住宅、休闲产品、个人物品和烟草。

3. **消费者服务类（11.85%）**：食品和药物零售商、一般零售商、媒体、旅游和休闲服务。

4. **金融产品类（16.52%）**：银行、股权投资工具、金融服务、人寿保险、非权益投资工具、非人寿保险、房地产投资信托基金、房地产投资和服务。

5. **医疗保健类（10.52%）**：医疗设备和服务、制药和生物技术。

6. **工业（12.99%）**：航空航天和国防、建筑和材料、电子和电气设备、一般工业、工业工程、工业交通、支持服务。

7. **石油和天然气（11.18%）**：可替代能源、石油和天然气生产商、石油设备和服务。

8. **技术行业（16.35%）**：软件和计算机技术服务、技术硬件和设备。

9. **电子通信（2.97%）**：固话电信、移动通信。

10. **公共事业（3.53%）**：水、电力、天然气等公共事业。

标准普尔指数

标准普尔指数由摩根士丹利资本国际引入企业，从标准普尔数据来看，全球行业分类标准（GICS）包含的数据已经超过 30 000 支股票。在这个体系下，GICS 把标准普尔 1 500 指数划分为 10 个经济板块、23 个行业群、59 个行业和 123 个子行业。根据标准普尔，10 个经济板块及其各板块的行业组成如下。

1. **基础材料类**：化学材料、金属、矿业、纸质和木质产品。

2. **高档消费品类**：汽车、服装、休闲娱乐和媒体行业。

3. **消费必需品类**：食品和药物零售、日用品。

4. **能源类**：能源设备、石油和天然气勘探、精炼。

5. **金融类**：银行、金融服务、保险。

6. **医疗保健类**：生物技术、药物、管理式医疗和医学产品。

7. **重工业类**：航空航天、建筑、资本货物、国防和运输。

8. **信息技术类**：通信设备、硬件和软件。

9. **电信服务类：**通信服务、无线网路。

10. **公共事业类：**电力和天然气公共事业。

晨星

晨星采用一个独特的方法——根据其经营活动产生的主营收入来划分公司。根据收入来源，某个公司被归类到晨星的 129 个行业之一，同时也被归为 12 个板块之一。晨星做的不止于此，它又把这 12 个板块划分为三个大型行业：信息经济（占总体的 18.6%）、服务经济（占总体的 48.4%）、制造业经济（占总体的 33.1%）。个别 ETF 跟踪晨星超级板块指数。

根据晨星，经济中最大的行业是金融，占美国全部股票市值的 21.4%，占据第二位的是卫生保健服务行业和工业材料行业，各占 12%，下一个是能源和消费服务行业，它们分别占 9.8% 和 9%。

ETF 的资产管理规模

假设标准普尔 500 指数和道琼斯指数用相同的方法来划分股票，为了特定的目的，我们也会划分 10 个经济板块。到目前为止，在这 10 个经济板块中，能源的资产管理规模为 282 亿美元，位列第一，如下图 9-1 所示。金融位列第二，资产管理规模为 177 亿美元，而科技行业位列第三。而电信业的资产管理规模只有 12 亿美元，紧居其后的是资产管理规模不足 5 亿美元的高档消费品。

板块波动

如果你正在寻找一个低波动风险的基金，那么科技行业和金融业不适合你。从历史的视角看，这两个行业 ETF 以及医疗保健类 ETF、非消费必需品 ETF 和工业 ETF 的波动性风险高于一般行业 ETF。正如预期的那样，用标准差来衡量，消费必需品 ETF 和公共事业 ETF 波动风险水平最低。让人吃惊的是，历史数据表明，能源行业是第三个波动性最小的行业。

经济区域	资产（10亿美元）	所占比重（%）
基础原材料	7.6	7.3
高档消费品	4.6	4.4
消费必需品	6.4	6.2
能源	28.2	27.2
金融	17.7	17.1
医疗保健	9.0	8.7
重工业	6.4	6.2
高科技行业	16.0	15.4
电信	1.2	1.2
公共事业	6.7	6.5

图 9-1 ETF 的资产管理规模

资料来源：黑石、Factset、彭博

经济周期和板块转换

不考虑资产类别、市场细分或经济领域，市场主导并不随着时间的推移持续衰退。在一定时期内，一个经济板块将表现强劲，而在其他时期，其他经济板块则表现强劲，为什么特定领域在某段时间会表现得好或不好？原因取决于一个国家所处的经济周期。当经济形势很好时，那么工业 ETF 和能源 ETF 则相应地表现良好。相反地，当经济表现不佳时，公共事业 ETF 和消费必需品 ETF 表现较好。此外，当一个经济体从收缩到扩张时，科技 ETF 和非消费必需品 ETF 将获得来自散户和机构投资者额外的关注。然而，当一个经济体正在从扩张向收缩转变时，电子通信 ETF 和医疗保健 ETF 往往优于大盘。图 9-2 阐明了这个动态市场。

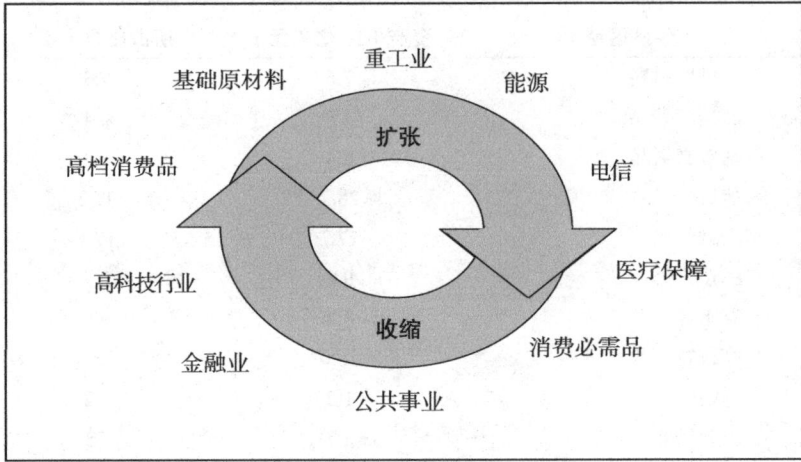

图 9-2　经济周期和行业转换

资料来源：Frush 金融集团

最大的板块 ETF

资产管理规模最大的板块 ETF 恰恰也是最古老的板块 ETF。到目前为止，资产管理规模最大的板块 ETF 是标准普尔能源 ETF，接着是标准普尔金融 ETF 和标准普尔科技 ETF。此后，这些 ETF 的资产规模出乎意料地下跌了，而标准普尔工业 ETF 和标准普尔公共事业 ETF 则成为接下来的两个资产管理规模最大的板块 ETF。用资产管理规模衡量的消费必需品、医疗保健、基础原材料和非消费必需品标准普尔构成了标准普尔底层的一列。只有石油服务控股公司和 JPMorgan Alerian MLP ETN 打破了标准普尔的这种排序。尽管如此，道富银行标准普尔正在主导着行业 ETF。

板块风险和收益概况

在 2011 年早期，非必需消费品行业展示了最好的三年风险报酬权衡。尽管在同样的三年中，消费必需品板块有较高的回报，其 4.5% 的回报率与 3.2% 的回报率相比，在标准偏差（投资风险的最好测量方法）的测量下，这个板块同时表现出较高的波动性风险。在过去三年中，同样有着积极表现的两个板块是技术板块和基础原材料板块。然而，基础原材料板块比任何其他的经济板块都表现出较高的波动性风险。金融板块和基础原材料板块有着几乎同样高的风险水平，却表现出最差的年回报率（-13.2%）。从2008年到2010年，金融板块被定义为高风险、低收益。工业和能源行业的风险水平也高于同负的年收益相对应的综合风险水平。最低风险水平的行业是公共事业行业，但是这个行业的年回报率仍然为负。这表明在过去的三年中难以产生正的年回报率。

精选的板块和行业 ETF

图 9-3 至图 9-12 提供了一些你可能会考虑加入到投资组合中的可供选择的 ETF。我非常支持你自己评判这些 ETF。以下这些图以 10 个经济领域为重点，每个领域提供了不同的提高投资组合风险与收益的机会。图中的每一个细分市场都是按照费用率来分类的。

基础原材料			
ETF 名称	交易代码	费用比率	开始日期
Materials Select Sector SPDR	XLB	0.20%	1998 年 12 月 16 日
Vanguard Materials	VAW	0.24%	2004 年 1 月 26 日
PowerShares S&P Small Cap Materials	PSCM	0.29%	2010 年 4 月 7 日
SPDR S&P Metals & Mining	XME	0.35%	2006 年 6 月 19 日
SPDR S&P Global Natural Resources	GNR	0.40%	2010 年 9 月 13 日
iShares Dow Jones US Basic Materials	IYM	0.47%	2000 年 6 月 12 日
iShares S&P North American Natural Resources	IGE	0.48%	2001 年 10 月 22 日
iShares S&P Global Materials	MXI	0.48%	2006 年 9 月 12 日
iShares MSCI ACWI EX US Materials Index	AXMT	0.48%	2010 年 7 月 13 日
iShares S&P Global Timber & Forestry	WOOD	0.48%	2008 年 6 月 24 日
Rydex S&P Equal Weight Materials	RTM	0.50%	2006 年 11 月 1 日

（续）

ETF 名称	交易代码	费用比率	开始日期
SPDR S&P International Materials Sector	IRV	0.52%	2008 年 7 月 16 日
WisdomTree International Basic Materials	DBN	0.58%	2006 年 10 月 13 日
Market Vectors RVE Hard Assets Producers	HAP	0.63%	2008 年 8 月 29 日
PowerShares Dynamic Basic Materials	PYZ	0.65%	2006 年 10 月 12 日
iShares MSCI Emerging Markets Materials	EMMT	0.69%	2010 年 1 月 20 日
First Trust Materials Alpha DEX	FXZ	0.70%	2007 年 5 月 8 日
PowerShares Global Water	PIO	0.75%	2007 年 6 月 13 日
IQ Global Resources	GRES	0.79%	2009 年 10 月 27 日
EGShares Emerging Markets Metals/Mining	EMT	0.85%	2009 年 5 月 21 日

图 9-3　板块和行业指数 ETF：基础原材料

非必需消费品			
ETF 名称	交易代码	费用比率	开始日期
Consumer Discretionary Select Sector SPDR	XLY	0.20%	1998 年 12 月 16 日
Vanguard Consumer Discretionary	VCR	0.24%	2004 年 1 月 26 日
PowerShares S&P SmallCap Consumer Discretionary	PSCD	0.29%	2010 年 4 月 7 日
SPDR S&P Retail	XRT	0.35%	2006 年 6 月 19 日
SPDR S&P Homebuilders	XHB	0.35%	2006 年 1 月 31 日
iShares Dow Jones US Home Construction	ITB	0.47%	2006 年 5 月 1 日
iShares MSCI ACWI EX US Consumer Discretionary	AXDI	0.48%	2010 年 7 月 13 日
iShares Dow Jones US Consumer Services	IYC	0.48%	2000 年 6 月 12 日
iShares S&P Global Consumer Discretionary	RXI	0.48%	2006 年 9 月 12 日
Rydex S&P Equal Weight Consumer Discretionary	RCD	0.50%	2006 年 11 月 1 日
SPDR S&P International Consumer Discretionary Sector	IPD	0.51%	2008 年 7 月 16 日
PowerShares Dynamic Leisure & Entertainment	PEJ	0.63%	2005 年 6 月 23 日

（续）

ETF 名称	交易代码	费用比率	开始日期
PowerShares Dynamic Retail	PMR	0.63%	2005 年 10 月 26 日
PowerShares Dynamic Consumer Discretionary	PEZ	0.65%	2006 年 10 月 12 日
First Trust Consumer Discretionary AlphaDEX	FXD	0.70%	2007 年 5 月 8 日

图 9-4　板块和行业指数 ETF：非必需消费品

日用消费品			
ETF 名称	交易代码	费用比率	开始日期
Consumer Staples Select Sector SPDR	XLP	0.20%	1998 年 12 月 16 日
Vanguard Consumer Staples	VDC	0.24%	2004 年 1 月 26 日
PowerShares S&P Small Cap Consumer Staples	PSCC	0.29%	2010 年 4 月 7 日
iShares MSCI ACWI EX US Consumer Staples	AXSL	0.48%	2010 年 7 月 13 日
iShares S&P Global Consumer Staples	KXI	0.48%	2006 年 9 月 12 日
iShares Dow Jones US Consumer Goods	IYK	0.48%	2000 年 6 月 12 日
Rydex S&P Equal Weight Consumer Staples	RHS	0.50%	2006 年 11 月 1 日
SPDR S&P International Consumer Staples Sector	IPS	0.51%	2008 年 7 月 16 日
PowerShares Dynamic Food & Beverage	PBJ	0.63%	2005 年 6 月 23 日
PowerShares Dynamic Consumer Staples	PSL	0.65%	2006 年 10 月 12 日
First Trust Consumer Staples AlphaDEX	FXG	0.70%	2007 年 5 月 8 日
EGShares Emerging Markets Consumer	ECON	0.85%	2010 年 9 月 14 日

图 9-5　板块和行业指数 ETF：日用消费品

能源			
ETF 名称	交易代码	费用比率	基金成立日期
Energy Select Sector SPDR	XLE	0.20%	1998 年 12 月 16 日
Vanguard Energy	VDE	0.24%	2004 年 9 月 23 日
PowerShares S&P Small Cap Energy	PSCE	0.29%	2010 年 4 月 7 日

（续）

ETF 名称	交易代码	费用比率	基金成立日期
SPDR S&P Oil & Gas Equipment &Services	XES	0.35%	2006 年 6 月 19 日
SPDR S&P Oil & Gas Exploration& Production	XOP	0.35%	2006 年 6 月 19 日
iShares Dow Jones US Oil Equipment Index	IEZ	0.47%	2006 年 5 月 1 日
iShares MSCI ACWI EX US Energy Index	AXEN	0.48%	2010 年 7 月 13 日
iShares S&P Global Clean Energy Index	ICLN	0.48%	2008 年 6 月 24 日
iShares Dow Jones US Oil & Gas Exploration Index	IEO	0.48%	2006 年 5 月 1 日
iShares S&P Global Nuclear Energy Index	NUCL	0.48%	2008 年 6 月 24 日
iShares S&P Global Energy	IXC	0.48%	2001 年 11 月 12 日
iShares Dow Jones US Energy	IYE	0.48%	2000 年 6 月 12 日
Rydex S&P Equal Weight Energy	RYE	0.50%	2006 年 11 月 1 日
SPDR S&P International Energy Sector	IPW	0.51%	2008 年 7 月 16 日
Market Vectors Uranium + Nuclear Energy	NLR	0.57%	2007 年 8 月 13 日
Market Vectors Coal	KOL	0.58%	2008 年 1 月 10 日
WisdomTree International Energy	DKA	0.58%	2006 年 10 月 13 日
First Trust Global Wind Energy	FAN	0.60%	2008 年 6 月 16 日
First Trust ISE-Revere Natural Gas	FCG	0.60%	2007 年 5 月 8 日
First Trust Nasdaq Cln Edg Green Energy	QCLN	0.60%	2007 年 2 月 8 日
PowerShares Dynamic Oil & Gas Services	PXJ	0.63%	2005 年 10 月 26 日
PowerShares Dynamic Energy Exploration & Production	PXE	0.63%	2005 年 10 月 26 日
Market Vectors Solar Energy	KWT	0.65%	2008 年 4 月 21 日
Jefferies TR/J CRB Wildcatters Exploration & Production Eq	WCAT	0.65%	2010 年 1 月 20 日
PowerShares Dynamic Energy	PXI	0.65%	2006 年 10 月 12 日
PowerShares Cleantech	PZD	0.67%	2006 年 10 月 24 日
PowerShares WilderHill Progressive Energy	PUW	0.70%	2006 年 10 月 24 日
PowerShares WilderHill Clean Energy	PBW	0.70%	2005 年 3 月 3 日
Guggenheim Canadian Energy Income	ENY	0.70%	2007 年 7 月 3 日
First Trust Energy AlphaDEX	FXN	0.70%	2007 年 5 月 8 日

（续）

ETF 名称	交易代码	费用比率	基金成立日期
PowerShares Global Nuclear Energy	PKN	0.75%	2008 年 4 月 3 日
PowerShares Global Coal	PKOL	0.75%	2008 年 9 月 18 日
PowerShares Global Wind Energy	PWND	0.75%	2008 年 7 月 1 日
PowerShares Global Clean Energy	PBD	0.75%	2007 年 6 月 13 日
JPMorgan Alerian MLP Index ETN	AMJ	0.85%	2009 年 4 月 2 日
ALPS Alerian MLP	AMLP	0.85%	2010 年 8 月 25 日
UBS E-TRACS MLP Wells Fargo ETN	MLPW	0.85%	2010 年 10 月 29 日
UBS E-TRACS Alerian MLP Infrastructure ETN	MLPI	0.85%	2010 年 4 月 1 日
Credit Suisse Cushing 30 MLP Index ETN	MLPN	0.85%	2010 年 4 月 13 日
UBS E-TRACS Alerian Nat Gas MLP ETN	MLPG	0.85%	2010 年 7 月 13 日

图 9-6　板块和行业指数 ETF：能源

金融基金			
ETF 名称	交易代码	费用比率	基金成立日期
Financial Select Sector SPDR	XLF	0.20%	1998 年 12 月 16 日
Vanguard Financials	VFH	0.24%	2004 年 1 月 26 日
PowerShares S&P Small Cap Financials	PSCF	0.29%	2010 年 4 月 7 日
SPDR KBW Mortgage Finance	KME	0.35%	2009 年 4 月 29 日
SPDR KBW Capital Markets	KCE	0.35%	2005 年 11 月 8 日
SPDR KBW Regional Banking	KRE	0.35%	2006 年 6 月 19 日

图 9-7　板块和行业指数 ETF：金融基金

医疗保健			
ETF 名称	交易代码	费用比率	基金成立日期
Health Care Select Sector SPDR	XLV	0.20%	1998 年 12 月 16 日
Vanguard Health Care	VHT	0.24%	2004 年 1 月 26 日
Power Shares S&P Small Cap Health Care	PSCH	0.29%	2010 年 4 月 7 日

（续）

ETF 名称	交易代码	费用比率	基金成立日期
SPDR S&P Biotech	XBI	0.35%	2006 年 1 月 31 日
SPDR S&P Health Care Equipment	XHE	0.35%	2011 年 1 月 26 日
SPDR S&P Pharmaceuticals	XPH	0.36%	2006 年 6 月 19 日
iShares Dow Jones US Medical Devices	IHI	0.47%	2006 年 5 月 1 日
iShares Dow Jones US Health care Provider	IHF	0.47%	2006 年 5 月 1 日
iShares Dow Jones US Pharmaceuticals	IHE	0.47%	2006 年 5 月 1 日
iShares MSCI ACWI EX US Health Care	AXHE	0.48%	2010 年 7 月 13 日
iShares Dow Jones US Health care	IYH	0.48%	2000 年 6 月 12 日
iShares S&P Global Health care	IXJ	0.48%	2001 年 11 月 13 日
iShares Nasdaq Biotechnology	IBB	0.48%	2001 年 2 月 5 日
Rydex S&P Equal Weight Health Care	RYH	0.50%	2006 年 11 月 1 日
SPDR S&P International Health Care Sector	IRY	0.51%	2008 年 7 月 16 日
First Trust NYSE Arca Biotech Index	FBT	0.60%	2006 年 6 月 19 日
PowerShares Dynamic Biotech &Genome	PBE	0.61%	2005 年 6 月 23 日
PowerShares Dynamic Pharmaceuticals	PJP	0.63%	2005 年 6 月 23 日
PowerShares Dynamic Health care	PTH	0.65%	2006 年 10 月 12 日
First Trust Health Care AlphaDEX	FXH	0.70%	2007 年 5 月 8 日
PowerShares Global Biotech	PBTQ	0.75%	2008 年 9 月 18 日

图 9-8　板块和行业指数 ETF：医疗保健

工业			
ETF 名称	交易代码	费用比率	基金成立日期
Industrial Select Sector SPDR	XLI	0.20%	1998 年 12 月 16 日
Vanguard Industrials	VIS	0.24%	2004 年 9 月 23 日
PowerShares S&P Small Cap Industrials	PSCI	0.29%	2010 年 4 月 7 日
SPDR S&P Transportation	XTN	0.35%	2011 年 1 月 26 日
iShares DJ US Aerospace & Defense	ITA	0.47%	2006 年 5 月 1 日
iShares S&P Global Infrastructure Index	IGF	0.48%	2007 年 12 月 10 日

（续）

ETF 名称	交易代码	费用比率	基金成立日期
iShares S&P Global Industrials	EXI	0.48%	2006 年 9 月 12 日
Rydex S&P Equal Weight Industrials	RGI	0.50%	2006 年 11 月 1 日
Market Vectors Environmental Services	EVX	0.55%	2006 年 10 月 10 日
PowerShares Dynamic Building & Const	PKB	0.63%	2005 年 10 月 26 日
PowerShares Water Resources	PHO	0.64%	2005 年 12 月 6 日
PowerShares Dynamic Industrials	PRN	0.65%	2006 年 10 月 12 日
Guggenheim Shipping	SEA	0.65%	2010 年 6 月 11 日
PowerShares Aerospace & Defense	PPA	0.66%	2005 年 10 月 26 日
Guggenheim Airline	FAA	0.75%	2009 年 1 月 26 日

图 9-9　板块和行业指数 ETF：工业

科技			
ETF 名称	交易代码	费用比率	基金成立日期
Technology Select Sector SPDR	XLK	0.20%	1998 年 12 月 16 日
Vanguard Information Technology	VGT	0.24%	2004 年 1 月 26 日
PowerShares S&P Small Cap Information Technology	PSCT	0.29%	2010 年 4 月 7 日
SPDR S&P Semiconductor	XSD	0.35%	2006 年 1 月 31 日
iShares Dow Jones US Technology	IYW	0.47%	2000 年 5 月 15 日
iShares MSCI ACWI EX US Information Technology Index	AXIT	0.48%	2010 年 7 月 13 日
iShares S&P Global Technology	IXN	0.48%	2001 年 11 月 12 日
iShares S&P NA Technology-Software	IGV	0.48%	2001 年 7 月 10 日
iShares S&P NA Technology	IGM	0.48%	2001 年 3 月 13 日
iShares S&P NA Technology-Multimedia Network	IGN	0.48%	2001 年 7 月 10 日
iShares PHLX SOX Semiconductor Sector	SOXX	0.48%	2001 年 7 月 10 日
SPDR Morgan Stanley Technology	MTK	0.50%	2000 年 9 月 25 日

（续）

ETF 名称	交易代码	费用比率	基金成立日期
Rydex S&P Equal Weight Technology	RYT	0.50%	2006 年 11 月 1 日
SPDR S&P International Technology Sector	IPK	0.52%	2008 年 7 月 16 日
First Trust Dow Jones Internet Index	FDN	0.60%	2006 年 6 月 19 日
First Trust Nasdaq-100-Technology Index	QTEC	0.60%	2006 年 4 月 19 日
PowerShares Nasdaq Internet	PNQI	0.60%	2008 年 6 月 12 日
PowerShares Dynamic Software	PSJ	0.63%	2005 年 6 月 23 日
PowerShares Dynamic Semiconductors	PSI	0.63%	2005 年 6 月 23 日
PowerShares Dynamic Networking	PXQ	0.63%	2005 年 6 月 23 日
PowerShares Dynamic Technology	PTF	0.65%	2006 年 10 月 12 日
PowerShares Lux Nanotech	PXN	0.70%	2005 年 10 月 26 日
First Trust Technology AlphaDEX	FXL	0.70%	2007 年 5 月 8 日

图 9-10　板块和行业指数 ETF：科技

电信			
ETF 名称	交易代码	费用比率	基金成立日期
Vanguard Telecom Services	VOX	0.24%	2004 年 9 月 23 日
iShares MSCI ACWI EX US Telecom	AXTE	0.48%	2010 年 7 月 13 日
iShares Dow Jones US Telecom	IYZ	0.48%	2000 年 5 月 22 日
iShares S&P Global Telecom	IXP	0.48%	2001 年 11 月 12 日
SPDR S&P Telecom	XTL	0.50%	2011 年 1 月 26 日
SPDR S&P International Telecom Sector	IST	0.52%	2008 年 7 月 16 日
PowerShares Dynamic Media	PBS	0.63%	2005 年 6 月 23 日
First Trust Nasdaq CEA Smartphone	FONE	0.70%	2011 年 2 月 17 日

图 9-11　板块和行业指数 ETF：电信

公共事业			
ETF 名称	交易代码	费用比率	基金成立日期
Utilities Select Sector SPDR	XLU	0.20%	1998 年 12 月 16 日
Vanguard Utilities	VPU	0.24%	2004 年 1 月 26 日
PowerShares S&P Small Cap Utilities	PSCU	0.29%	2010 年 4 月 7 日
iShares MSCI ACWI EX US Utilities Index	AXUT	0.48%	2010 年 7 月 13 日
iShares Dow Jones US Utilities	IDU	0.48%	2000 年 6 月 12 日
iShares S&P Global Utilities	JXI	0.48%	2006 年 9 月 12 日
Rydex S&P Equal Weight Utilities	RYU	0.50%	2006 年 11 月 1 日
SPDR S&P International Utilities Sector	IPU	0.52%	2008 年 7 月 16 日
WisdomTree International Utilities	DBU	0.58%	2006 年 10 月 13 日
First Trust ISE Water	FIW	0.60%	2007 年 5 月 8 日
PowerShares Dynamic Utilities	PUI	0.63%	2005 年 10 月 26 日
First Trust Utilities AlphaDEX	FXU	0.70%	2007 年 5 月 8 日

图 9-12　板块和行业指数 ETF：公共事业

第 10 章

固定收益 ETF：分别跟踪企业债券、地方政府债券和国债的 ETF

快速想一下，哪个市场规模更大——股票市场还是固定收益市场？你很容易就能找到答案，是固定收益市场更大（图 10-1 显示了固定收益市场的一些优势和劣势）。鉴于固定收益市场的广度和深度都很大，所以无论投资者寻找当前收益，还是试图从风险和回报权衡的角度来增强投资组合，投资者在作出选择时，可选择的余地都很大。在固定收益市场内有多个细分市场——从抵押支撑债券到公司债券，从政府债券到外国债券。这些细分市场中的每一种债券都表现出不同的风险和回报潜力，这对投资者来说是有利的。

债务代表一种向公司或政府机构发放的贷款，这种贷款是为了筹集资金，用于多种不同类型的支出。在大多数情况下，证券的发行者会为每一种固定收益证券背书，万一证券发生违约，可以给证券购买者一定程度的保障。这些固定收益资产或者债券工具，要求发行者承担如下契约义务：在债券到期日之前或者债券被发行者取消之前，发行者要以事先确定的金额在事先确定的日期定期支付给债券购买者利息。此外，发行人有义务到期偿还本金。

优势	劣势
▶当前的收入和预测的收入	▶较低的潜在回报
▶与其他资产的相关性较低	▶违约和信用风险
▶本金安全	▶利率风险
▶美国国债不会违约	▶较高的交易成本
▶资产索取权优先	▶流动性风险
▶典型的低波动性	▶价格更大程度地缺乏效率
▶税收优惠	▶提前偿付风险
▶快速进入基金	▶购买力风险
▶有可能转换为股票	▶再投资风险

图 10-1　固定收益投资的优势和劣势

资料来源：Frush 金融集团

　　第一个在投资市场上诞生的固定收益 ETF 是基于美国国债的。如今，占主导地位的固定收益 ETF，或者是交易活跃的投资级债券，或者是基于债券市场指数，这些指数特别专注于规模最大的、最有信誉的债券发行者。与股票 ETF 不同，一些固定收益 ETF 并不采用实物认购与赎回的方法。这种做法的直接原因是债券和其他固定收益证券的流动性很低，因此不适合由授权参与者进行买卖。此外，与股票相比，固定收益证券的市场价格的可靠性要低得多。

　　在投资组合中使用固定收益 ETF，将为你提供针对目标固定收益细分市场的即时资产配置，并且这种投资具有高度分散化和低成本的特点。当固定收益细分市场比较复杂，例如高收益公司债券，那么投资 ETF 而不直接购买债券，是一种理想的选择。将投资风险从某支特定债券分散到某支债券，能够确保你不会因某支债券失败而导致过多的损失。

固定收益证券的风险和回报

如图 10-2 所示，债券投资风险与到期日的长短之间有着很强的正相关关系。你持有的债券时间越长，你暴露在风险之下的时间也就越长，而如果暴露在风险之下的时间越长，你可能遭遇部分或全部损失的可能性也就越大。因此，更高的回报是对更高风险的某种形式的补偿。那些对风险的接受程度比较低的投资者，投资于短期固定收益证券是谨慎的。不幸的是，低风险往往伴随着低收益。

固定收益投资的收益率是指其年度收益，计算方法是用年度付息除以购买价格或者市场价值（这取决于你在何时、用何种方法来评估证券的收益）。一般来说，距离到期日的时间越长，固定收益证券的收益率也就越高。因此，短期证券的收益率往往低于长期证券。这并非总是实际情况，但这一规律在绝大多数情况下是适用的。为什么具有更长到期日的证券有着更高的收益率？主流的、被广为接受的理论（这么说是因为还有其他理论）认为：距离到期日的时间越长，投资者必须放弃的目前消费就越多，并将他们的资金在到期日之前暴露于风险之下，因此投资者就要求更高的投资收益率。因此，债券发行者知道，他们需要为长期债券提高利率，以此来吸引投资者。

为了说明投资者对更长到期日债券要求更高的回报率，人们提出了收益率曲线的概念。收益率曲线是表示固定收益率和到期时间之间的关系的图形。在正常的经济情况下，收益率曲线是向上倾斜的，因此，收益率会随着到期时间的增加而增大。这就是所谓的"正常"的收益率曲线。当短期和长期债券的收益率都是一样的时候，收益率曲线是"平"的。然而，当长期债券的收益率低于短期债券的收益率时，收益率曲线是"反向"的。

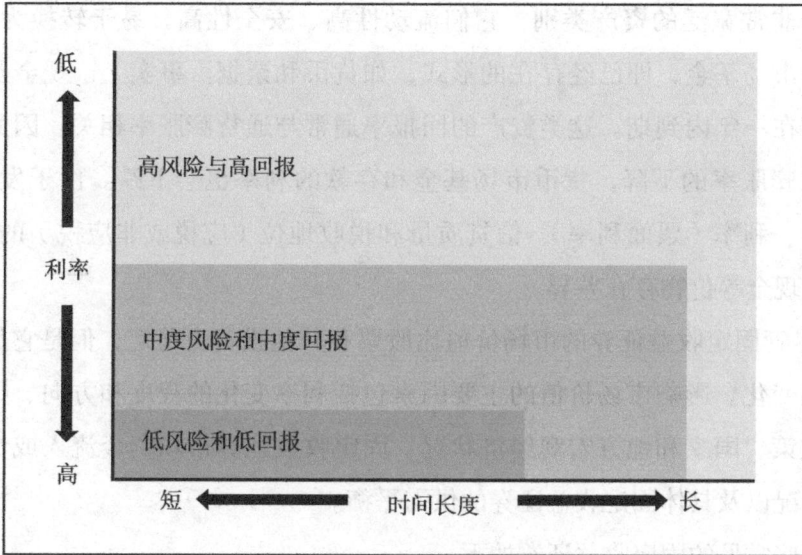

低

利率

高

高风险与高回报

中度风险和中度回报

低风险和低回报

短 ← 时间长度 → 长

图 10-2　证券风险与回报

资料来源：Frush 金融集团

固定收益市场

　　固定收益投资广泛存在于各个领域。每一领域都有所不同，这对你来说是理想的，因为你的目标就是投资于从根本上彼此不同的资产。当评估固定收益投资时，有三个最主要的影响多数投资者决策的因素：税收因素、到期时间的长短、信用风险和违约风险（即发行人不能在到期日如期支付利息或偿还本金）。

　　债券通常有多种不同的发行期限，它们可以被归为短期债券、中期债券和长期债券。短期债券的期限是 1~3 年，中期债券的期限是 4~10 年，长期债券的期限超过 10 年。因此，长期债券收益率往往高于中期债券，中期债券收益率高于短期债券（图 10-3 描述了债券的主要特征）。

　　虽然现金及现金等价物被认为是一种单独的固定收益类资产，但却涵盖了一个非常宽泛的资产类别，它们流动性高、安全性高、易于转换为现金，如货币市场基金，即已经存在的形式，如货币和票据。事实上，现金及现金等价物在一年内到期。这类资产的回报率通常与通货膨胀率相关。因此，随着通货膨胀率的下降，货币市场基金和存款的利率也会下跌。由于发行人、到期日、利率（票面利率）、信贷质量和税收地位（应税或非应税）的不同，现金及现金等价物存在差异。

尽管固定收益证券的市场价值比股票和其他投资更稳定，但是它们也随时间而变化。影响市场价值的主要因素包括利率变化的程度和方向、财政和货币政策、国家和地方宏观经济状况、固定收益证券市场资金流入或流出的一般情况以及具体固定收益证券的供需平衡。

一些常见的固定收益证券如下：

- 国库券、票据和债券；
- 市政债券；
- 机构债券；
- 公司债券；
- 按揭证券；
- 资产担保证券；
- 货币市场；
- 定期存款。

市政债券	公司债券
▶免除联邦税	▶全额征税
▶如果购买州和地方的房子，州和地方免税	▶支付最高的投资收益率
▶比公司债券的风险小，但比国库债的风险大	▶比其他债券风险更大
▶两种类型：收入和债务	▶三种类型：资产担保债券、公司债券、可转换债券
国债	机构债券
▶征联邦税，但是免征国家税和地方税	▶在州和地方，征联邦税
▶收益率最低的债券	▶收益率高于国债
▶风险最低的债券	▶风险高于国债
▶三种类型：国库券（小于 1 年）、票据（2～10 年）、债券（10 年以上）	▶由联邦、州和地方机构发行

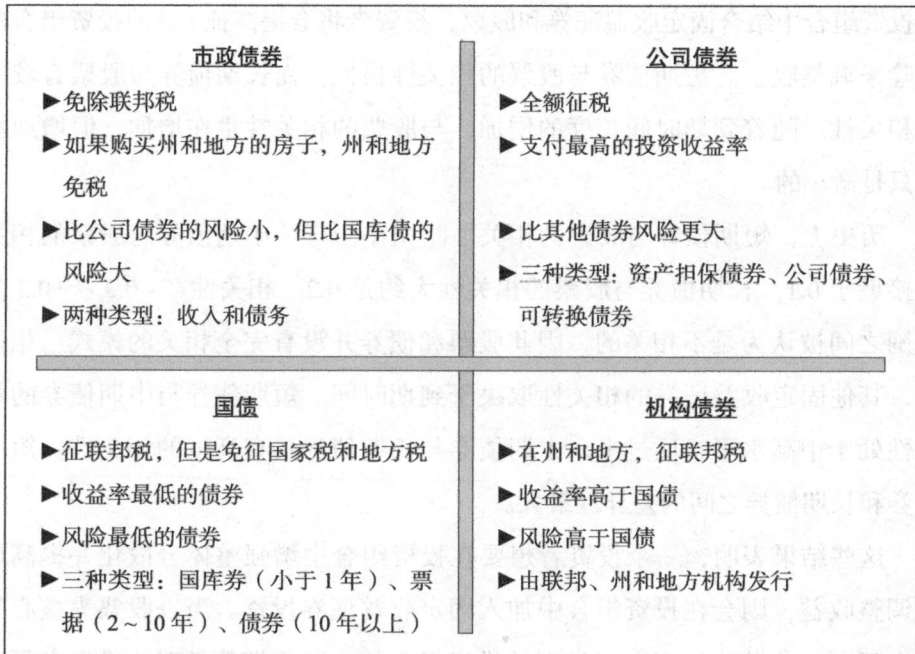

图 10-3 债券的主要特点

资料来源：Frush 金融集团

固定收益证券的波动

考虑到更多的固有风险，长期债券收益率比中期债券和短期债券的收益率更为波动。长期债券不仅收益率不稳定，而且市场价值也很不稳定。幸运的是，在整个债券持有期间，投资者面临高风险，更不稳定的长期债券往往会得到一个更高的回报作为补偿。相对于短期债券，中期债券也是如此。风险和回报是相互联系的，这是投资黄金法则的一个典例。

固定收益证券的相关性

固定收益证券的主要好处之一是与股票的相关性较低，因此有利。在同一投资组合中结合固定收益证券和股票，投资者将会提高他／她的投资组合的风险来调整收益。短期债券与股票的相关性最低，而长期债券与股票有较高的相关性。随着到期时间长度的增加，与股票的相关性也在增加，但增加幅度只是微小的。

历史上，短期债券与股票的相关性略微小于零。中期债券与股票的相关性接近于 0.1，长期债券与股票的相关性大约是 0.2。相关性在 –0.3 ~ +0.3 的范围之间被认为是不相关的，因此股票和债券并没有完全相关的模式。相应地，其他固定收益证券的相关性取决于到期时间。短期债券与中期债券的相关性处于中高水平，反过来，中期债券与长期债券具有高度的相关性。短期债券和长期债券之间的差异性最大。

这些结果表明，一个投资者想要在投资组合中增强整体分散化并提高风险调整收益，则会在投资组合中加入固定收益证券投资。当以股票为核心的一个不同的分散化的多资产类别的投资组合加入了短期债券时，投资者可以得到最大的好处。

投资组合提高的机会

现在把我们的注意力转移到固定收益证券市场中的四个机会，在这个市场中，考虑到每个机会的特有风险与回报情况，超额收益是存在的。这四个机会包括信用溢价、税收溢价、到期日溢价和高收益率。由于每个投资者独特的财务状况，在追求这些机会中的任意一个时，谨慎行事是最为恰当的。此外，永远记住，虽然一个资产类别可能会表现出高风险，但是协同效应才是真正重要的。整体的投资组合（包括整体的风险和回报）比其组成部分的简单相加更重要。我们将从信用溢价和投资者因承担更高的风险而获得的增量收益开始。

信用溢价

信用风险是指一个特定的发行人不会在到期日支付要求的年度利息或本金。处于更大财务困境的公司要承担比拥有良好财务状况的公司更大的信用风险。作为一个投资者，你应该因承担额外的风险而得到补偿。

但是如何衡量一家公司的信用风险呢？幸运的是，你不必做这些，因为这项工作是由三个公认的且相对称职的信用评级机构（标准普尔、穆迪和惠誉）来承担。每个机构都深入研究了许多上市公司的财务状况（及其发行的证券）和各国政府以确定相关的信用评级。三个信用评级机构的评级水平相似，但也确实存在差异（参见图 10-4）。BBB 等级或更高的等级在标准普尔和惠誉的投资评级中被认为是较好的，而在穆迪中评级为 Baa 等级或更高等级才被认为是较好的。这些差异更多是表面上的差异而不是实质性差异。

信用风险	穆迪	标准普尔	惠誉
投资级别		**评定**	
优等	Aaa	AAA	AAA
高级	Aa	AA	AA
中上级	A	A	A
中级	Baa	BBB	BBB
非投资级别		**评定**	
有一些投机性	Ba	BB	BB
投机性	B	B	B
高度投机性	Caa	CCC	CCC
最具投机性	Ca	CC	CC
临近违约	C	C	C
违约	C	D	D

图 10-4　债券信用评级

资料来源：Frush 金融集团

美国国债和联邦机构的债券信用风险最小，因此获得最高评级。然而，它们的收益通常也是最低的。各市政府和许多公司往往得到第二评级，接着则是有问题的公司，甚至一些市政府。有问题的债券或由不良发行者发行的债券被认为是高收益债券或"垃圾"债券。这些类型的投资提供了一个独特的溢价，在本节中我们会进行更详细的讨论。

债券评级的差异对债券的收益率产生了相应的影响。高评级债券有较低的收益率，较低的评级债券有较高的收益率。收益率的变化为我们提供了信用价差。这些价差在经济疲软期间扩大，在经济繁荣期间缩小。研究表明，信用风险溢价和股权风险溢价的平均相关性仅为 25% 左右。因此，投资债券将提高一个投资组合的风险与收益。表现出较大信用风险的债券会有超额收益潜力，但整体风险也会略微增加。

免税证券的机会

通常来讲，对应税投资者来说，资本利得税和普通收益税是对底线收益影响最大的绩效损失变量。因此，应把最大限度地降低税收的影响放在首位。对一些投资者来说，投资免税证券（如市政债券）可能是一个明智而有利的举措。承担最高所得税税率的投资者将从免税证券中受益最大。同样地，低所得税税率的投资者通常在应税证券的投资中获益，因为税后收益通常高于市政债券收益率，但免税债券和低收益债券除外。

除了纳税等级，你的账户类型也在选择征税还是免税投资时起到了作用。例如，如果你持有一个免税账户，那么投资免税债券通常是一种浪费。因为投资免税证券你不用为利息纳税，它们在应税账户上更有意义。这同样适用于应税债券。它们更大的影响在免税账户上，因为你不用为收到的收入纳税。

那么如何比较免税债券的收益率和那些完全应税债券的收益率呢？最好的方法是计算所谓的应税等价收益率。这样便于你进行横向比较。计算应税等价收益率的公式如下：

应税等价收益率 = 免税市政债券收益率 /（1-税率）

例如，如果你正在考虑一个收益率是 4% 的市政债券，你的税率是 30%，那么你的应税等价收益率为 5.71%[4% /（1- 30%）]。因此，在其他条件都相同的情况下，你选择完全应税企业债券而不是免税市政债券，那么你要求的收益率至少为 5.71%。

市政债券的收入免除了居住在证券发行地的投资者的所有联邦、州和地方的所得税。投资者可以购买其他州发行的市政债券，但是这样做会导致州的税收损失。本州是不愿意你购买其他 49 个州发行的市政债券的。不顾这一缺点，许多投资者仍会购买非本州的市政债券，以分散信用风险。此外，对市政债券的投资实际上是关于联邦税收的豁免，而不是州免税，因为联邦税率远高于州所得税税率（一些州所得税税率是零）。

到期溢价机会

在正常的经济条件下，期限较长的债券需要支付比期限较短的债券更高的利率。因为本金偿还日期较晚，所以溢价是投资者必须承担的额外风险的结果。除了信用风险，较长期的债券也表现出较大的利率风险，即市场利率上升的风险将引起低利率债券的需求减少。相应地，低利率债券需求减少将导致债券价格下跌。到期时间越长，持有特定债券的溢价越大。

久期是一个在投资领域中用来衡量一个随市场利率变化的债券价格敏感度的数学概念。与低久期的债券相比，具有更高久期的债券更容易受到不断变化的利率的影响，因此，当市场利率变化时，其市场价值会发生更大的变化。一个特定的固定收益证券的到期日的长度和票面利率是久期的主要决定因素。较长的到期日和较低的利率都会引起更高的久期，因此，对利率变化的市场价值敏感度会更大，反之亦然。

固定收益证券价差是指短期债券和长期债券之间的收益率的差异。这些价差不断变化，可以达到 1%，有时甚至更高。在经济繁荣时期，因为投资者对高风险公司的稳定性以及支付利息和偿还本金的能力有更大的信心，所以价差缩小。与之相反的是，在经济疲软时期，因为投资者对高风险公司的前景持怀疑态度，更倾向于支持稳定的公司（它们发行相应的低收益债券），所以收益率价差通常会扩大。这些情况如图 10-5 所示。

债券质量	经济状况上行	经济状况下行
高质量债券	卖出＝收益▲	买入＝收益▼
低质量债券	买入＝收益▼	卖出＝收益▲

图 10-5　债券收益率和经济状况的关系

从纯粹收益的角度来看，长期债券通常有更高的收益。然而，从风险调整的角度来看，由于短期债券与股票投资的相关性较低，所以它们可能会更理想。当投资组合中配置了更多的股票时，短期债券的收益就会增加。

高收益机会

虽然经常被称为垃圾债券，但高收益债券在恰当地配置投资组合方面仍发挥着重要作用。高收益债券在本质上是投机性的，但是，当投资组合为多样性时，投资风险是可控的。研究表明，尽管某些发行人存在债券违约的情况，但是这种影响不足以抵消高收益债券获得的超额收益。当以上提到的三种信贷评级机构确定了一个非投资评级时，这些高收益债券就会获得它们的名称和等级。

研究表明，影响股票和高收益债券回报率的因素几乎没有共同之处。具有讽刺意味的是，高收益债券和股票的违约风险通常高度相关，从而削弱了资产配置的收益。然而，相关性频繁波动并且有时会变成负相关，这对于投资者来说是一种理想的情况。由于每一支高收益债券的风险都高于正常风险，所以投资高收益债券最佳的方法是通过组合投资，即 ETF 和一些共同基金。

选择固定收益 ETF

最优投资组合强调股票配置、固定收入、不动产等多资产类别。构建这种投资组合将会带来显著的风险与投资回报，特别是仅以一个稳健的易于管理的增加投资组合风险的方式提高总收益。

图 10-6 至图 10-19 提供了你在投资组合中可能要考虑的 ETF 投资选择。我非常支持你自己评判它们是否对你有经济意义。根据财务状况和目标，你可能想要把多种固定收益 ETF 加入你的投资组合中，或者只是专注几个较大的 ETF。市场分为 14 个不同的细分市场，每个细分市场有不同的市场风险，因此风险和回报的机会也是不同的。图中的每一个细分市场都是按费用率排序的。

短期政府			
ETF 名称	交易代码	费用比率	开始日期
PIMCO 1-3 Year US Treasury Index	TUZ	0.09%	2009 年 6 月 1 日
Schwab Short-Term U.S. Treasury	SCHO	0.12%	2010 年 8 月 5 日
iShares Barclays 1-3 Year Treasury Bond	SHY	0.15%	2002 年 7 月 22 日
iShares Barclays Short Treasury Bond	SHV	0.15%	2007 年 1 月 5 日
Vanguard Short-Term Government Bond	VGSH	0.15%	2009 年 11 月 19 日
PowerShares Active Low Duration	PLK	0.29%	2008 年 4 月 11 日

图 10-6　选择固定收益 ETF：短期政府

短期			
ETF 名称	交易代码	费用比率	开始日期
Vanguard Short-Term Bond	BSV	0.11%	2007 年 4 月 3 日
SPDR Barclays Capital Short Term Corporate Bond	SCPB	0.13%	2009 年 12 月 16 日
SPDR Barclays Capital 1-3 Month T-Bill	BIL	0.14%	2007 年 5 月 25 日
Vanguard Short-Term Corporate Bond	VCSH	0.15%	2009 年 11 月 19 日
iShares Barclays 1-3 Year Credit Bond	CSJ	0.20%	2007 年 1 月 5 日
SPDR Barclays Capital Mortgage Backed Bond	MBG	0.21%	2009 年 1 月 15 日

（续）

ETF 名称	交易代码	费用比率	开始日期
Guggenheim BulletShares 2012 Corporate Bond	BSCC	0.24%	2010 年 6 月 7 日
Guggenheim BulletShares 2013 Corporate Bond	BSCD	0.24%	2010 年 6 月 7 日
Claymore U.S. Capital Markets Micro-Term	ULQ	0.32%	2008 年 2 月 12 日
PIMCO Enhanced Short Maturity Strategy	MINT	0.35%	2009 年 11 月 16 日

图 10-7 选择固定收益 ETF：短期

中期政府			
ETF 名称	交易代码	费用比率	开始日期
Schwab Interm-Tm U.S. Treasury	SCHR	0.12%	2010 年 8 月 5 日
SPDR Barclays Capital Interm-TmTreasury	ITE	0.14%	2007 年 5 月 23 日
PIMCO 3-7 Year U.S. Treasury Index	FIVZ	0.15%	2009 年 10 月 30 日
Vanguard Interm-Tm Government Bond	VGIT	0.15%	2009 年 11 月 19 日
iShares Barclays 3-7 Year Treasury Bond	IEI	0.15%	2007 年 1 月 5 日
iShares Barclays Agency Bond	AGZ	0.20%	2008 年 11 月 5 日
PowerShares Active Low Duration	PLK	0.29%	2008 年 4 月 11 日

图 10-8 选择固定收益 ETF：中期政府

中期			
ETF 名称	交易代码	费用比率	开始日期
Vanguard Total Bond Market	BND	0.11%	2007 年 4 月 3 日
Vanguard Intermediate-Term Bond	BIV	0.11%	2007 年 4 月 3 日
SPDR Barclays Capital Aggregate Bond	LAG	0.13%	2007 年 5 月 23 日
Vanguard Mortgage-Backed Securities	VMBS	0.15%	2009 年 11 月 19 日
Vanguard Intermediate-Term Corporate Bond	VCIT	0.15%	2009 年 11 月 19 日

（续）

ETF 名称	交易代码	费用比率	开始日期
SPDR Barclays Cap Intermediate Term Corporate Bond	ITR	0.15%	2009 年 2 月 10 日
iShares Barclays Intermediate Credit Bond	CIU	0.20%	2007 年 1 月 5 日
iShares Barclays Credit Bond	CFT	0.20%	2007 年 1 月 5 日
PIMCO Invest Grade Corporate Bond	CORP	0.20%	2010 年 9 月 20 日
iShares Barclays Aggregate Bond	AGG	0.20%	2003 年 9 月 22 日
Guggenheim BulletShares 2014 Corporate Bond	BSCE	0.24%	2010 年 6 月 7 日
Guggenheim BulletShares 2015 Corporate Bond	BSCF	0.24%	2010 年 6 月 7 日
Guggenheim BulletShares 2016 Corporate Bond	BSCG	0.24%	2010 年 6 月 7 日
Guggenheim BulletShares 2017 Corporate Bond	BSCH	0.24%	2010 年 6 月 7 日
iShares Barclays MBS Bond	MBB	0.25%	2007 年 3 月 13 日
Claymore U.S. Capital Markets Bond	UBD	0.32%	2008 年 2 月 12 日

图 10-9　选择固定收益 ETF：中期

长期政府			
ETF 名称	交易代码	费用比率	开始日期
Vanguard Extended Duration Bond	EDV	0.13%	2007 年 12 月 6 日
SPDR Barclays Capital Long Term Treasury	TLO	0.14%	2007 年 5 月 23 日
PIMCO Broad U.S. Treasury Index	TRSY	0.15%	2010 年 10 月 29 日
PIMCO 7-15 Year U.S. Treasury Index	TENZ	0.15%	2009 年 9 月 10 日
iShares Barclays 20+ Year Treasury Bond	TLT	0.15%	2002 年 7 月 22 日
Vanguard Long-Term Government Bond	VGLT	0.15%	2009 年 11 月 19 日
PIMCO 25+ Yr Zero Cpn U.S. Treasury	ZROZ	0.15%	2009 年 10 月 30 日
iShares Barclays 10-20 Year Treasury Bond	TLH	0.15%	2007 年 1 月 5 日
PowerShares 1-30 Laddered Treasury	PLW	0.25%	2007 年 10 月 11 日

图 10-10　选择固定收益 ETF：长期政府

长期			
ETF 名称	交易代码	费用比率	开始日期
Vanguard Long-Term Bond Index	BLV	0.11%	2007 年 4 月 3 日
Vanguard Long-Term Corp Bond	VCLT	0.15%	2009 年 11 月 19 日
SPDR Barclays Capital Long Corporate Term Bond	LWC	0.15%	2009 年 3 月 10 日
iSharesiBoxx $ Invest Grade Corporate Bond	LQD	0.15%	2002 年 7 月 22 日
iShares 10+ Year Credit Bond	CLY	0.20%	2009 年 12 月 8 日
PowerShares Build America Bond	BAB	0.28%	2009 年 11 月 17 日
SPDR Nuveen Barclays Capital Build American Bond	BABS	0.36%	2010 年 5 月 12 日
PIMCO Build America Bond Strategy	BABZ	0.45%	2010 年 9 月 20 日

图 10-11 选择固定收益 ETF：长期

市政			
ETF 名称	交易代码	费用比率	开始日期
Market Vectors Short Municipal Index	SMB	0.19%	2008 年 2 月 22 日
SPDR Nuveen Barclays Capital CA Municipal Bond	CXA	0.20%	2007 年 10 月 10 日
SPDR Nuveen Barclays Capital Municipal Bond	TFI	0.20%	2007 年 9 月 11 日
SPDR Nuveen Barclays Capital NY Municipal Bond	INY	0.20%	2007 年 10 月 11 日
SPDR Nuveen Barclays Capital S/T Municipal Bond	SHM	0.20%	2007 年 10 月 10 日
SPDR Nuveen S&P VRDO Municipal Bond	VRD	0.21%	2009 年 9 月 23 日
Market Vectors Intermediate Municipal	ITM	0.23%	2007 年 12 月 4 日
Market Vectors Pre-Refunded Municipal	PRB	0.24%	2009 年 2 月 2 日
Market Vectors Long Municipal Index	MLN	0.24%	2008 年 1 月 2 日
iShares S&P CA AMT-Free Municipal Bond	CMF	0.25%	2007 年 10 月 4 日
iShares S&P National AMT-Free Municipal Bond	MUB	0.25%	2007 年 9 月 7 日

（续）

ETF 名称	交易代码	费用比率	开始日期
iShares S&P NY AMT-Free Municipal Bond	NYF	0.25%	2007 年 10 月 4 日
PowerShares VRDO Tax-Free Weekly	PVI	0.25%	2007 年 11 月 15 日
iShares S&P S/T National AMT-Free Municipal Bond	SUB	0.25%	2008 年 11 月 5 日
PowerShares Insured California Municipal Bond	PWZ	0.28%	2007 年 10 月 11 日
PowerShares Insured National Municipal Bond	PZA	0.28%	2007 年 10 月 11 日
PowerShares Insured New York Municipal Bond	PZT	0.28%	2007 年 10 月 11 日
iShares 2012 S&P AMT-Free Municipal Series	MUAA	0.30%	2010 年 1 月 7 日
iShares 2013 S&P AMT-Free Municipal Series	MUAB	0.30%	2010 年 1 月 7 日
iShares 2014 S&P AMT-Free Municipal Series	MUAC	0.30%	2010 年 1 月 7 日
iShares 2015 S&P AMT-Free Municipal Series	MUAD	0.30%	2010 年 1 月 7 日
iShares 2016 S&P AMT-Free Municipal Series	MUAE	0.30%	2010 年 1 月 7 日
iShares 2017 S&P AMT-Free Municipal Series	MUAF	0.30%	2010 年 1 月 7 日
Grail McDonnell Intermediate Municipal Bond	GMMB	0.35%	2010 年 1 月 29 日
PIMCO Intermediate Municipal Bond Strategy	MUNI	0.35%	2009 年 11 月 30 日
Market Vectors High-Yield Municipal	HYD	0.35%	2009 年 2 月 4 日
PIMCO Short Term Municipal Bond Strategy	SMMU	0.35%	2010 年 2 月 1 日

图 10-12　选择固定收益 ETF：市政

高收益			
ETF 名称	交易代码	费用比率	开始日期
SPDR Barclays Capital High Yield Bond	JNK	0.40%	2007 年 11 月 28 日
iSharesiBoxx $ High Yield Corporate Bond	HYG	0.50%	2007 年 4 月 4 日
PowerShares Fundamental High Yield Corporate Bond	PHB	0.50%	2007 年 11 月 15 日
Peritus High Yield	HYLD	1.37%	2010 年 11 月 30 日

图 10-13　选择固定收益 ETF：高收益

通胀保护			
ETF 名称	交易代码	费用比率	开始日期
Schwab U.S. TIPS	SCHP	0.14%	2010 年 8 月 5 日
SPDR Barclays Capital TIPS	IPE	0.19%	2007 年 5 月 25 日
iShares Barclays 0-5 Year TIPS Bond	STIP	0.20%	2010 年 12 月 1 日
PIMCO Broad U.S. TIPS Index	TIPZ	0.20%	2009 年 9 月 3 日
PIMCO 15+ Year U.S. TIPS Index	LTPZ	0.20%	2009 年 9 月 3 日
iShares Barclays TIPS Bond	TIP	0.20%	2003 年 12 月 4 日
PIMCO 1-5 Year U.S. TIPS Index	STPZ	0.20%	2009 年 8 月 20 日

图 10-14　选择固定收益 ETF：通胀保护

优先股			
ETF 名称	交易代码	费用比率	开始日期
SPDR Wells Fargo Preferred Stock	PSK	0.45%	2009 年 9 月 16 日
iShares S&P U.S. Preferred Stock Index	PFF	0.48%	2007 年 3 月 26 日
PowerShares Preferred	PGX	0.50%	2008 年 1 月 31 日
PowerShares Financial Preferred	PGF	0.65%	2006 年 12 月 1 日

图 10-15　选择固定收益 ETF：优先股

可转债			
ETF 名称	交易代码	费用比率	开始日期
SPDR Barclays Capital Convertible Securities	CWB	0.40%	2009 年 4 月 14 日

图 10-16　选择固定收益 ETF：可转债

世界			
ETF 名称	交易代码	费用比率	开始日期
iShares S&P/Citi International TreasuryBond	IGOV	0.35%	2009 年 1 月 21 日
SPDR Barclays Cap S/T International Treasury Bond	BWZ	0.35%	2009 年 1 月 15 日
iShares S&P/Citi 1-3 Yr International Treasury Bond	ISHG	0.35%	2009 年 1 月 21 日

（续）

ETF 名称	交易代码	费用比率	开始日期
PowerShares International Corporate Bond	PICB	0.50%	2010 年 6 月 3 日
SPDR Barclays Capital International Treasury Bond	BWX	0.50%	2007 年 10 月 2 日
SPDR DB International Government Inflation-Protected Bond	WIP	0.50%	2008 年 3 月 13 日
SPDR Barclays Capital International Corporate Bond	IBND	0.55%	2010 年 5 月 19 日

图 10-17　选择固定收益 ETF：世界

新兴市场			
ETF 名称	交易代码	费用比率	开始日期
SPDR Barclays Capital Emerging Markets Local Bond	EBND	0.50%	2011 年 2 月 23 日
PowerShares Emerging Markets Sovereign Debt	PCY	0.50%	2007 年 10 月 11 日
WisdomTree Emerging Markets Local Debt	ELD	0.55%	2010 年 8 月 9 日
WisdomTree Asia Local Debt	ALD	0.55%	2011 年 3 月 16 日
iShares JPMorgan USD Emerging Markets Bond	EMB	0.60%	2007 年 12 月 17 日
Market Vectors Emerging Markets Local Curr Bond	EMLC	0.60%	2010 年 7 月 22 日

图 10-18　选择固定收益 ETF：新兴市场

多板块			
ETF 名称	交易代码	费用比率	开始日期
iShares Barclays Intermediate Government/ Credit Bond	GVI	0.20%	2007 年 1 月 5 日
iShares 10+ Year Government/Credit Bond	GLJ	0.20%	2009 年 12 月 8 日
iShares Barclays Government/Credit Bond	GBF	0.20%	2007 年 1 月 5 日
Grail McDonnell Core Taxable Bond	GMTB	0.35%	2010 年 1 月 29 日

图 10-19　选择固定收益 ETF：多板块

第 11 章

全球 ETF

在过去的几十年里，全球金融市场发生了动态变化。现在美国股票在全球股票市值总额中的份额不足一半。这一份额低于几十年前的三分之二以上。因此，将国际资产纳入其投资组合的投资者将会发现更多保护和发展投资的机会。更具体地说，通过在投资组合中加入国际资产，投资者将会提高其投资组合内在的风险与收益权衡。举个例子，两支足球队，分别有 30 个球员和 100 个球员。由于在任何时候每队只能有 11 名球员在球场上，那么在其他条件相同的情况下，100 名球员的球队比 30 名球员的球队有更高的机会可以找到更好的球员。当然，并非所有情况都是如此，但绝大多数实例是这样的。这是简单的数字规律。顺便说一下，数字 30 和 100 不是随机选择的。数字 30 代表全球股市中美国市场所占的近似比例，而数字 100 代表了整个全球股市。

从历史上看，大多数个人投资者不注重全球投资有三个主要原因：

1. 投资者没有意识到收益；
2. 交易成本是巨大的；
3. 投资决策的信息不可靠，或者更糟糕的是缺乏进行投资决策的信息。

多年来，无论是交易成本还是信息的可用性都变得更加有利，很多投资者已经意识到在其投资组合中加入国际投资的好处。然而，在投资组合中加入国际资产并非没有风险。全球投资者面临着新的不同的风险。此外，一些美国投资者在国外市场所面临的风险明显扩大。例如，在国外的大多数国家，市场流动性不如美国强劲。即使这样说，在投资组合中加入国际资产仍然会收获比潜在风险更大的潜在收益。

全球资产配置的好处

在投资组合中只包含纯粹的美国资产时，投资者降低投资组合风险的能力是有限的。通过最小化美国资产的投资风险，投资者可以降低总风险，但不能降低系统风险，即由市场和其他不可控的外部因素引起的风险。当投资者将国际资产加入其投资组合中时，市场投资组合的变化包括美国市场和国际市场。因此，降低市场风险是全球资产配置的核心。

全球资产配置总风险的降低是由美国资产和国际资产之间的不完全相关所驱动的。彼此不完全正相关的资产类别可以提高收益并降低风险。

全球相关性在各个国家之间是不同的，一些与美国资产高度相关而另一些并非如此。由于经济一体化程度显著，较发达的国家往往与美国以及其他发达国家在投资上有着高度的相关性。各国之间的相互影响越大，每个国家对其他国家的经济状况的影响就越大。相反，国家之间的相互影响越少，那么它们对彼此积极和消极的经济影响就越小。

在投资组合中增加国际资产的最大好处来自于那些与美国资产的相关性最低的国家。然而，许多欠发达国家的政府往往在投资和资本的返还方面有着严苛的法规和严格的限制。更高的潜在收益伴随着更高的潜在风险。

全球资产配置风险

总的来说，国际投资一般比美国投资有更高的收益潜力，但风险也更高。不考虑高风险，国际投资仍然是有利的，因为国际投资与美国投资不完全是正相关，从而会使投资组合提高收益、降低风险（图 11-1 是国际十大 ETF 名单）。

国际投资往往比美国投资风险更大的主要原因如下。

汇率波动风险

由于各类货币的供给和需求关系，美元和外国货币之间的汇率是不断变化的。其结果是，即使在投资期间，你在外国投资的市场价值没有改变，货币汇率也可能会大幅度地增加或减少你在国外的投资净收益。

例如，假设一个美国房地产投资集团在加拿大购买一个商业地产为 500 万加元。如果一年后资产价值仍为 500 万加元，而加元兑美元的价值下降，那么美国房地产投资集团将经历一个负的持有期收益。为什么？如果美国房地产投资集团出售该不动产，为了抽回资本这将需要用美元换购更多的加元。

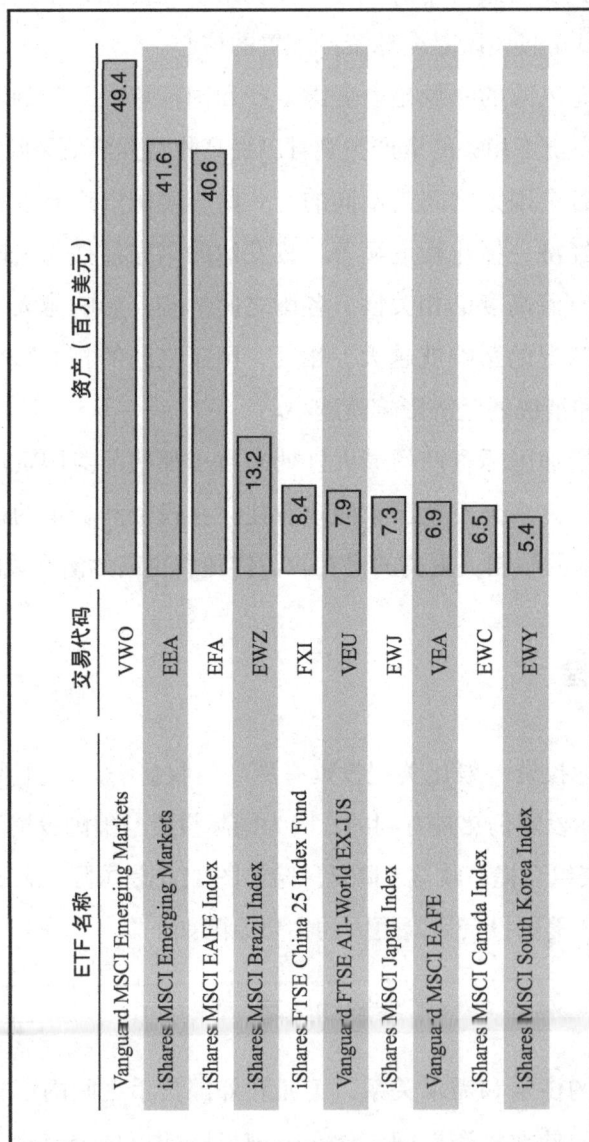

ETF 名称	交易代码	资产（百万美元）
Vanguard MSCI Emerging Markets	VWO	49.4
iShares MSCI Emerging Markets	EEA	41.6
iShares MSCI EAFE Index	EFA	40.6
iShares MSCI Brazil Index	EWZ	13.2
iShares FTSE China 25 Index Fund	FXI	8.4
Vanguard FTSE All-World EX-US	VEU	7.9
iShares MSCI Japan Index	EWJ	7.3
Vanguard MSCI EAFE	VEA	6.9
iShares MSCI Canada Index	EWC	6.5
iShares MSCI South Korea Index	EWY	5.4

图 11-1　国际最大的 ETF

资料来源：晨星，2011 年 4 月

政治风险

政治风险指的是其他国家的一个政治决策、政策、事件和状况的不确定性，会对这个特定国家投资的市场价值产生不利的影响。政治风险有多种形式，如没收财产、经济不稳定、利润返还、战争、革命、绑架、勒索、敲诈以及缺乏或不可靠的财务信息。

缺乏流动性风险

由于较小的市场规模以及由此产生的较低的内在供需，你可能会发现，在欠发达国家交易证券具有挑战性。事实上，有时你需要卖出的证券可能只有很少的需求甚至没有需求。其结果是，你可能会被迫以比你预期低得多的价格来清算你的投资，这会影响你的收益。

资产相关性合并的风险

如今，将近全球市值的 50% 和全球销售额的 40% 来自跨国公司。随着时间的推移，由于全球经济和跨国公司逐渐变得更加一体化，其相关性变得更高，从而削弱了全球性投资的收益。这一趋势将变得更加显著，因为国际公司会增加他们的全球业务，无论是通过内生增长还是通过收购外国公司。只要是不完全相关，那么就有机会提高收益，同时降低风险。

外国税收风险

当国际公司支付股息给投资者，该公司所在地国家将评估预提税，一般在 15% 左右。对于应税投资者，只要外国和美国签署了一项税收条约，那么任何外国税收都可以抵扣与核销美国的税收。然而，美国的免税投资者无须对普通利息和股息收入缴税。因此，当美国的免税投资者为境外所得纳税时，因为他们在美国不需要纳税，所以他们不能用境外已缴纳的税款来抵扣其在美国的税负。因此，国际投资可能不会为所有类型的投资者带来相同的利益。

全球市场结构和 ETF

整个投资市场开始于全球市场的投资组合，包括全球所有可投资的机会和证券。全球投资市场可以划分并进一步细分成更小的市场（见图 11-2）。例如，全球市场投资组合可分为发达市场和新兴市场，这两者都可以被细分为不同的地理区域。最后，地理区域可以细分为一个国家，每一个国家都构成了全球市场结构的基础。指数编制机构（如 MSCI）是基于各个国家、地区、类型和广阔的市场来构建指数，然后把该指数的权利卖给已经发行了很多基于多种指数的 ETF 的发行商。因此，投资者有很好的途径可以进行他们期望的地理区域和市场中的国际投资。

国家市场指数

正如前面提到的，国家占据了全球市场投资组合的核心。最被广泛认可的跟踪每个国家的指数是 MSCI 指数。这些指数覆盖了它们跟踪的每个国家的至少 85% 的市场资本。具体而言，MSCI 将公开交易的证券按行业分类，然后从每个行业中选择股票来构建国家市场指数。因此，行业复制是 MSCI 的方法中最重要的因素。图 11-4 至图 11-17 刻画了这些指数与其他全球 ETF。

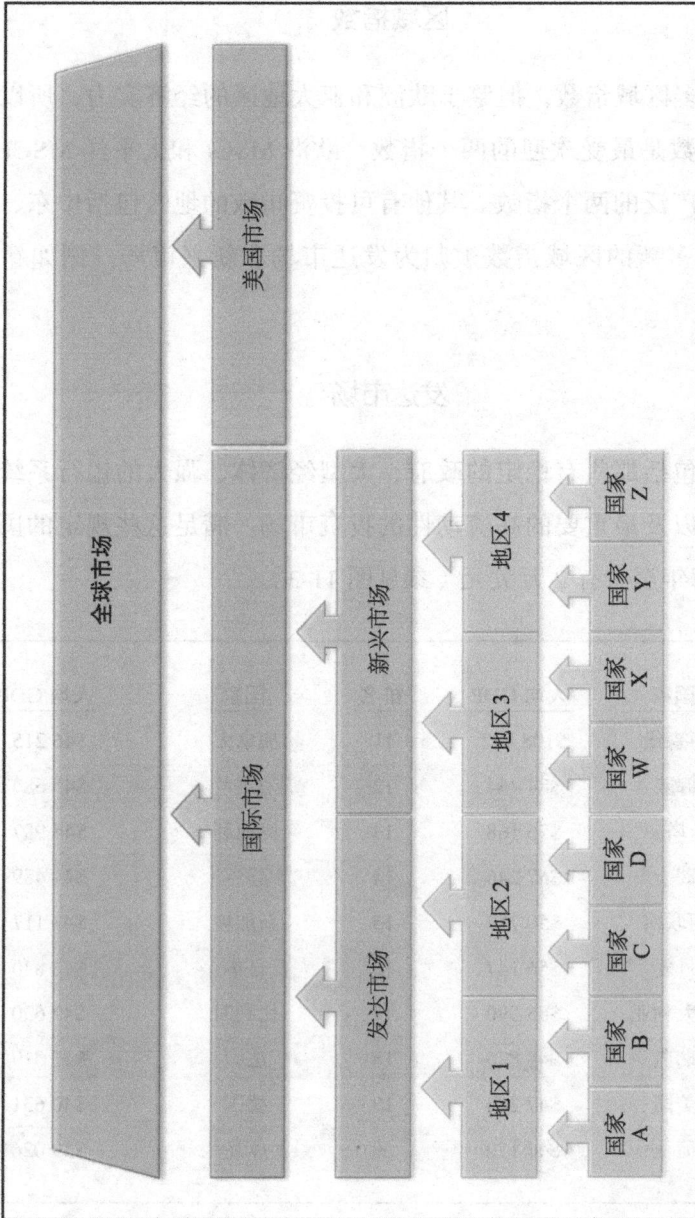

图 11-2 简化的全球市场结构

资料来源：Frush 金融集团

区域指数

虽然有许多区域指数，但鉴于欧洲和亚太地区的经济实力，所以跟踪这两个区域的指数是最受欢迎的两个指数，欧洲 MSCI 和太平洋 MSCI 是 ETF 发行商使用最广泛的两个指数。其他有可投资指数的地区包括中东、非洲和拉丁美洲。许多新的区域指数被归为发达市场和新兴市场，例如新兴东欧市场。

发达市场

发达市场包括那些有稳定的政府、大型经济体、强大的银行系统、有效的法律体系，以及最重要的高流动性的投资市场。满足这些规定的国家，人均 GDP 通常每年至少有 2 万美元（参见图 11-3）。

排名	国家	人均 GDP	排名	国家	人均 GDP
1	卢森堡	$108 832	11	加拿大	$46 215
2	挪威	$84 444	12	爱尔兰	$45 689
3	卡塔尔	$76 168	13	奥地利	$44 987
4	瑞士	$67 246	14	芬兰	$44 489
5	阿联酋	$59 717	15	新加坡	$43 117
6	丹麦	$56 147	16	日本	$42 820
7	澳大利亚	$55 590	17	比利时	$42 630
8	瑞典	$48 875	18	法国	$41 019
9	美国	$47 284	19	德国	$40 631
10	荷兰	$47 172	20	冰岛	$39 026

图 11-3　人均 GDP 超过 2 万美元的国家

资料来源：国际货币基金组织，2010 年

将上述欧洲 MSCI 和太平洋 MSCI 结合汇总为 MSCI EAFE 指数，这是最容易识别的发达市场指数。EAFE 代表了欧洲、大洋洲、远东地区和由大约来

自 20 多个全球发达市场的 1 000 个大公司的股票（多半来自于欧洲）。

新兴市场

新兴市场是指那些商业活动正在扩大的国家。尽管有 150 多个国家满足了一些新兴市场的分类标准，有超过 100 个国家与股票市场有一些相似之处，但是世界上大约只有 40 个官方认可的新兴市场的国家，例如中国和印度是最大的新兴市场。摩根士丹利资本国际认可了 21 个国家，标准普尔认可了 19 个国家，道琼斯认可的最多，有 35 个国家。

国际市场

跟踪国际市场的主要指数是指除美国之外的富时环球指数。这个指数跟踪了除美国之外的世界各地的发达市场和新兴市场。其他受欢迎的国际市场指数包括花旗集团主要市场指数和花旗集团股票市场指数。

全球市场

全球市场是国际市场和美国市场的一个简单的组合。将全球市场投资组合划分为两个市场会为投资者提供有针对性的不重叠的投资方式。标准普尔全球 1 200 指数和标准普尔全球 100 指数是两个跟踪全球市场投资组合的优秀指数。富时环球指数系列提供了坚实的覆盖全球市场的市值衡量方法。

全球资产配置

关于投资者应该配置多少国际资产存在一个明显的争议。最好的答案是基于风险承受能力进行资产配置。对于那些渴望更高收益并且愿意和能够承担较高风险的投资者来说，他们可以为自己的投资组合配置很大一部分的国际资产，可能高达 50%；相反地，对于那些具有较低的风险承受力和较低的收益预期的投资者来说，他们可以为自己的投资组合配置更小一部分的国际资产，可能是 5%~15%。

鉴于全球性投资的风险，增加投资组合中的国际资产需要更好的分析和评估。为解决这些问题而寻求专业的建议通常是一个好的决定。

选择全球 ETF

图 11-4 至图 11-17 提供了你在自己的投资组合中可能要考虑的 ETF 投资选择。我非常支持你自己评估它们并判断这些 ETF 是否能为你带来经济利益。根据财务状况和目标，你可能想要把多种跟踪全球市场的 ETF 利益加入到你的投资组合中，或者只是使用一两种 ETF，如发展中市场和新兴市场。目前，国际市场被划分为 14 个不同的细分市场，每个细分市场的风险不同，获得收益的机会也是不同的。图中的每个细分市场都是按照费用率来排序的。

中国			
ETF 名称	交易代码	费用率	成立日期
iShares MSCI Hong Kong Index	EWH	0.53%	1996 年 3 月 12 日
SPDR S&P China	GXC	0.61%	2007 年 3 月 19 日
Global X China Industrials	CHII	0.65%	2009 年 12 月 1 日
Global X China Financials	CHIX	0.65%	2009 年 12 月 11 日
Global X China Materials	CHIM	0.65%	2010 年 1 月 14 日
Global X China Technology	CHIB	0.65%	2009 年 12 月 9 日
iShares MSCI China Small Cap Index	ECNS	0.65%	2010 年 9 月 28 日
Global X China Consumer	CHIQ	0.65%	2009 年 12 月 1 日
Global X China Energy	CHIE	0.65%	2009 年 12 月 16 日
Guggenheim China All-Cap	YAO	0.70%	2009 年 10 月 19 日
Guggenheim China Technology	CQQQ	0.70%	2009 年 12 月 8 日
Guggenheim China Real Estate	TAO	0.70%	2007 年 12 月 18 日
PowerShares Golden ragon Halter USX China	PGJ	0.70%	2004 年 12 月 9 日
iShares FTSE China 25 Index Fund	FXI	0.72%	2004 年 10 月 5 日

（续）

ETF 名称	交易代码	费用率	成立日期
iShares FTSE China（HK Listed）Index	FCHI	0.72%	2008 年 6 月 24 日
Market Vectors China	PEK	0.72%	2010 年 10 月 13 日
Guggenheim China Small Cap	HAO	0.75%	2008 年 1 月 30 日
EGShares China Infrastructure	CHXX	0.85%	2010 年 2 月 17 日

图 11-4　选择全球 ETF：中国

分散化新兴市场			
ETF 名称	交易代码	费用率	成立日期
Vanguard MSCI Emerging Markets	VWO	0.22%	2005 年 3 月 4 日
BLDRS Emerging Markets 50 ADR Index	ADRE	0.30%	2002 年 11 月 13 日
Schwab Emerging Markets Equity	SCHE	0.30%	2010 年 1 月 14 日
SPDR S&P BRIC 40	BIK	0.52%	2007 年 6 月 19 日
SPDR S&P Emerging Markets Dividend	EDIV	0.59%	2011 年 2 月 23 日
Market Vectors Indonesia Index	IDX	0.60%	2009 年 1 月 15 日
SPDR S&P Emerging Markets	GMM	0.60%	2007 年 3 月 19 日
SPDR S&P Emerging Middle East & Africa	GAF	0.60%	2007 年 3 月 19 日
iShares MSCI South Africa Index	EZA	0.61%	2003 年 2 月 3 日
iShares MSCI Turkey Invest Market	TUR	0.61%	2008 年 3 月 26 日
SPDR S&P Emerging Europe	GUR	0.61%	2007 年 3 月 19 日
iShares MSCI Indonesia Invstble Market	EIDO	0.61%	2010 年 5 月 5 日
iShares MSCI Israel Cap Invstble Market	EIS	0.61%	2008 年 3 月 26 日
iShares MSCI Thailand Invstble Market	THD	0.62%	2008 年 3 月 26 日
WisdomTree Emerging Markets SmallCap Diversified	DGS	0.63%	2007 年 10 月 30 日
Guggenheim BRIC	EEB	0.63%	2006 年 9 月 21 日
WisdomTree Emerging Markets Equity Inc.	DEM	0.63%	2007 年 7 月 13 日
First Trust BICK Index	BIC	0.64%	2010 年 4 月 12 日
SPDR S&P Emerging Markets Small Cap	EWX	0.66%	2008 年 5 月 12 日
iShares MSCI Emerging Markets Index	EEM	0.68%	2003 年 4 月 7 日

（续）

ETF 名称	交易代码	费用率	成立日期
iShares MSCI Emerging Markets Eastern Europe	ESR	0.69%	2009 年 9 月 30 日
iShares MSCI BRIC Index	BKF	0.69%	2007 年 11 月 12 日
PowerShares MENA Frontier Countries	PMNA	0.70%	2008 年 7 月 9 日
Guggenheim Frontier Markets	FRN	0.70%	2008 年 6 月 12 日
Rydex MSCI Emerging Markets Equity Weight	EWEM	0.70%	2010 年 12 月 3 日
EGShares Emerging Markets Large Cap	EEG	0.75%	2009 年 7 月 22 日
Market Vectors Africa Index	AFK	0.83%	2008 年 7 月 10 日
Market Vectors Vietnam	VNM	0.84%	2009 年 8 月 11 日
PowerShares FTSE RAFI Emerging Markets	PXH	0.85%	2007 年 9 月 27 日
WisdomTree Middle East Dividend	GULF	0.88%	2008 年 7 月 16 日
PowerShares DWA Emerging Markets Technical Leaders	PIE	0.90%	2007 年 12 月 28 日
Market Vectors Egypt Index	EGPT	0.94%	2010 年 2 月 16 日
Market Vectors Gulf States Index	MES	0.98%	2008 年 7 月 22 日

图 11-5 选择全球 ETF：分散化新兴市场

分散化的亚太地区			
ETF 名称	交易代码	费用率	成立日期
Vanguard MSCI Pacific	VPL	0.14%	2005 年 3 月 4 日
BLDRS Asia 50 ADR Index	ADRA	0.30%	2002 年 11 月 13 日
iShares S&P Asia 50 Index	AIA	0.52%	2007 年 11 月 13 日

图 11-6 选择全球 ETF：分散化的亚太地区

欧洲			
ETF 名称	交易代码	费用率	成立日期
Vanguard MSCI European	VGK	0.14%	2005 年 3 月 4 日
BLDRS Europe 100 ADR Index	ADRU	0.30%	2002 年 11 月 13 日
SPDR STOXX Europe 50	FEU	0.31%	2002 年 10 月 15 日
SPDR EURO STOXX 50	FEZ	0.31%	2002 年 10 月 15 日

（续）

ETF 名称	交易代码	费用率	成立日期
Global X FTS Norway 30	NORW	0.5%	2010 年 11 月 9 日
Global X FTSE Nordic Region	GXF	0.5%	2009 年 8 月 17 日
iShares MSCI Ireland Capped Investable Market	EIRL	0.53%	2010 年 5 月 5 日
iShares MSCI Germany Index	EWG	0.53%	1996 年 3 月 12 日
iShares MSCI Sweden Index	EWD	0.53%	1996 年 3 月 12 日
iShares MSCI Switzerland Index	EWL	0.53%	1996 年 3 月 12 日
iShares MSCI Netherlands Investable Market	EWN	0.53%	1996 年 3 月 12 日
iShares MSCI United Kingdom Index	EWU	0.53%	1996 年 3 月 12 日
iShares MSCI EMU Index	EZU	0.54%	2000 年 7 月 25 日
iShares MSCI Belgium Investable Market	EWK	0.54%	1996 年 3 月 12 日
iShares MSCI France Index	EWQ	0.54%	1996 年 3 月 12 日
iShares MSCI Spain Index	EWP	0.54%	1996 年 3 月 12 日
iShares MSCI Austria Investable Market	EWO	0.54%	1996 年 3 月 12 日
iShares MSCI Italy Index	EWI	0.54%	1996 年 3 月 12 日
WisdomTree Europe Small Cap Dividend	DFE	0.58%	2006 年 6 月 16 日
SPDR S&P Russia	RBL	0.59%	2010 年 3 月 10 日
First Trust STOXX Euro Select Dividend	FDD	0.60%	2007 年 8 月 27 日
iShares S&P Europe 350 Index	IEV	0.60%	2000 年 7 月 25 日
iShares MSCI Poland Investable Market	EPOL	0.61%	2010 年 5 月 25 日
Market Vectors Russia	RSX	0.65%	2007 年 4 月 24 日
iShares MSCI Russia Capped Index	ERUS	0.65%	2010 年 11 月 9 日
Market Vectors Poland	PLND	0.67%	2009 年 11 月 24 日

图 11-7　选择全球 ETF：欧洲

国外大型基金汇总			
ETF 名称	交易代码	费用率	成立日期
Vanguard MSCI EAFE	VEA	0.12%	2007 年 7 月 20 日
Schwab International Equity	SCHF	0.14%	2009 年 11 月 3 日

（续）

ETF 名称	交易代码	费用率	成立日期
Vanguard Total International Stock	VXUS	0.20%	2011 年 1 月 26 日
Vanguard FTSE All-World EX-US	VEU	0.22%	2007 年 3 月 2 日
BLDRS Developed Markets 100 ADR Index	ADRD	0.30%	2002 年 11 月 13 日
Guggenheim EW Euro-Pacific LDRs	EEN	0.35%	2007 年 3 月 1 日
iShares MSCI ACWI EX US Index	ACWX	0.35%	2008 年 3 月 26 日
SPDR MSCI ACWI （EX-US）	CWI	0.35%	2007 年 1 月 10 日
iShares MSCI EAFE Index	EFA	0.35%	2001 年 8 月 14 日
SPDR S&P World EX-US	GWL	0.35%	2007 年 4 月 20 日
Pax MSCI EAFE ESG Index	EAPS	0.55%	2011 年 1 月 28 日
Rydex MSCI EAFE Equal Weight	EWEF	0.55%	2010 年 12 月 3 日
WisdomTree World EX-US Growth	DNL	0.58%	2006 年 6 月 16 日
Guggenheim International Multi-Asset Inc.	HGI	0.70%	2007 年 7 月 11 日
PowerShares Dynamic Developed International Opportunities	PFA	0.75%	2007 年 6 月 13 日
PowerShares DWA Developed Markets Technical Leaders	PIZ	0.80%	2007 年 12 月 28 日
JETS DJ Islamic Market International Index	JVS	0.92%	2009 年 7 月 1 日

图 11-8　选择全球 ETF：国外大型基金汇总

国外大型增长基金			
ETF 名称	交易代码	费用率	成立日期
iShares MSCI EAFE Growth Index	EFG	0.40%	2005 年 8 月 1 日
WCM/BNY Mellon Focused Growth ADR	AADR	1.27%	2010 年 7 月 20 日

图 11-9　选择全球 ETF：国外大型增长基金

国外大型价值基金			
ETF 名称	交易代码	费用率	成立日期
WisdomTreeDEFA	DWM	0.19%	2006 年 6 月 16 日
iShares MSCI EAFE Value Index	EFV	0.40%	2005 年 8 月 1 日
SPDR S&P Intl Dividend	DWX	0.46%	2008 年 2 月 12 日
WisdomTree Intl Hedged Equity	HEDJ	0.47%	2009 年 12 月 31 日

（续）

ETF 名称	交易代码	费用率	成立日期
WisdomTree Intl Large Cap Dividend	DOL	0.48%	2006 年 6 月 16 日
RevenueShares ADR	RTR	0.49%	2008 年 11 月 20 日
iShares Dow Jones Intl Select Dividend	IDV	0.50%	2007 年 6 月 11 日
iShares MSCI Canada Index	EWC	0.53%	1996 年 3 月 12 日
PowerShares Intl Dividend Achievers	PID	0.57%	2005 年 9 月 15 日
WisdomTree Intl Dividend EX-Financials	DOO	0.58%	2006 年 6 月 16 日
WisdomTree DEFA Equity Income	DTH	0.58%	2006 年 6 月 16 日
PowerShares FTSE RAFT Dev Mkts EX-US	PXF	0.75%	2007 年 6 月 25 日

图 11-10 选择全球 ETF：国外大型价值基金

外国小 / 中型增长基金			
ETF 名称	交易代码	费用率	成立日期
Vanguard FTSE All-World EX-US Small Gap	VSS	0.33%	2009 年 4 月 2 日
Schwab International Small-Cap Equity	SCHC	0.35%	2010 年 1 月 14 日
Guggenheim International Small Cap LDRs	XGC	0.45%	2007 年 4 月 2 日
iShares FTSE Developed Small Cap EX-North America	IFSM	0.50%	2007 年 11 月 12 日
SPDR S&P International Small Cap	GWX	0.60%	2007 年 4 月 20 日
IQ Canada Small Cap	CNDA	0.71%	2010 年 3 月 23 日
Global X S&P/TSX Venture 30 Canada	TSXV	0.75%	2011 年 3 月 16 日

图 11-11 选择全球 ETF：外国小 / 中型增长基金

外国小 / 中型价值基金			
ETF 名称	交易代码	费用率	成立日期
iShares MSCI EAFE Small Cap Index	SCZ	0.40%	2007 年 12 月 10 日
SPDR S&P International Mid Cap	MDD	0.46%	2008 年 5 月 7 日
WisdomTree International SmaIICap Dividend	DLS	0.58%	2006 年 6 月 16 日
WisdomTree International MidCap Dividend	DIM	0.58%	2006 年 6 月 16 日
PowerShares FTSE RAFT Developed Markets EX-US S/M	PDN	0.75%	2007 年 9 月 27 日

图 11-12 选择全球 ETF：外国小 / 中型价值基金

日本			
ETF 名称	交易代码	费用率	成立日期
WisdomTree Japan Hedged Equity	DXJ	0.48%	2006 年 6 月 16 日
iShares S&PlTOPIX 150 Index	iTF	0.50%	2001 年 10 月 23 日
SPDR Russell/Nomura PRIME Japan	JPP	0.51%	2006 年 11 月 9 日
iShares MSCI Japan Small Cap Index	SCJ	0.53%	2007 年 12 月 20 日
iShares MSCI Japan Index	EWJ	0.54%	1996 年 3 月 12 日
SPDR Russell/Nomura Small Cap Japan	JSC	0.56%	2006 年 11 月 9 日
WisdomTree Japan SmaIICap Dividend	DFJ	0.58%	2006 年 6 月 16 日

图 11-13　选择全球 ETF：日本

拉丁美洲			
ETF 名称	交易代码	费用率	成立日期
iShares S&P Latin America 40 Index	ILF	0.50%	2001 年 10 月 25 日
iShares MSCI All Peru Capped Index	EPU	0.51%	2009 年 6 月 19 日
iShares MSCI Mexico Investable Market	EWW	0.53%	1996 年 3 月 12 日
iShares MSCI Chile Investable Market	ECH	0.61%	2007 年 11 月 12 日
SPDR S&P Emerging Latin America	GML	0.61%	2007 年 3 月 19 日
iShares MSCI Brazil Index	EWZ	0.61%	2000 年 7 月 10 日
Market Vectors Latin America Small-Cap Index	LATM	0.63%	2010 年 4 月 6 日
Market Vectors Brazil Small-Cap	BRF	0.64%	2009 年 5 月 12 日
iShares MSCI Brazil Small Cap Index	EWZS	0.65%	2010 年 9 月 28 日
Global X Brazil Mid Cap	BRAZ	0.69%	2010 年 6 月 22 日
Global X FTSE Argentina 20	ARGT	0.75%	2011 年 3 月 3 日
Global X Brazil Financials	BRAF	0.77%	2010 年 7 月 29 日
Global X Brazil Consumer	BRAQ	0.77%	2010 年 7 月 8 日
EGShares Brazil Infrastructure	BRXX	0.85%	2010 年 2 月 24 日
Global X FTSE Colombia 20	GXG	0.86%	2009 年 2 月 5 日

图 11-14　选择全球 ETF：拉丁美洲

亚太地区（不包括日本）			
ETF 名称	交易代码	费用率	成立日期
WisdomTree Pacific EX-Japan Total Div	DND	0.48%	2006 年 6 月 16 日
iShares MSCI Pacific EX-Japan	EPP	0.50%	2001 年 10 月 25 日
iShares MSCI Australia Index	EWA	0.53%	1996 年 3 月 12 日
iShares MSCI Singapore Index	EWS	0.53%	1996 年 3 月 12 日
iShares MSCI Malaysia Index	EWM	0.53%	1996 年 3 月 12 日
iShares MSCI New Zealand Investable Market	ENZL	0.55%	2010 年 9 月 1 日
WisdomTree Pacific EX-Japan Equity Inc.	DNH	0.58%	2006 年 6 月 16 日
SPDR S&P Emerging Asia Pacific	GMF	0.60%	2007 年 3 月 19 日
First Trust ISE Chindia	FNI	0.60%	2007 年 5 月 8 日
iShares MSCI South Korea Index	EWY	0.61%	2000 年 5 月 9 日
Global X FTSE ASEAN 40	ASEA	0.65%	2011 年 2 月 17 日
iShares MSCI Philippines Investable Market	EPHE	0.65%	2010 年 9 月 28 日
iShares MSCI All Country Asia EX-Japan	AAXJ	0.68%	2008 年 8 月 13 日
IQ Australia Small Cap	KROO	0.71%	2010 年 3 月 23 日
PowerShares India	PIN	0.78%	2008 年 3 月 5 日
IQ South Korea Small Cap	SKOR	0.79%	2010 年 4 月 14 日
PowerShares FTSE RAFT Asia Pacific EX-Japan	PAF	0.80%	2007 年 6 月 25 日
EGShares India Infrastructure	INXX	0.85%	2010 年 8 月 11 日
Market Vectors India Small-Cap	SCIF	0.85%	2010 年 8 月 24 日
EGShares India Small Cap	SCIN	0.85%	2010 年 7 月 7 日
WisdomTree India Earnings	EPI	0.88%	2008 年 2 月 22 日
iPath MSCI India Index ETN	INP	0.89%	2006 年 12 月 19 日
iShares S&P India Nifty 50 Index	INDY	0.89%	2009 年 11 月 18 日

图 11-15 选择全球 ETF：亚太地区（不包括日本）

全球配置基金			
ETF 名称	交易代码	费用率	成立日期
iShares S&P Growth Allocation	AOR	0.11%	2008 年 11 月 4 日
PowerShares Ibbotson Alternative Completion	PTO	0.25%	2008 年 5 月 20 日
PowerShares RiverFront Tactical Growth&Income	PCA	0.25%	2008 年 5 月 20 日
One Fund	ONEF	0.53%	2010 年 5 月 11 日
Cambria Global Tactical	GTAA	1.32%	2010 年 10 月 25 日
Dent Tactical	DENT	1.50%	2009 年 9 月 15 日

图 11-16　选择全球 ETF：全球配置基金

国际基金			
ETF 名称	交易代码	费用率	成立日期
iShares MSCI Kokusai Index	TOK	0.25%	2007 年 12 月 10 日
Vanguard Total World Stock Index	VT	0.25%	2008 年 6 月 24 日
WisdomTree Global Equity Income	DEW	0.26%	2006 年 6 月 16 日
iShares MSCI ACWI Index	ACWI	0.35%	2008 年 3 月 26 日
iShares S&P Global 100 Index	IOO	0.40%	2000 年 12 月 5 日
SPDR DJ Global Titans	DGT	0.50%	2000 年 9 月 25 日
Market Vectors Rare Earth/Str Metals	REMX	0.57%	2010 年 10 月 27 日
First Trust DJ Global Select Dividend	FGD	0.60%	2007 年 11 月 21 日
Guggenheim S&P Global Dividend Opps	LVL	0.65%	2007 年 6 月 25 日
Market Vectors Gaming	BJK	0.65%	2008 年 1 月 22 日
Guggenheim Solar	TAN	0.66%	2008 年 4 月 15 日
Guggenheim S&P Global Water Index	CGW	0.70%	2007 年 5 月 14 日
Guggenheim Timber	CUT	0.70%	2007 年 11 月 9 日
PowerShares Global Progressive Transport	PTRP	0.75%	2008 年 9 月 18 日

图 11-17　选择全球 ETF：国际基金

第12章

实物资产 ETF：跟踪大宗商品和货币变动的 ETF

实物资产，有时也被称为非主流投资或者硬资产，为投资者最大化其风险调整后的投资组合回报提供了新的投资方法。这类资产超出了传统股票和固定收益投资的范畴，使得许多投资者忽视了它的存在。然而，投资不应该仅仅局限于传统的股票和债券。这几年，实物资产越来越流行，主要原因是 ETF 使得实物资产投资变得越来越方便和快捷。鉴于其独特的优势，越来越多的投资者将实物资产（即房地产和大宗商品）作为其证券投资组合的一部分。

相较于其他主要的资产类别，实物资产内在特性的不同之处要远远多于它们内在特性的相同之处。此外，实物资产是有形的，而其他主要资产类别则是无形的。实物资产通常在高通货膨胀时期具有优势，在整体市场疲软的情况下能够吸引资金流入。

购买实物资产的主要原因之一是保护投资者的购买力，从而对冲通货膨胀给投资者带来的损失。另外一个投资者应该考虑购买实物资产的重要原因是它们与股票和债券之间较低的相关性，有时甚至是负相关。正是由于这些原因，投资者会在证券投资组合里加入实物资产，随着时间的推移有可能会提高收益回报，降低投资风险。

尽管实物资产投资有这么多的好处，但是仍然有许多缺陷和挑战需要应对。到目前为止，最突出的问题就是它的高昂成本。典型的表现是：实物资产 ETF 的费用比普通基金要高，如交易佣金、买卖价差、管理费和资产专用性费用（如商品期货交易延期费等）。因此，这就需要全面地考察其潜在的收益并评估相应的潜在成本。如果出现全部成本高于潜在收益的情况，也是有可能的。

市场框架

这一资产类别包含的主要分类有房地产、大宗商品、私募股权、外国货币和收藏品，如艺术品、罕见邮票、经典轿车、年份葡萄酒和军事古董。从实用性的角度来看，我们将只关注这类资产的基本范畴。虽然对冲基金本身并不构成一个真正的资产类别，但是由于它们确实提供了类似于实物资产的收益，因而我们也将对其做一个简单的探讨。

常见的实物资产和相关类型如下：

- 房地产；

- 大宗商品；

- 私募股权；

- 外国货币；

- 收藏品；

- 对冲基金。

影响收益的因素

下面介绍几个影响实物资产总回报的因素。到目前为止，影响最大的因素是供给和需求。供给取决于资产的可获得程度，而需求则是由购买者的价值评判决定的。出于这个原因，许多实物资产的价值是根据投资者个人的主观判断来评估的。收藏品就是一个典型的例子。一个投资者可能相当重视某种收藏品，而另一个投资者可能不会。下面列出了影响实物资产收益的一些主要因素。需要注意的是，某个因素也许会影响其中一种资产的收益回报，但是不一定会对其他资产产生影响：

- 供应和生产的障碍；

- 货币汇率；

- 交易成本；

- 需求和需求量；

- 管理费用；

- 通货膨胀或通货紧缩；

- 航运和持有成本；

- 监管疏忽；

- 一般资本流入和流出；

- 地缘政治问题。

不同类型的实物资产

因为考虑到实物资产各类别之间的巨大差异，所以指出它们之间的区别是很有必要的。不同类别资产的投资回报和风险水平不尽相同。此外，不同类别的资产投资，其弊端和成本也不同。这些都是评估不同资产投资潜力的重要特征。

房地产

房地产是指在土地上的永久性建筑物或者其附属结构，包括空中和地面以下的空间，以及该空间中所包含的所有的自然资源。房地产是诱人的投资，因为它与股票和固定收益证券的相关性都很小。一个合理配置的投资组合，除了包含股票、债券和其他投资之外，还应该包括房地产投资。这种资产的组合已被证实是建立一个成功的投资组合的最有效的方法。房地产投资的收益回报以及其较低的相关性足够证明，证券投资组合中应当包含房地产投资。

投资者有两种途径进行房地产投资：一种是直接用其投资组合中的资金购买房产；另一种是投资于房地产投资信托基金。房地产投资信托基金具有高流动性、便捷化、分散化的特点，它提供了一种直接进行房地产投资的机会。房地产投资信托基金可以由私人持有，也可以在美国股票交易所交易，就像普通股票和 ETF 一样。很多房地产投资信托基金公司持有写字楼、公寓、商场、商务中心、工业建筑、酒店等资产，但房地产投资信托基金公司所持有的这些资产仍不到其股票市场总值的 2%。

　　直接投资房地产可以让投资者完全控制自己的投资。关于租赁条款的运用、租赁金额的多少、可自由支配的费用承担，以及何时清算、如何清算完全由投资者自己决定。但是，并不是每个人都可以直接进行房地产投资。因为对于初学者来说，进行房地产投资需要付出大量的时间并且需要具有专业的市场知识。

　　对于绝大多数投资者而言，投资于房地产投资信托基金是进行房地产投资的最佳方式。由于在 20 世纪 90 年代初税法的变化，致使房地产投资信托基金的人气飙升。根据房地产投资信托协会发布的信息，房地产投资信托基金从 1985 年 77 亿美元的总资产增加到了 2010 年 3 750 多亿美元，这一过程仅仅经历了 25 年（见图 12-1）。同时，房地产投资信托基金的数量从 82 家增加到了 153 家。房地产投资信托基金总额占美国房地产总投资价值的 10%。

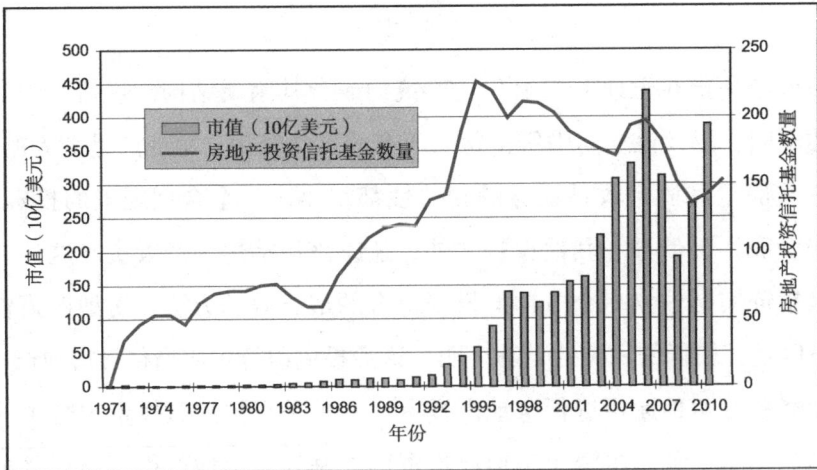

图 12-1　房地产投资信托一览

资料来源：美国房地产投资信托协会

在美国税法的规定下，房地产投资信托基金必须以投资者分红的形式分配不少于其收益的 90%，或者按照《公司法》对房地产投资信托基金的要求进行分配。正是出于这一原因，房地产投资信托基金通常需要支付高额股息，从而刺激投资者的需求。由于房地产投资信托基金的收益主要来自租金，而这又与通货膨胀直接相关，所以房地产投资信托基金的市场价格通常会随着通货膨胀率的增长而上升。此外，通货膨胀的加剧会导致股价下跌，推动资金流由股市流向房地产投资信托基金，由此可能会推高房地产投资信托基金的市场价值。

站在绩效角度，有些时期，房地产投资信托基金的绩效表现会超过股市，也同样有另一些时期，股市的绩效表现会超过房地产投资信托基金。早在 20 世纪 90 年代，相关税收法律的变化就对房地产投资信托基金产生了影响，使得股票和房地产投资信托基金之间的相关性有所下降。如今，两者的相关性系数为 0.4，短期达到上限 0.5，这意味着潜在风险和收益的提升。一些低成本的房地产投资信托基金 ETF 可供你选择。图 12-5 至图 12-10 中列出了一些可供选择的 ETF。我强烈建议你选择其中之一作为房地产投资组合配置。

资格、优势、劣势

房地产投资信托基金必须满足以下条件，才能通过《美国企业所得税法》对转手证券的要求。

- 房地产投资信托基金的组织形式必须是公司、信托或协会，否则其将被视为国内公司纳税人。
- 房地产投资信托基金公司不可以是一个金融机构或保险公司。
- 房地产投资信托基金必须由 100 人以上共同拥有。
- 房地产投资信托基金必须由董事会或理事会管理。
- 房地产投资信托基金必须有可转让的股份或转让利息证明书。
- 在每个纳税年度的后半年，可以由五个人（或少于五人）持有不超过

50% 的股份。

- 房地产投资信托基金必须持有其收入（包括股息、利息和财产收益）的 95%。
- 房地产投资信托基金必须将至少 90% 的应纳税收入以股息的形式分配。
- 房地产投资信托基金必须将至少 75% 的总资产投入房地产。
- 至少有 75% 的房地产投资信托基金的总收益来自租金或抵押贷款利息。
- 不超过 20% 的房地产投资信托基金资产可以投在房地产投资信托基金子公司的股票中。

房地产投资信托基金公司的优势和劣势如下。

优势：

- 与其他资产类别的相关性低；
- 现有收益潜力高；
- 可靠的价格升值潜力。

劣势：

- 交易成本高；
- 市场效率更低；
- 流动性问题。

大宗商品

大宗商品是指原材料、硬资产和有形的产品，它见证了我们人类的文明和发展。食物、能源、建筑材料以及许多我们日常使用的东西都是大宗商品。从种植大麦、小麦开始，它们就是大宗商品，使人类得以生存。此外，大宗商品对人类文明的发展也起到了推动作用，我们认识到这种重要性，并将早期时代命名为铜器时代和钢铁时代。

一般情况下，所有大宗商品均具有三个特点。第一个特点是标准化，这意味着你可以用一个单位的特定商品来交换另一个单位的相同的商品，这是没有问题的。因此，大宗商品是可以互换的。第二个特点是可交易性，它有两个鲜明的特征：（1）有许多买家和卖家构成的市场；（2）独特的期货市场，这种交易方式不存在于传统的投资交易中。第三个特点是传递性，也就是卖方将商品实际交付给买方的过程。

一般来说，大宗商品必须是原材料，并且可以直接交付给买方。其中，只有一类大宗商品例外，那就是金融产品。最重要的是，金融产品包括指数、利率和碳排放信用都被认为是大宗商品。

大宗商品分类

全球市场是巨大的，有许多不同的大宗商品。大宗商品可以大体分为六个行业：金属、能源、畜牧、农业、特殊商品和金融产品。在特定板块中，大宗商品可以进一步分类，如贵金属、工业金属（见图 12-2）。

特点、优点和缺点

大宗商品具有以下特点：

- 大宗商品通过商品分类进行标准化处理；

- 大宗商品是可交易的；

- 大宗商品通过传递实现交付；

- 大宗商品具有较高的非弹性需求；

- 大宗商品具有时效性和有限性；

- 大宗商品在全球市场中流通；

- 大宗商品需要长时间的生产交货时间；

- 在不稳定的时期，大宗商品为投资者提供了一个投资避风港；

- 大宗商品提供了一种对冲通货膨胀的工具；

- 大宗商品与其他资产类别呈现出了较好的相关性。

大宗商品的优点：

- 优化投资组合；

- 规避通货膨胀；

- 增加收益潜力；

- 产品过时的风险为零；

- 公司的管理问题最少。

大宗商品分类	具体商品
贵金属	金、银、白金
工业（或基础）金属	铝、铜、铅、镍、钯、锡、锌
能源（或燃料）	煤炭、原油、电力、取暖油、天然气、无铅汽油、铀矿石
农业：谷物和油料种子	玉米、大豆、豆油、豆粕、小麦
农业：软商品	可可、咖啡、棉花、橙汁、糖
畜牧业	饲养牛、瘦肉型猪、活牛、猪肉
特殊商品	乙醇、木材、橡胶、羊毛
金融产品	碳排放信用、指数、利率

图 12-2　大宗商品分类清单

大宗商品的缺点：

- 市场风险；

- 波动风险；

- 地缘政治风险；

- 环境风险；

- 监管风险；

- 天气和不可抗力风险；

- 恐怖主义风险；

- 流动性风险；

- 风险敞口；

● 专业技能风险。

图 12-3 列出了大宗商品的供求基本面。

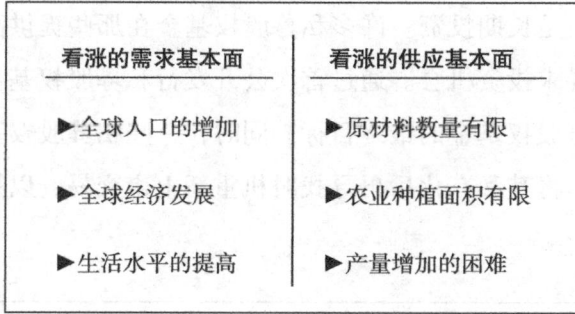

看涨的需求基本面	看涨的供应基本面
▶全球人口的增加	▶原材料数量有限
▶全球经济发展	▶农业种植面积有限
▶生活水平的提高	▶产量增加的困难

图 12-3　大宗商品供求基本面

资料来源：Frush 金融集团

货币

外汇市场是一个全球性的、分散的场外交易市场，能够促进货币的交易。金融中心是不同类型的买家和卖家交易的场所。除了周末，全天 24 小时均可进行交易。

第一个货币 ETF 是由美国引进的基于欧元的委托人信托，在 2005 年年末推出并立即给普通投资者提供了一个可以在外汇市场投机的简单方法。货币 ETF 受欢迎的原因有很多，其中最重要的原因是相对于外汇，货币 ETF 能增加或对冲美元下跌的影响。货币 ETF 还提供了极具吸引力的股利收益，ETF 发行商用资产投资 ETF，并且用外币来计价在银行获得的利息。对于通货膨胀率较低的国家，投资货币可以对冲通货膨胀和美元（或其他本国货币）的贬值风险。此外，货币也可以被用于投机，这会加速国际市场动荡。美元是迄今为止交易最活跃的世界货币，欧元紧随其后，然后是日元（参见图 12-4）。

私募股权

私募股权，有时被称为私人投资，是一个非常宽泛的术语。实际上，它是指不能自由交易，也未被公开上市的任意公司的权益投资。私募股权的主要类型包括：风险投资、夹层资本、杠杆收购（LBOs）、管理层收购（MBOs）、母基金、成长投资和天使投资。这些类型的私募股权一般是非流动性的，因此被认为是长期投资。许多私募股权基金在那些提供高回报和高风险的创业公司中寻求投资机会。通过首次公开发行私募股权基金实现创业公司上市，这是私募股权基金的最终目标。同时，一些私募股权基金寻找那些不良的上市公司，将其私有化后再寻找时机重新上市交易，以期在这个过程中获得巨额收益。

等级	货币	百分比
1	美元	84.9%
2	欧元	39.1%
3	日元	19%
4	英镑	12.9%
5	澳元	7.6%
6	瑞士法郎	6.4%
7	加拿大元	5.3%
8	港币	2.4%
9	瑞典克朗	2.2%
10	新西兰元	1.6%
	其他货币	18.6%

因为交易货币配对造成了重复计算，所以合计数位 200%

图 12-4　交易活跃货币

资料来源：2010 年中央银行三年期调查

私募股权的所有权转移通常是有数量限制的，但私募股权投资并不像公开上市公司那样需要受到政府高层的审查管制。

当存在一个或多个一般合伙人和许多有限合伙人时，私募股权基金通常会设立为合伙企业。一旦这个合伙企业达到了它的目标规模，它就等同于新的投资者，其中包括从现有投资者中获得的新资本。自 1990 年年初以来，私募股权发展迅猛，并且每年有稳定的资本增长率。虽然私募股权具有较高的吸引力，但是要时刻警惕它的高风险、高投资障碍和清算障碍。这类实物资产并不适合所有人，但有一些投资者认为它可以使自己获得高额回报。

对冲基金

如前所述，对冲基金并不是一个真正的资产类别。相反地，它更像是共同基金或 ETF 的外壳账户。然而，相对于股票和固定收益，对冲基金属于非主流投资，所以应当对其进行一个简单的介绍。对冲资金作为一种集合投资工具，由专业的基金经理进行管理。因此，对冲基金的概念类似于共同基金。它与实际投资目的的差异在于它们的投资方式和投资内容。

对冲基金是私募基金，通常采用激进的或非传统性的策略。这些策略包括卖空，使用重要的杠杆，使用电脑程序交易，利用期权、互换和期货这类衍生工具。其他的差异还包括管理信息披露、费用和政府限制投资参与者的数量。对冲基金投资者数量是受到法律限制的，因此绝大多数对冲基金都将目标锁定在特定机构以及富人群体。

缺乏监管使得对冲基金管理人对投资控股及投资策略都表现出较强的灵活性。尽管有些争议，但目前对冲基金数目已达到大约 7 000 支，资产规模超过 20 000 亿美元。

许多类型的对冲基金与股票和固定收益的相关性较低，从而使它们成为提高投资组合收益的最佳选择。不幸的是，许多对冲基金年度管理费用过高（相当于一个费用比率，为 1% ~ 2%）。此外，产生收益后投资者还会被收取 20% 的费用。绩效激励费用有好处也有坏处。好的方面是，因为它们能给对冲基金经理一个额外的动力，使其能为投资者提供较好的绩效表现；坏的方面是，因为这项费用不仅成为了投资者一项较大的成本开支，同时，由于存在经济动机，对冲基金管理者出于追求更高收益的目的，会比正常情况下承担更高的风险。

对冲基金的优点和缺点

对冲基金的优点:

* 较强的收益潜力;

* 与其他资产类别的相关性较低;

* 为不同的投资者提供分散化的模式和策略。

对冲基金的缺点:

* 管理与激励费用较高;

* 金融从业资格要求较高;

* 与其他投资相比风险高。

证券投资组合分配注意事项

鉴于实物资产投资时机的不同,投资者可以选择最适合实现投资目标的投资组合。充分利用多个资产类别,既能提高投资组合收益,同时又能降低投资组合风险。一些实物资产(如房地产)为提高投资组合收益提供了很好的方法。相反地,也有一些实物资产只提供了较少的回报以及不相称的高风险。也有一些实物资产是完全不需要配置到投资组合中,因为它们的成本太高。成本过高到可能已经超过投资者可以赚得的利益,因此,要评估每一个资产类别,并确定它将如何提高整体证券投资组合收益,需要投资者的关注、技能和耐心。

选择实物资产 ETF

图 12-5 至图 12-10 提供了一些投资选择,投资者可据此调整自己的投资组合。我强烈鼓励你根据自己的财务状况和目标评估以下 ETF,你可能选择很多的 ETF 或简单地选择其中的一个或两个。下面每个细分市场都提供了不

同的市场配置，因此就有不同的风险和收益机会。请注意，图中的每个细分市场是按照费用比例进行排序的。

篮子商品			
ETF 名称	交易代码	费用比例	成立日期
UBS E-TRACS DJ-UBS Commodity ETN	DJCI	0.50%	2009 年 10 月 29 日
UBS E-TRACS CMCI TR ETN	UCI	0.65%	2008 年 4 月 1 日
Jefferies TR/J CRB Global Commodity	CRBQ	0.65%	2009 年 9 月 21 日
iPath DJ-UBS Commodity Index TR ETN	DJP	0.75%	2006 年 6 月 6 日
iShares S&P GSCI Commodity-Indexed Trust	GSG	0.75%	2006 年 7 月 10 日
ELEMENTS Rogers Intl Commodity ETN	RJI	0.75%	2007 年 10 月 17 日
PowerShares DB Commodity Long ETN	DPU	0.75%	2008 年 4 月 28 日
iPath S&P GSCI Total Return Index ETN	GSP	0.75%	2006 年 6 月 6 日
PowerShares DB Commodity Index Tracking	DBC	0.81%	2006 年 2 月 3 日
United States Commodity Index	USCI	0.95%	2010 年 8 月 10 日
GreenHaven Continuous Commodity Index	GCC	1.08%	2008 年 1 月 24 日
GS Connect S&P GSCI Commodity ETN	GSC	1.25%	2007 年 7 月 31 日

图 12-5　选择实物资产 ETF：篮子商品

农业和畜牧业			
ETF 名称	交易代码	费用比例	成立日期
Market Vectors Agribusiness ETF	MOO	0.55%	2007 年 8 月 31 日
UBS E-TRACS CMCI Livestock TR ETN	UBC	0.65%	2008 年 4 月 1 日
UBS E-TRACS CMCI Food TR ETN	FUD	0.65%	2008 年 4 月 1 日
Jefferies TR/J CRB Global Agriculture	CRBA	0.65%	2009 年 10 月 27 日
UBS E-TRACS CMCI Agriculture TR ETN	UAG	0.65%	2008 年 4 月 1 日
PowerShares Global Agriculture	PAGG	0.75%	2008 年 9 月 18 日

（续）

ETF 名称	交易代码	费用比例	成立日期
iPath DJ-UBS Sugar TR Sub-Idx ETN	SGG	0.75%	2008 年 6 月 24 日
ELEMENTS Rogers InternationalCommodity Agriculture ETN	RJA	0.75%	2007 年 10 月 17 日
iPath DJ-UBS Coffee TR Sub-Idx ETN	JO	0.75%	2008 年 6 月 24 日
PowerShares DB Agriculture Long ETN	AGF	0.75%	2008 年 4 月 14 日
iPath DJ-UBS Grains TR Sub-Idx ETN	JJG	0.75%	2007 年 10 月 23 日
iPath DJ-UBS Agriculture TR Sub-Idx ETN	JJA	0.75%	2007 年 10 月 23 日
iPath DJ-UBS Cocoa TR Sub-Idx ETN	NIB	0.75%	2008 年 6 月 24 日
ELEMENTS MLCX Grains IdxTR ETN	GRU	0.75%	2008 年 2 月 5 日
ELEMENTS MLCX Biofuels IdxTR ETN	FUE	0.75%	2008 年 2 月 5 日
iPath DJ-UBS Livestock TR Sub-Idx ETN	COW	0.75%	2007 年 10 月 23 日
iPath DJ-UBS Cotton TR Sub-Idx ETN	BAL	0.75%	2008 年 6 月 24 日
iPath DJ-UBS Softs TR Sub-Idx ETN	JJS	0.75%	2008 年 6 月 24 日
PowerShares DB Agriculture	DBA	0.85%	2007 年 1 月 5 日
Teucrium Corn	CORN	1.00%	2010 年 6 月 9 日

图 12-6 选择实物资产 ETF：农业和畜牧业

能源			
ETF 名称	交易代码	费用比例	成立日期
PowerShares DB Oil	DBO	0.54%	2007 年 1 月 5 日
Market Vectors Global Alternatve Energy ETF	GEX	0.60%	2007 年 5 月 3 日
UBS E-TRACS CMCI Energy TR ETN	UBN	0.65%	2008 年 4 月 1 日
Global X Uranium	URA	0.69%	2010 年 11 月 4 日
iPath S&P GSCI Crude Oil TR Idx ETN	OIL	0.75%	2006 年 8 月 15 日
ELEMENTS Rogers International Commodity Energy ETN	RJN	0.75%	2007 年 10 月 17 日
United States Brent Oil	BNO	0.75%	2010 年 6 月 2 日

（续）

ETF 名称	交易代码	费用比例	成立日期
iPath DJ-UBS Energy TR Sub-Idx ETN	JJE	0.75%	2007 年 10 月 23 日
PowerShares DB Crude Oil Long ETN	OLO	0.75%	2008 年 6 月 16 日
iPath DJ-UBS Natural Gas TR Sub-Idx ETN	GAZ	0.75%	2007 年 10 月 23 日
United States Oil	USO	0.78%	2006 年 4 月 10 日
PowerShares DB Energy	DBE	0.80%	2007 年 1 月 5 日
EGShares Emerging Markets Energy	EEO	0.85%	2009 年 5 月 21 日
United States Gasoline	UGA	0.90%	2008 年 2 月 26 日
United States Heating Oil	UHN	0.90%	2008 年 4 月 9 日
United States 12 Month Oil	USL	1.10%	2007 年 12 月 6 日
United States 12 Month Natural Gas	UNL	1.12%	2009 年 11 月 18 日
United States Natural Gas	UNG	1.18%	2007 年 4 月 18 日

图 12-7　选择实物资产 ETF：能源

金属			
ETF 名称	交易代码	费用比率	开始日期
iShares Gold Trust	IAU	0.25%	2005 年 1 月 21 日
ETFS Physical Silver Shares	SIVR	0.30%	2009 年 7 月 24 日
UBS E-TRACS CMCI Gold TR ETN	UBG	0.30%	2008 年 4 月 1 日
ETFS Physical Swiss Gold Shares	SGOL	0.39%	2009 年 9 月 9 日
SPDR Gold Shares	GLD	0.40%	2004 年 11 月 18 日
UBS E-TRACS CMCI Silver TR ETN	USV	0.40%	2008 年 4 月 1 日
iShares Silver Trust	SLV	0.50%	2006 年 4 月 21 日
PowerShares DB Gold	DGL	0.52%	2007 年 1 月 5 日
Market Vectors Gold Miners	GDX	0.53%	2006 年 5 月 16 日
PowerShares DB Silver	DBS	0.54%	2007 年 1 月 5 日
Market Vectors Junior Gold Miners	GDXJ	0.54%	2009 年 11 月 10 日
Market Vectors Steel	SLX	0.55%	2006 年 10 月 10 日
ETFS Physical Precious Metals Basket Shares	GLTR	0.60%	2010 年 10 月 22 日
ETFS Physical Palladium Shares	PALL	0.60%	2010 年 1 月 8 日

（续）

ETF 名称	交易代码	费用比率	开始日期
ETFS Physical Platinum Shares	PPLT	0.60%	2010 年 1 月 8 日
ETFS Physical White Metals Basket Shares	WITE	0.60%	2010 年 12 月 1 日
Jefferies TR/J CRB Global Industrial Metals	CRBI	0.65%	2009 年 10 月 27 日
Global X Copper Miners	COPX	0.65%	2010 年 4 月 20 日
Global X Gold Explorers	GLDX	0.65%	2010 年 11 月 3 日
UBS E-TRACS Long Platinum TR ETN	PTM	0.65%	2008 年 5 月 8 日
UBS E-TRACS CMCI Industrial Metals ETN	UBM	0.65%	2008 年 4 月 1 日
Global X Aluminum	ALUM	0.69%	2011 年 1 月 4 日
First Trust ISE Global Copper Index	CU	0.70%	2010 年 3 月 11 日
First Trust ISE Global Platinum Index	PLTM	0.70%	2010 年 3 月 11 日
PowerShares Global Steel	PSTL	0.75%	2008 年 9 月 18 日
Global X Lithium	LIT	0.75%	2010 年 7 月 23 日
PowerShares DB Base Metals Long ETN	BDG	0.75%	2008 年 6 月 16 日
iPath Global Carbon ETN	GRN	0.75%	2008 年 6 月 24 日
iPath DJ-UBS Copper TR Sub-Idx ETN	JJC	0.75%	2007 年 10 月 23 日
iPath DJ-UBS Industrial Metals TR Sub-Idx ETN	JJM	0.75%	2007 年 10 月 23 日
iPath DJ-UBS Nickel TR Sub-Idx ETN	JJN	0.75%	2007 年 10 月 23 日
iPath DJ-UBS Precious Metals TR Sub-Idx ETN	JJP	0.75%	2008 年 6 月 24 日
iPath DJ-UBS Tin TR Sub-Idx ETN	JJT	0.75%	2008 年 6 月 24 日
iPath DJ-UBS Aluminum TR Sub-Idx ETN	JJU	0.75%	2008 年 6 月 24 日
iPath DJ-UBS Lead TR Sub-Idx ETN	LD	0.75%	2008 年 6 月 24 日
iPath DJ-UBS Platinum TR Sub-Idx ETN	PGM	0.75%	2008 年 6 月 24 日
PowerShares Global Gold & Precious Metals	PSAU	0.75%	2008 年 9 月 18 日
ELEMENTS Rogers International Commodity Metal ETN	RJZ	0.75%	2007 年 10 月 17 日
PowerShares DB Base Metals	DBB	0.76%	2007 年 1 月 5 日
PowerShares DB Precious Metals	DDP	0.77%	2007 年 1 月 5 日
RBS Gold Trendpilot ETN	TBAR	1.00%	2011 年 2 月 17 日

图 12-8　选择实物资产 ETF：金属

货币			
ETF 名称	交易代码	费用比率	开始日期
WisdomTree Dreyfus Euro	EU	0.35%	2008 年 5 月 14 日
WisdomTree Dreyfus Japanese Yen	JYF	0.35%	2008 年 5 月 21 日
iPath EUR/USD Exchange Rate ETN	ERO	0.40%	2007 年 5 月 8 日
iPath GBP/USD Exchange Rate ETN	GBB	0.40%	2007 年 5 月 8 日
CurrencyShares Australian Dollar Trust	FXA	0.40%	2006 年 6 月 21 日
CurrencyShares Canadian Dollar Trust	FXC	0.40%	2006 年 6 月 21 日
CurrencyShares Russian Ruble Trust	XRU	0.40%	2008 年 11 月 10 日
CurrencyShares Swedish Krona Trust	FXS	0.40%	2006 年 6 月 21 日
CurrencyShares Swiss Franc Trust	FXF	0.40%	2006 年 6 月 21 日
CurrencyShares Euro Trust	FXE	0.40%	2005 年 12 月 9 日
CurrencyShares Mexican Peso Trust	FXM	0.40%	2006 年 6 月 21 日
CurrencyShares Japanese Yen Trust	FXY	0.40%	2007 年 2 月 12 日
iPath JPY/USD Exchange Rate ETN	JYN	0.40%	2007 年 5 月 8 日
CurrencyShares British Pound Sterling Trust	FXB	0.40%	2006 年 6 月 21 日
WisdomTree Dreyfus Chinese Yuan	CYB	0.45%	2008 年 5 月 14 日
WisdomTree Dreyfus New Zealand Dollar	BNZ	0.45%	2008 年 6 月 25 日
WisdomTree Dreyfus Indian Rupee	ICN	0.45%	2008 年 5 月 14 日
WisdomTree Dreyfus Brazilian Real	BZF	0.45%	2008 年 5 月 14 日
WisdomTree Dreyfus South African Rand	SZR	0.45%	2008 年 6 月 25 日
Market Vectors Indian Rupee/USD ETN	INR	0.55%	2008 年 3 月 14 日
WisdomTree Dreyfus Emerging Currency	CEW	0.55%	2009 年 5 月 6 日
WisdomTree Dreyfus Commodity Currency	CCX	0.55%	2010 年 9 月 24 日
Market Vectors Chinese Renminbi/ USD ETN	CNY	0.55%	2008 年 3 月 14 日
iPath Optimized Currency Carry ETN	ICI	0.65%	2008 年 1 月 31 日
PowerShares DB US Dollar Index Bullish	UUP	0.81%	2007 年 2 月 20 日
PowerShares DB G10 Currency Harvest	DBV	0.81%	2006 年 9 月 18 日
Barclays GEMS Asia-8 ETN	AYT	0.89%	2008 年 4 月 2 日
Barclays GEMS Index ETN	JEM	0.89%	2008 年 2 月 1 日
Barclays Asian & Gulf Currency Reval ETN	PGD	0.89%	2008 年 2 月 5 日

图 12-9　选择实物资产 ETF：货币

房地产			
ETF 名称	交易代码	费用比率	开始日期
Vanguard REIT Index	VNQ	0.12%	2004 年 9 月 23 日
SPDR DJ Wilshire REIT	RWR	0.25%	2001 年 4 月 23 日
Wilshire US REIT	WREI	0.32%	2010 年 3 月 9 日
iShares Cohen & Steers Realty Majors	ICF	0.35%	2001 年 1 月 29 日
PowerShares KBW Premium Yield Equity REIT	KBWY	0.35%	2010 年 12 月 1 日
Vanguard Global EX-US Real Estate	VNQI	0.35%	2010 年 11 月 1 日
iShares Dow Jones US Real Estate	IYR	0.47%	2000 年 6 月 12 日
iShares FTSE EPRA/NAREIT Dev Asia	IFAS	0.48%	2007 年 11 月 12 日
iShares FTSE EPRA/NAREIT Dev EU	IFEU	0.48%	2007 年 11 月 12 日
iShares FTSE EPRA/NAREIT Dev Real Estate EX-US	IFGL	0.48%	2007 年 11 月 12 日
iShares FTSE EPRA/NAREIT North America	IFNA	0.48%	2007 年 11 月 12 日
iShares FTSE NAREIT Industrial Office Capped	FNIO	0.48%	2007 年 5 月 1 日
iShares FTSE NAREIT Mortgage Plus Capped Index	REM	0.48%	2007 年 5 月 1 日
iShares FTSE NAREIT Real Estate 50	FTY	0.48%	2007 年 5 月 1 日
iShares FTSE NAREIT Residential Plus Capped Index	REZ	0.48%	2007 年 5 月 1 日
iShares FTSE NAREIT Retail Capped Index RTL	RTL	0.48%	2007 年 5 月 1 日
iShares S&P Developed EX-US Property Index	WPS	0.48%	2007 年 7 月 30 日
First Trust S&P REIT Index	FRI	0.50%	2007 年 5 月 8 日
SPDR Dow Jones Global Real Estate	RWO	0.51%	2008 年 5 月 7 日
Cohen & Steers Global Realty Majors	GRI	0.55%	2008 年 5 月 7 日
WisdomTree International Real Estate	DRW	0.58%	2007 年 6 月 5 日
First Trust FTSE EN Developed Markets Real Estate	FFR	0.60%	2007 年 8 月 27 日
SPDR Dow Jones International Real Estate	RWX	0.60%	2006 年 12 月 15 日
PowerShares Active U.S. Real Estate	PSR	0.80%	2008 年 11 月 20 日

图 12-10　选择实物资产 ETF：房地产

第 13 章

另类 ETF：杠杆基金、反向基金、多头与空头基金

一些最新的革新方法横扫了 ETF 市场，包括杠杆 ETF、反向 ETF、多头 ETF 和空头 ETF（即多－空 ETF）。这些类型的 ETF 的激增，与传统 ETF 如何被推出并快速在总投资中占据主导地位，是可以相提并论的。不幸的是，这些类型的 ETF 有太多的问题和负面新闻。

杠杆 ETF 与传统 ETF 有很多共同之处，但它们之间有一个显著的差异，那就是杠杆 ETF 发行商利用杠杆工具放大追踪指数的功能。像传统的 ETF 一样，杠杆多头、反向、多－空 ETF 综合运用了股票和债券。这些 ETF 持有的 80%~90% 的股票是我们熟悉的股票，剩余的资产是由衍生品或作为抵押的股票组成，目的是为了产生预期的杠杆效应或反向能力。

一般的杠杆反向基金、固定收益基金、大宗商品基金并不代表它们的跟踪指数。此外，这些特殊的 ETF 每天追踪我们已知的指数并持续跟进。尽管如此，杠杆效应和反向能力的存在使这些特殊的 ETF 有更高的风险，因此它们并不适合大多数投资者。所以在将这些 ETF 添加到你的投资组合之前，请充分考虑它们的风险性。

杠杆 ETF 和反向 ETF

杠杆多头 ETF 和反向 ETF 利用的是现有的最著名的市场指数，包括标准普尔 500 共同基金、纳斯达克 -100 和道琼斯工业股票平均价格指数。此外，几乎所有的经济板块（如原材料和金融），以及不同种类和规模的市场指数也有被跟踪的杠杆 ETF 和反向 ETF。现有大多数杠杆 ETF 和反向 ETF 仅仅考虑追踪市场指数，而忽略了特有的自定义指数。

扣除费用前，杠杆多头 ETF 能够获得等同于标的追踪指数 2~3 倍的日均投资收益。杠杆基金和反向基金中两个最突出的 ETF 发行商分别是 ProFunds 公司和 Direxion 公司。通过浏览图 13-1 和图 13-3 中的另类 ETF，投资者能够很快了解到这两家公司是如何在 ETF 分类中占据主导地位的。由于证券交易委员会（SEC）对杠杆 ETF 和反向 ETF 的严格审查，ProFunds 公司和 Direxion 公司都相当重视加强 ETF "日常" 的性能要求。有时杠杆 ETF 或反向 ETF 无法正确地跟踪标的指数。长期来看，这可能会造成较大的偏差，但是每日收益与标的指数一般是一致的。

投资者购买杠杆 ETF 的唯一原因是为了获得比标的指数更高的潜在收益。如果一个投资者拥有一支科技型杠杆 ETF，当科技股上涨 1% 时，那么投资者的 ETF 将获得 2% 的收益，这就是两倍杠杆。然而，当市场萧条，或具体来讲，当科技股下跌时，杠杆基金也会给投资者带来不利影响。例如，当大盘一个月内下跌 5% 时，杠杆多头 ETF 就会下跌 10%。投资者需要有充足的心理准备来承担基金固有的高波动性以及由此产生的高风险。

对于想确定风险级别的投资者来说，与投资于跟踪传统波动性的无杠杆资产类别相比，三倍杠杆 ETF 着实让人难以接受。例如，β 接近于 1.25 的小型股历来比整个股票市场更加波动。跟踪三倍杠杆而非两倍杠杆的小型股，就会获得一个具有潜在的高风险、高收益的 ETF。这个投资显然不适合大多数人，尤其是投资新手，但可能适合少量的有高风险投资经验的投资者。

杠杆 ETF 放大了标的跟踪指数的绩效表现，提供了对长期股权的配置。而在实际应用中，反向 ETF 会卖空其标的跟踪指数，为投资者提供短期股权的配置。此外，反向 ETF 可以瞄准一对一的反向价格变动，或者它们可以使用像多头 ETF 这样的杠杆工具，以产生标的指数两倍或三倍的反向价格变动。例如，投资者选择投资 ProShares 的标准普尔 500 空头 ETF（交易代码为 SH），旨在生成一个一对一的反向标普 500 指数的回报收益，或者投资 ProShares Ultra 的标准普尔 500 空头 ETF（交易代码为 SDS），旨在产生一个二对一的或者说两倍的反向标普 500 指数的回报收益。在这一过程中，反向

ETF 将杠杆 ETF 推向一个更高的水平。更重要的是，杠杆 ETF 和反向杠杆 ETF 具有高度波动性，因此它们被认为是市场上风险最高的两种 ETF 类型。

从以下两个角度来看，一些投资者和美国证券交易委员会（SEC）对反向 ETF 的指责显然是过度的。第一，与卖空相比，反向 ETF 对风险有所限制。当你卖空时，出售的股票的价值会在一段时间内暴涨（以指数函数的形式上涨），进而产生增量的损失。然而，反向 ETF 的下行风险是有限的。这是两种熊市策略的重要区别。

第二，无论是个体投资者还是机构投资者，反向 ETF 都能够为其提供对冲其持有的长期投资组合的机会。理论上来说，无论是利用反向基金还是卖空证券，在投资组合中增加一个空头可有效降低投资组合的波动风险。给反向 ETF 的权重越大，就越能够减少投资组合的风险。当然，前提假设是对反向 ETF 有一个合理的持有量，不能超过投资组合资产总量的 50%。即使只有很小一部分资产配置给反向 ETF，也可以大幅度减少波动风险。你可能会为监管者对这样一个好处似乎视而不见而感到惊讶。

除了前面提到的另类 ETF，市场中还包括以下几种其他类别的杠杆 ETF 和反向 ETF：

- 规模（大型股、中型股、小型股）；
- 风格（增长型、价值型、混合型）；
- 板块和行业；
- 国际市场；
- 固定收益部分。

- 大宗商品类别；
- 货币；
- 绝对回报策略；
- 波动的措施；

下面列出了几种经常被追踪的杠杆 ETF 和反向 ETF 跟踪指数的编制机构：

- 巴克莱资本；
- 瑞士信贷；
- 道琼斯；
- 富时。

- 摩根士丹利资本国际；
- 罗素投资；
- 标准普尔；

它们是如何获得杠杆效应的

杠杆多头 ETF 和反向 ETF 跟踪市场知名指数。但是，除了持有指数，这些 ETF 还利用衍生工具，如期货合约和指数互换等，以此产生它们所期望的杠杆或反向能力。投资这些衍生品只需要少量的现金，而且这些现金一般是从标的证券获得的股息和利息收入，或是用 ETF 中的证券作为抵押获取现金。因此，当投资者为了配置 ETF 而试图跟踪标的证券时，仅仅增加了一点成本（甚至没有增加成本）。没有衍生工具的使用，就不可能存在杠杆和反向效应。

缺点和不足

一些投资者和监管机构不是很偏爱杠杆多头 ETF 和反向 ETF。但是，这种类型的 ETF 正如 ETF 发行商预期的那样运行。鉴于投资者在投资之前存在的误区，这可能会和投资者希望的有所差异。暂且不说关于这些另类 ETF 的表现是否适当，先来看投资者需要注意的缺点和不利因素。

第一，杠杆多头 ETF 和反向 ETF 以快于市场三倍的速度波动，当然这是在投资者投资之前就被告知的，但是价格的变动幅度还是会让投资者感到吃惊。高波动性会带来高风险，因此，投资者需要对出乎意料的波动比率做好准备，这可能会出现在任何一个或多个交易时段。

第二，杠杆多头 ETF 和反向 ETF 比同类非杠杆 ETF 的成本更高。大多数这种类型的 ETF 都是按照 1% 的费用比率收费，与积极管理型共同基金收取的费用接近。

第三，这些另类 ETF 可能达不到投资者原本期望的效果。投资这类 ETF 的目标就是产生跟踪指数日常收益两倍或者三倍的收益回报。ETF 发行商对于长期收益没有任何要求。

第四，杠杆多头 ETF 和反向 ETF 通常不会像同类非杠杆 ETF 那样提供分红。尽管标的证券会分红，但是分红所得现金被用于购买能产生杠杆和反向效应的衍生品。然而，如果仅是获取普通的股息，那么大多数投资者不会投资这种类型的 ETF，因此这不是一个突出的问题。

规模最大的杠杆和反向 ETF

截至 2011 年年初，市场上有一支另类的 ETF 遥遥领先并且规模最大。这支领先的另类 ETF 的规模是排名第二的 ETF 规模的近三倍。猜一下它是哪支 ETF？考虑到 2010 年初期的政治和经济环境，毫无疑问，这支资产最多的 ETF 是 ProShares UltraShort 20+ 美国国债 ETF。这不仅是对市场利率变化方向的反向操作，而且是一个支持杠杆效应的赌注。"过激"（Ultra）这个词暗示了对杠杆反向功能的使用。同时，这也意味着投资者对于利率上涨抱有强烈的信念。

排名第二的另类 ETF 是 ProShares Ultra 标准普尔 500 空头 ETF。这种 ETF 使投资者对宏观经济形势产生怀疑。排名第三的是 Direxion Financial Bull ETF，大约管理着 190 亿美元的资产。具有讽刺意味的是，ProShares Ultra 标准普尔 500 ETF 排名第四。这支正向市场基金与排名第二的反向市场 ETF 形成对比。最后，排在前五的是 ProShares 标准普尔 500 空头 ETF。这支 ETF 与上述提到的去杠杆 ETF 相类似。市场可能比人们想象得更加分散。

多 – 空 ETF

虽然我们不了解多–空基金的具体细节，但是这些另类 ETF 会对它们所持有的股份同时进行多头和空头操作，以此来降低与股票市场的相关性，并缓和市场波动对收益造成的影响。这种类型的 ETF 可以被认为是一个没有杠杆效应的多头 ETF 和反向 ETF 的组合。

对冲基金的多 – 空策略广受欢迎，因为它们追求的就是能够给投资者提供确定的收益。共同基金中也包含这种类型的基金，但是这些 ETF 的成本更高，并且比同类 ETF 更节税。总的来说，与那些杠杆多头和反向 ETF 基金相比，多 – 空 ETF 的费用比率更高。这种另类 ETF 对于奉行不干预方式进行投资的投资者来说是一个不错的选择。对于自我导向型投资者，单独采用多头、空头（反向）ETF 是理想的选择，因为它能够提供可操作性的管理。多 – 空 ETF 并没有什么特别不妥的地方，它们只是更适合一些特定的投资者——那些期望有专门化管理的投资者。图 13-3 给出了目前投资者可购买的多 – 空 ETF。

另类 ETF

图 13-1 至图 13-3 为投资者提供了其投资组合中可能想要考虑进去的投资类型，包括看涨的 ETF、看跌的 ETF，以及多 – 空 ETF。如前所述，这些类型的 ETF 被认为是高风险的，对于许多投资者来说并不适合。仔细考虑你的投资组合中是否真的需要杠杆或反向配置来满足你所希望的绩效表现。投资就像棒球比赛，并非每次出场都要打中棒球。相反地，它有点像追求"全垒打"，期望获得更高的击球率。尽管如此，图 13-1 至图 13-3 给出了杠杆多头、反向和多 – 空 ETF。需要注意的是，图中的每个细分市场都是按照费用比率进行排序的。

看涨			
ETF 名称	交易代码	费用比率	成立日期
Market Vectors Double Long Euro ETN	URR	0.65%	2008 年 5 月 6 日
Rydex 2x S&P 500	RSU	0.71%	2007 年 11 月 5 日
PowerShares DB Commodity Double Long ETN	DYY	0.75%	2008 年 4 月 28 日
PowerShares DB Gold Double Long ETN	DGP	0.75%	2008 年 2 月 27 日
UBS E-TRACS 2x Long Alerian MLP Infrastructure/ETN	MLPL	0.85%	2010 年 7 月 6 日
ProShares Ultra S&P500	SSO	0.92%	2006 年 6 月 19 日
ProShares Ultra DJ-UBS Commodity	UCD	0.95%	2008 年 11 月 24 日
ProShares Ultra DJ-UBS Crude Oil	UCO	0.95%	2008 年 11 月 24 日
ProShares Ultra Gold	UGL	0.95%	2008 年 12 月 1 日

（续）

ETF 名称	交易代码	费用比率	成立日期
ProShares Ultra Silver	AGQ	0.95%	2008 年 12 月 1 日
ProShares Ultra Telecommunications	LTL	0.95%	2008 年 3 月 25 日
Direxion Daily Retail Bull 2X Shares	RETL	0.95%	2010 年 7 月 14 日
ProShares Ultra Consumer Services	UCC	0.95%	2007 年 1 月 30 日
ProShares Ultra Consumer Goods	UGE	0.95%	2007 年 1 月 30 日
ProShares Ultra Euro	ULE	0.95%	2008 年 11 月 24 日
ProShares Ultra Yen	YCL	0.95%	2008 年 11 月 24 日
Direxion Daily BRIC Bull 2X Shares	BRIL	0.95%	2010 年 3 月 11 日
Direxion Daily Emerging Markets Bull 3X Shares	EDC	0.95%	2008 年 12 月 17 日
ProShares Ultra MSCI Emerging Markets	EET	0.95%	2009 年 6 月 2 日
Direxion Daily Energy Bull 3X Shares	ERX	0.95%	2008 年 11 月 6 日
Direxion Daily Natural Gas Related Bull 2X Shares	FCGL	0.95%	2010 年 7 月 14 日
ProShares Ultra Oil & Gas	DIG	0.95%	2007 年 1 月 30 日
ProShares Ultra MSCI Europe	UPV	0.95%	2010 年 4 月 27 日
Direxion Daily Financial Bull 3X Shares	FAS	0.95%	2008 年 11 月 6 日
ProShares Ultra Financials	UYG	0.95%	2007 年 1 月 30 日
ProShares Ultra KBW Regional Banking	KRU	0.95%	2010 年 4 月 20 日
Direxion Daily Dev Market Bull 3X Shares	DZK	0.95%	2008 年 12 月 17 日
ProShares Ultra MSCI EAFE	EFO	0.95%	2009 年 6 月 4 日
ProShares Ultra Health Care	RXL	0.95%	2007 年 1 月 30 日
ProShares Ultra Nasdaq Biotechnology	BIB	0.95%	2010 年 4 月 6 日
ProShares Ultra Industrials	UXI	0.95%	2007 年 1 月 30 日
Direxion Daily 7-10 Year Treasury Bull 3X Shares	TYD	0.95%	2009 年 4 月 16 日
ProShares Ultra MSCI Japan	EZJ	0.95%	2009 年 6 月 2 日
Direxion Daily Large Cap Bull 3X Shares	BGU	0.95%	2008 年 11 月 5 日
ProShares Ultra Dow30	DDM	0.95%	2006 年 6 月 19 日
ProShares Ultra Russell3000	UWC	0.95%	2009 年 6 月 30 日
ProShares UltraPro Dow30	UDOW	0.95%	2010 年 2 月 9 日

（续）

ETF 名称	交易代码	费用比率	成立日期
ProShares UltraPro S&P500	UPRO	0.95%	2009 年 6 月 23 日
ProShares Ultra QQQ	QLD	0.95%	2006 年 6 月 19 日
ProShares Ultra Russell1000 Growth	UKF	0.95%	2007 年 2 月 20 日
ProShares UltraPro QQQ	TQQQ	0.95%	2010 年 2 月 9 日
ProShares Ultra Russell1000 Value	UVG	0.95%	2007 年 2 月 20 日
Direxion Daily Latin America Bull 3X Shares	LBJ	0.95%	2009 年 12 月 3 日
ProShares Ultra MSCI Brazil	UBR	0.95%	2010 年 4 月 27 日
ProShares Ultra MSCI Mexico	UMX	0.95%	2010 年 4 月 27 日
Direxion Daily 20+ Year Treasury Bull 3X Shares	TMF	0.95%	2009 年 4 月 16 日
ProShares Ultra 20+ Year Treasury	UBT	0.95%	2010 年 1 月 19 日
ProShares Ultra 7-10 Year Treasury	UST	0.95%	2010 年 1 月 19 日
Direxion Daily Mid Cap Bull 3X Shares	MWJ	0.95%	2009 年 1 月 8 日
ProShares UltraPro MidCap400	UMDD	0.95%	2010 年 2 月 9 日
ProShares Ultra Russell MidCap Growth	UKW	0.95%	2007 年 2 月 20 日
ProShares Ultra Russell MidCap Value	UVU	0.95%	2007 年 2 月 20 日
ProShares Ultra Basic Materials	UYM	0.95%	2007 年 1 月 30 日
Direxion Daily India Bull 2X Shares	INDL	0.95%	2010 年 3 月 11 日
ProShares Ultra MSCI Pacific EX-Japan	UXJ	0.95%	2010 年 4 月 27 日
Direxion Daily Gold Miners Bull 2X Shares	NUGT	0.95%	2010 年 12 月 8 日
Direxion Daily Real Estate Bull 3X Shares	DRN	0.95%	2009 年 7 月 16 日
ProShares Ultra Real Estate	URE	0.95%	2007 年 1 月 30 日
Direxion Daily Small Cap Bull 3X Shares	TNA	0.95%	2008 年 11 月 5 日
ProShares Ultra Russell2000	UWM	0.95%	2007 年 1 月 23 日
ProShares Ultra SmallCap600	SAA	0.95%	2007 年 1 月 23 日
ProShares UltraPro Russell2000	URTY	0.95%	2010 年 2 月 9 日
ProShares Ultra Russell2000 Growth	UKK	0.95%	2007 年 2 月 20 日
ProShares Ultra Russell2000 Value	UVT	0.95%	2007 年 2 月 20 日
Direxion Daily Semicondct Bull 3X Shares	SOXL	0.95%	2010 年 3 月 11 日
Direxion Daily Technology Bull 3X Shares	TYH	0.95%	2008 年 12 月 17 日

（续）

ETF 名称	交易代码	费用比率	成立日期
ProShares Ultra Semiconductors	USD	0.95%	2007 年 1 月 30 日
ProShares Ultra Technology	ROM	0.95%	2007 年 1 月 30 日
ProShares Ultra Utilities	UPW	0.95%	2007 年 1 月 30 日

图 13-1　另类 ETF：看涨

看跌			
ETF 名称	交易代码	费用比率	成立日期
iPath Short Extended S&P 500 TR ETN	SFSA	0.35%	2010 年 11 月 29 日
Barclays Short B Leveraged Inverse S&P 500 TR ETN	BXDB	0.40%	2009 年 11 月 17 日
Barclays Short C Leveraged Inverse S&P 500 TR ETN	BXDC	0.40%	2009 年 11 月 17 日
Barclays Short D Leveraged Inverse S&P 500 TR ETN	BXDD	0.40%	2009 年 11 月 17 日
iPath Short Extended Russell 1000 TR ETN	ROSA	0.50%	2010 年 11 月 29 日
iPath Short Extended Russell 2000 TR ETN	RTSA	0.50%	2010 年 11 月 29 日
Market Vectors Double Short Euro ETN	DRR	0.65%	2008 年 5 月 6 日
UBS E-TRACS Short Platinum ER ETN	PTD	0.65%	2008 年 5 月 8 日
Rydex Inverse 2x S&P 500	RSW	0.71%	2007 年 11 月 5 日
iPath US Treasury 10-Year Bear ETN	DTYS	0.75%	2010 年 8 月 9 日
iPath US Treasury 2-Year Bear ETN	DTUS	0.75%	2010 年 8 月 9 日
iPath US Treasury Flattener ETN	FLAT	0.75%	2010 年 8 月 9 日
iPath US Treasury Long Bond Bear ETN	DLBS	0.75%	2010 年 8 月 9 日
JPMorgan 2X Short US 10 Year Treasury Futures ETN	DSXJ	0.75%	2010 年 10 月 1 日
PowerShares DB Agriculture Double Short ETN	AGA	0.75%	2008 年 4 月 14 日

（续）

ETF 名称	交易代码	费用比率	成立日期
PowerShares DB Agriculture Short ETN	ADZ	0.75%	2008 年 4 月 14 日
PowerShares DB Base Metals Double Short ETN	BOM	0.75%	2008 年 6 月 16 日
PowerShares DB Base Metals Short ETN	BOS	0.75%	2008 年 6 月 16 日
PowerShares DB Commodity Double Short ETN	DEE	0.75%	2008 年 4 月 28 日
PowerShares DB Commodity Short ETN	DDP	0.75%	2008 年 4 月 28 日
PowerShares DB Crude Oil Double Short ETN	DTO	0.75%	2008 年 6 月 16 日
PowerShares DB Crude Oil Short ETN	SZO	0.75%	2008 年 6 月 16 日
PowerShares DB Gold Double Short ETN	DZZ	0.75%	2008 年 2 月 27 日
PowerShares DB Gold Short ETN	DGZ	0.75%	2008 年 2 月 27 日
iPath Short Enhanced MSCI EAFE ETN	MFSA	0.80%	2010 年 11 月 29 日
iPath Short Enhanced MSCI Emrg Mkts ETN	EMSA	0.80%	2010 年 11 月 29 日
PowerShares DB US Dollar Index Bearish	UDN	0.80%	2007 年 2 月 20 日
JPMorgan 2X Short US Long Treasury Futures ETN	DSTJ	0.85%	2010 年 10 月 1 日
UBS E-TRACS 1x Short Alerian MLP Infrastructure ETN	MLPS	0.85%	2010 年 9 月 28 日
ProShares UltraShort S&P500	SDS	0.90%	2006 年 7 月 11 日
ProShares Short S&P500	SH	0.92%	2006 年 6 月 19 日
United States Short Oil	DNO	0.92%	2009 年 9 月 24 日
Direxion Daily 20+ Year Treasury Bear 3X Shares	TMV	0.95%	2009 年 4 月 16 日
Direxion Daily 7-10 Year Treasury Bear			

（续）

ETF 名称	交易代码	费用比率	成立日期
3X Shares	TYO	0.95%	2009 年 4 月 16 日
Direxion Daily BRIC Bear 2X Shares	BRIS	0.95%	2010 年 3 月 11 日
Direxion Daily China Bear 3X Shares	CZI	0.95%	2009 年 12 月 3 日
Direxion Daily Dev Mkts Bear 3X Shares	DPK	0.95%	2008 年 12 月 17 日
Direxion Daily Emrg Mkts Bear 3X Shares	EDZ	0.95%	2008 年 12 月 17 日
Direxion Daily Energy Bear 3X Shares	ERY	0.95%	2008 年 11 月 6 日
Direxion Daily Financial Bear 3X Shares	FAZ	0.95%	2008 年 11 月 6 日
Direxion Daily India Bear 2X Shares	INDZ	0.95%	2010 年 3 月 11 日
Direxion Daily Large Cap Bear 3X Share	BGZ	0.95%	2008 年 11 月 5 日
Direxion Daily Latin America Bear 3X Shares	LHB	0.95%	2009 年 12 月 3 日
Direxion Daily Mid Cap Bear 3X Shares	MWN	0.95%	2009 年 1 月 8 日
Direxion Daily Real Estate Bear 3X Shares	DRV	0.95%	2009 年 7 月 16 日
Direxion Daily Semiconductor Bear 3X Shares	SOXS	0.95%	2010 年 3 月 11 日
Direxion Daily Small Cap Bear 3X Shares	TZA	0.95%	2008 年 11 月 5 日
Direxion Daily Technology Bear 3X Shares	TYP	0.95%	2008 年 12 月 17 日
PowerShares DB 3x Short 25+ Year Treasury Bond ETN	SBND	0.95%	2010 年 6 月 28 日
ProShares Short 20+ Year Treasury	TBF	0.95%	2009 年 8 月 18 日
ProShares Short Basic Materials	SBM	0.95%	2010 年 3 月 16 日
ProShares Short Dow30	DOG	0.95%	2006 年 6 月 19 日
ProShares Short Financials	SEF	0.95%	2008 年 6 月 10 日
ProShares Short FTSE China 25	YXI	0.95%	2010 年 3 月 16 日
ProShares Short KBW Regional Banking	KRS	0.95%	2010 年 4 月 20 日

（续）

ETF 名称	交易代码	费用比率	成立日期
ProShares Short MidCap400	MYY	0.95%	2006 年 6 月 19 日
ProShares Short MSCI EAFE	EFZ	0.95%	2007 年 10 月 23 日
ProShares Short MSCI Emrg Mkts	EUM	0.95%	2007 年 10 月 30 日
ProShares Short Oil & Gas	DDG	0.95%	2008 年 6 月 10 日
ProShares Short QQQ	PSQ	0.95%	2006 年 6 月 19 日
ProShares Short Real Estate	REK	0.95%	2010 年 3 月 16 日
ProShares Short Russell2000	RWM	0.95%	2007 年 1 月 23 日
ProShares Short SmallCap600	SBB	0.95%	2007 年 1 月 23 日
ProShares UltraPro Short Dow30	SDOW	0.95%	2010 年 2 月 9 日
ProShares UltraPro Short MidCap400	SMDD	0.95%	2010 年 2 月 9 日
ProShares UltraPro Short QQQ	SQQQ	0.95%	2010 年 2 月 9 日
ProShares UltraPro Short Russell2000	SRTY	0.95%	2010 年 2 月 9 日
ProShares UltraPro Short S&P500	SPXU	0.95%	2009 年 6 月 23 日
ProShares UltraShort 20+ Year Treasury	TBT	0.95%	2008 年 4 月 29 日
ProShares UltraShort 7-10 Year Treasury	PST	0.95%	2008 年 4 月 29 日
ProShares UltraShort Basic Materials	SMN	0.95%	2007 年 1 月 30 日
ProShares UltraShort Consumer Goods	SZK	0.95%	2007 年 1 月 30 日
ProShares UltraShort Consumer Services	SCC	0.95%	2007 年 1 月 30 日
ProShares UltraShort DJ-UBS Commodity	CMD	0.95%	2008 年 11 月 24 日
ProShares UltraShort DJ-UBS Crude Oil	SCO	0.95%	2008 年 11 月 24 日
ProShares UltraShort Dow30	DXD	0.95%	2006 年 7 月 11 日
ProShares UltraShort Euro	EUO	0.95%	2008 年 11 月 24 日
ProShares UltraShort Financials	SKF	0.95%	2007 年 1 月 30 日

（续）

ETF 名称	交易代码	费用比率	成立日期
ProShares UltraShort FTSE China 25	FXP	0.95%	2007 年 11 月 6 日
ProShares UltraShort Gold	GLL	0.95%	2008 年 12 月 1 日
ProShares UltraShort Health Care	RXD	0.95%	2007 年 1 月 30 日
ProShares UltraShort Industrials	SIJ	0.95%	2007 年 1 月 30 日
ProShares UltraShort MidCap400	MZZ	0.95%	2006 年 7 月 11 日
ProShares UltraShort MSCI Brazil	BZQ	0.95%	2009 年 6 月 16 日
ProShares UltraShort MSCI EAFE	EFU	0.95%	2007 年 10 月 23 日
ProShares UltraShort MSCI Emrg Mkts	EEV	0.95%	2007 年 10 月 30 日
ProShares UltraShort MSCI Europe	EPV	0.95%	2009 年 6 月 16 日
ProShares UltraShort MSCI Japan	EWV	0.95%	2007 年 11 月 6 日
ProShares UltraShort MSCI Mexico	SMK	0.95%	2009 年 6 月 16 日
ProShares UltraShort MSCI Pacific EX-Japan	JPX	0.95%	2009 年 6 月 16 日
ProShares UltraShort Nasdaq Biotech	BIS	0.95%	2010 年 4 月 6 日
ProShares UltraShort Oil & Gas	DUG	0.95%	2007 年 1 月 30 日
ProShares UltraShort QQQ	QID	0.95%	2006 年 7 月 11 日
ProShares UltraShort Real Estate	SRS	0.95%	2007 年 1 月 30 日
ProShares UltraShort Russell Mid Cap Growth	SDK	0.95%	2007 年 2 月 20 日
ProShares UltraShort Russell Mid Cap Value	SJL	0.95%	2007 年 2 月 20 日
ProShares UltraShort Russell1000 Growth	SFK	0.95%	2007 年 2 月 20 日
ProShares UltraShort Russell1000 Value	SJF	0.95%	2007 年 2 月 20 日
ProShares UltraShort Russell2000	TWM	0.95%	2007 年 1 月 23 日
ProShares UltraShort Russell2000			

（续）

ETF 名称	交易代码	费用比率	成立日期
Growth	SKK	0.95%	2007 年 2 月 20 日
ProShares UltraShort Russell2000			
Value	SJH	0.95%	2007 年 2 月 20 日
ProShares UltraShort Russell3000	TWQ	0.95%	2009 年 6 月 30 日
ProShares UltraShort Semiconductors	SSG	0.95%	2007 年 1 月 30 日
ProShares UltraShort Silver	ZSL	0.95%	2008 年 12 月 1 日
ProShares UltraShort SmallCap600	SDD	0.95%	2007 年 1 月 23 日
ProShares UltraShort Technology	REW	0.95%	2007 年 1 月 30 日
ProShares UltraShort			
Telecommunications	TLL	0.95%	2008 年 3 月 25 日
ProShares UltraShort Utilities	SDP	0.95%	2007 年 1 月 30 日
ProShares UltraShort Yen	YCS	0.95%	2008 年 11 月 24 日
Direxion Daily Natural Gas Related			
Bear 2X Shares	FCGS	1.01%	2010 年 7 月 14 日
Direxion Daily Retail Bear 2X Shares	RETS	1.01%	2010 年 7 月 14 日
Active Bear	HDGE	1.85%	2011 年 1 月 26 日

图 13-2　另类 ETF：看跌

多 – 空			
ETF 名称	交易代码	费用比率	成立日期
Credit Suisse Long/Short Liquid			
Index ETN	CSLS	0.45%	2010 年 2 月 22 日
Credit Suisse 2X Merger Arbitage			
Liquid Index ETN	CSMB	0.55%	2011 年 3 月 7 日
Credit Suisse Merger Arbitage Liquid			
Index ETN	CSMA	0.55%	2010 年 10 月 1 日
ELEMENTS S&P CTI ETN	LSC	0.75%	2008 年 6 月 10 日
FactorShares 2X：Gold Bull/S&P500			
Bear	FSG	0.75%	2011 年 2 月 24 日

（续）

ETF 名称	交易代码	费用比率	成立日期
FactorShares 2X：Oil Bull/S&P500 Bear	FOL	0.75%	2011 年 2 月 24 日
FactorShares 2X：S&P500 Bull/ Treasury Bond Bear	FSE	0.75%	2011 年 2 月 24 日
FactorShares 2X：S&P500 Bull/USD Bear	FSU	0.75%	2011 年 2 月 24 日
FactorShares 2X：Treasury Bond Bull/ S&P500 Bear	FSA	0.75%	2011 年 2 月 24 日
iPath CBOE S&P 500 BuyWrite Index ETN	BWV	0.75%	2007 年 5 月 22 日
PowerShares Nasdaq-100 BuyWrite	PQBW	0.75%	2008 年 6 月 12 日
PowerShares S&P 500 BuyWrite	PBP	0.75%	2007 年 12 月 20 日
ProShares VIX Mid-Term Futures	VIXM	0.85%	2011 年 1 月 3 日
ProShares VIX Short-Term Futures	VIXY	0.85%	2011 年 1 月 3 日
UBS E-TRACS Daily Long-Short VIX ETN	XVIX	0.85%	2010 年 11 月 30 日
iPath Inverse S&P 500 VIX S/T Fut ETN	XXV	0.89%	2010 年 7 月 16 日
iPath Long Enhanced S&P 500 VIX MT Futures ETN	VZZ	0.89%	2010 年 11 月 29 日
iPath S&P 500 VIX Mid-Term Futures ETN	VXZ	0.89%	2009 年 1 月 29 日
iPath S&P 500 VIX Short-Term Futures ETN	VXX	0.89%	2009 年 1 月 29 日
VelocityShares Long VIX Medium Term ETN	VIIZ	0.89%	2010 年 11 月 29 日
VelocityShares Long VIX Short Term ETN	VIIX	0.89%	2010 年 11 月 29 日
iShares Diversified Alternatives Trust	ALT	0.95%	2009 年 10 月 6 日
ProShares Credit Suisse 130/30	CSM	0.95%	2009 年 7 月 13 日

（续）

ETF 名称	交易代码	费用比率	成立日期
WisdomTree Managed Futures	WDTI	0.95%	2011 年 1 月 5 日
ProShares RAFI Long/Short	RALS	0.95%	2010 年 12 月 9 日
VelocityShares Daily Inverse VIX MT ETN	ZIV	1.35%	2010 年 11 月 29 日
VelocityShares Daily Inverse VIX ST ETN	XIV	1.35%	2010 年 11 月 29 日
Mars Hill Global Relative Value	GRV	1.49%	2010 年 7 月 8 日
VelocityShares Daily 2x VIX Med Term ETN	TVIZ	1.65%	
VelocityShares Daily 2x VIX ST ETN	TVIX	1.65%	2010 年 11 月 29 日

图 13-3　另类 ETF：多 – 空

第三部分

ETF 的使用

第14章

风险与回报：投资的入门基础知识

没有人特别喜欢风险，尤其是当风险意味着遭受投资组合的损失时，就像我们很多人在 2008 年金融危机时所遭受的损失一样。因此，无论何时何地，规避风险或者使风险最小化都是头等大事。然而，由于风险与报酬之间有着明确而又密切的关系，在投资的世界里，这样做并非完全可行。风险是任何投资都固有的一部分，所以了解和管理风险与报酬之间不可避免的权衡问题是关键。

不幸的是，我们每天听到的信息几乎都是与此相反的。我们都见过那些疯狂的资讯性广告，它们声称，你可以在很小的风险或者没有风险的情况下获得报酬。没有风险的回报是不可能的——如果这种收益存在，那么我们都将会是百万富翁中的百万富翁。异常高的收益也很常见，但这些收益是不可预测的，同时，它们也不会始终保持不变。因此，如果你想获得一个高于通货膨胀和相关税收的超额收益，那么，在投资组合中，你必须准备好承受一定水平的风险。图 14-1 说明了风险与报酬的基本关系及其在投资组合构建中的应用。

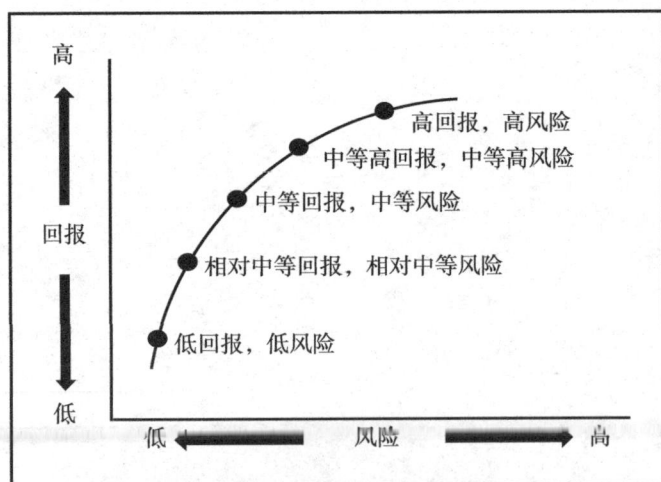

图 14-1　风险与报酬的关系

资料来源：Frush 金融集团

投资回报、投资风险和它们相互作用的方式是资产配置的基础，也是风险与报酬在构建最优投资组合中应用的基础。根据投资者的目标和承受能力，投资者可能会投资于低风险的资产，这些资产具有较低但是稳定的收益；或者投资者可能会选择高风险的资产，这些资产具有较高但是经常波动的收益。在基本的资产配置理论中，投资者承受的潜在风险越高，期望得到的潜在回报就越高。理性的投资者不希望他们承担了较高的风险却获得在承担低风险时就能得到的回报。

风险与回报的权衡不是用白纸黑字来定义的，当中存在很多灰色地带。因此，关键问题在于如何在使风险最小化的同时提高投资者的回报。虽然我们不能从一个投资组合中完全消除风险，但是，我们可以用适当的资产配置以及分散化的策略来控制和管理风险。相比于那些没有合理选择资产配置策略并忽视投资中存在较高潜在收益的投资组合，能够合理进行设计、建立和管理的投资组合能够使投资者获得一个较高的风险调整收益。现代投资组合理论表明，投资者不应独自评价每个投资项目，而应关注每个投资项目对提高一个投资组合整体的风险和报酬的贡献。在了解每一类资产的风险与报酬的概况之后，你就可以在可接受的风险水平及期望的收益条件下构建你自己的投资组合。

本章的下一节将讨论投资回报，然后是对投资风险的深入探讨。

投资回报

投资者首要关注的就是投资收益。不然投资者为什么要投资呢？如果没有适当的利得和收入作为补偿，人们便不会放弃即期消费，并把他们的血汗钱用于投资。承受最小的风险同时获得最大的收益是资产配置的核心。投资回报的取得有许多方式，具体则因人而异。虽然我们将讨论投资回报的量化方式，但不要忘了我们也可以定性地衡量投资回报——比如情感舒适、安全、独立和支配感。

最重要的是，你要考虑自己期望达到的收益水平和为了产生这一收益而需要承担的风险水平。此外，把更多的钱投资到较高潜在收益的投资项目或资产类别中，并不意味着你的回报会高于那些投资到较低潜在收益的资产类别的回报。原因在于你的投资组合中的各个投资项目不是关键，关键的是如何使各个投资项目组合成一个完整的投资组合。因此，构建一个由多种资产类别组成的投资组合，而不是只选择当前高回报的资产类别，这是明智的。一般来说，投资收益的概率越高也意味着你损失一些或者全部资产的概率也越高。一些人愿意承受风险，而另一些人则不愿意承担风险。这使得投资和投资组合的构建因人而异。

一个特定持有期间的市场价值及在这一持有期间所获得的收益（股利和利息），二者的升值或贬值形成了一项投资的收益或损失。把两部分的收益或损失求和，再除以初始投资额等于总的投资回报率。这一度量方法考虑了持有期间证券价格和任何现金流的变化。在投资领域，使用总投资报酬率衡量回报是很常见的。下面是一个计算总投资报酬率的例子。

假设你以每股 40 美元的价格购买了 1 000 股的摩根大通普通股。一年后，你以每股 44 美元的价格出售该 1 000 股普通股。此外，在你一年的持有期间，摩根大通支付给你每股 1 美元的股息。因此，扣除交易费用和税金后，你的总投资报酬率是 12.5%（4 美元的增值额加上 1 美元的股息，再除以 40 美元的初始投资成本）。

投资收益的概念有两类：实际收益和期望收益。实际收益是在过去的持有期间，投资者已产生、已实现或未实现的收益。期望收益是在未来的持有期间，投资者应该产生的增值和收益的估计值。我们通常用年化百分比表示实际收益和期望收益。确定实际收益是重要的，因为实际收益会使投资者知道投资表现的好坏，以及如何最好地应对各种变化，比如再平衡。同样地，确定预期收益也是重要的，因为在你可能承担的风险水平下，预期收益能够使你充分分析获利的潜力。

预测预期收益的过程很难，往往只有经验丰富的投资者和机构投资者才能完成。确定预期收益的基本步骤如下。

1. 预测所有可能的重要结果和可能发生的情况。

2. 确定每一个重要结果发生的概率。

3. 预测每一个具体的结果的收益。

4. 把每一个具体的结果发生的概率与相关的预测收益相乘。

5. 求和（等于预期收益）。

有一名分析师预测：福特汽车公司有 25% 的概率获得 15% 的收益，50% 的概率获得 10% 的收益，15% 的概率获得 5% 的收益，以及 10% 的概率获得 –5% 的收益。所以，预期收益为：

$$(0.25 \times 0.15) + (0.50 \times 0.10) + (0.15 \times 0.05) + [0.10 \times (-0.05)] = 9.00\%$$

我们往往会预测持有期间可能会发生的经济和其他的宏观经济情况，在此基础上来确定潜在的情景并计算结果。计算的收益只是在考虑每一种可能的经济条件下的一个估计值。我们有时会使用蒙特卡洛计算机模拟来帮助我们确定潜在的结果。这一切都是为了让投资者更好地把握投资风险，从而使他们做出更明智的决策。

投资风险

投资风险可以有几种不同的定义，因为不同的投资者对风险的看法不同。一些投资者把风险定义为亏损，而其他的投资者把风险视为由于缺乏经验而对一项投资的不确定。还有一些人认为风险是一种逆向投资风险，或者当他们不是"随大流"时所感受到的风险。尽管上述定义都是合理的，但风险最确切的定义是不确定性，或者实际的投资回报与预期回报相匹配的不确定性。例如，养老基金和保险公司把风险视作未来能够获利所应承担的不确定性。

明智和客观地对待投资风险的方式就是把风险视为兑现未来承诺和出资义务的不确定性。未来的承诺和出资义务包括支付大学费用、购买度假屋、创业或只是支付退休后的生活费用来增补社会保障。

深入探究风险的概念，实际收益和预期收益的差距可以归因于收益在一个特定时期内的波动。一个特定证券的每月价格变化越大——不论变化方向如何——均意味着波动越大。对于一项投资，波动越大，被认为风险越高；而波动越小——价格越稳定——被认为风险越低。波动性也影响整体的业绩。在同一持有期的多个时期，与低波动性的投资组合相比，有着较大波动性的投资组合将表现出较低的长期复合收益增长率。这通常被称为收益的结果。因此，在投资者的投资组合中，投资者为取得最大化收益而使波动最小化是有必要的。

风险管理和适当的资产配置有助于控制投资组合亏损的频率和数量。因为投资者通过对未来收益的评估来构建最佳投资组合，所以实际收益接近相应的预期收益是至关重要的。因此，收益越有保证，风险会被认为越低，对大多数投资者就越有利。相反地，收益越缺乏保证，风险会被认为越高，往往对大多数投资者不利。

投资风险的来源

投资风险有两个主要来源：第一类为系统风险，这类风险归因于相对不可控的外部因素；第二类风险为非系统风险，这类风险可直接归因于投资本身。让我们先来看一下系统风险。

系统风险

系统风险是由投资以外的条件、事件及趋势引起的。系统风险主要有四种类型——外汇风险、利率风险、市场风险和购买力风险。在任何时点上，都会发生不同程度的各类风险。这些风险将会导致一个特定投资需求的上升或下降，从而影响收益。

1. **外汇风险**。即因外汇市场的变化而引起的一项投资价值变动的风险。例如，如果投资者拥有一项国外资产，那么，相对于美元外汇价值的变化将会影响他的收益。如果美元升值，那么，由于购买 1 美元将会支出更多的外汇，所以他的投资收益将会下降。相反地，在其他条件都一样时，美元贬值将会使他的收益增加。

2. **利率风险**。即由于利率变动导致固定收益类证券和股票市场价值发生损失的风险。对于债券和其他固定收益类证券而言，利率上升将会使其市场价值下降。为什么？主要是因为当利率上升时，更高收益率的投资也会增多。例如，如果你有一个收益率为 5% 的债券，利率从 5%上升到 6%，那么，收益率为 6% 的债券的需求将会增多，而收益率为5% 的债券的需求将会减少。这就意味着你拥有的收益率为 5% 的债券的市值将会下降。对于股票而言，利率的变化会影响企业的经营活动，如银行抵押贷款的数量及建筑开发商对新房开工的数量。

3. **市场风险**。即由于整个市场证券价格的下跌导致个人投资市场价值发生损失的风险。当整体市场不景气时，那么大多数投资但并非全部的投资也会随之变得不景气。比如，2010 年的"闪电崩盘"，当道琼斯工业平均指数在一天的短时间内下跌到近 1 000 点时，几乎没有股票上涨。如果你打算在那一天卖掉股票，那么你将会失望。

4. **购买力风险**。即由于通货膨胀导致价格上升，进而侵蚀投资真实价值的风险。这意味着今天的 100 美元在未来的几年内购买力会下降。当商品和服务的价格比预期增长更快时，你想将当前的生活方式维持到退休是非常具有挑战性的。

非系统风险

与系统风险不同，非系统风险与外部因素无关。这类风险来源于特定的投资——例如一个公司的负债水平、管理团队的健全程度及其所处的行业。非系统风险主要包括但不限于以下类型。

1. **经营风险**。该风险产生于一家公司的日常活动，尤其是涉及销售和收入的活动。例如，一家公司的销售持续下降可能意味着投资者对其失去信心，从而导致股价下跌。

2. **财务风险**。该风险是由公司的财务稳定性及财务结构产生的，即公司为了杠杆收益而使用的负债水平。高负债的公司有着更高的本金和利息支付——在经济繁荣时期，这并不是一个问题。然而，在经济衰退时期，满足更高的债务支付可能是一个重大的挑战。因而，我们认为高负债的公司有着更高的风险。

3. **行业风险**。该风险产生于特定行业内的一系列相似的公司。投资往往会随着同行业其他公司的变化而发生相应的起伏。一个公司股票价格的大幅度下跌往往预示着同行业中其他股票也表现不佳。

4. **流动性风险**。这种风险指的是，一项投资不能以一种价格或者接近市场价格进行买卖。一项投资的流动性越强，越容易以当前市场价格进行买卖。流动性不足会导致投资者卖出的价格比原来预期的要低。

5. **回购风险**。这种风险归因于投资可能会被回购（即被迫出售给发行方），这种回购权优先于到期权。这可能会使投资者无法以相同或更高的利率进行再投资。这种风险与有价证券有关。

6. **监管风险**。这种风险指的是，新的法律法规将会对投资的市场价值产生负面影响。例如，一个国家的政府可能通过一项法律，要求厂商增加新的和昂贵的工厂污染控制系统。不考虑环境效益，增加昂贵的系统会使公司的财务状况受损，随后降低对投资者的吸引力。

系统风险和非系统风险之和为总风险。既然资产配置的目标是创造一个良好的分散化的证券投资组合，那么非系统风险可以通过适当的分散化组合来消除，所以非系统风险被认为是不重要的。因此，最优的投资策略应只具有系统性风险，即由市场因素和其他不可控的外部因素造成的风险。

衡量投资风险

由于不同的投资有不同形式、不同程度的风险，为了比较各种广泛的资产类别以便进行更好的决策，量化风险是至关重要的。正如前面提到的，风险最好的定义是不确定性，即实际回报与预期收益的不匹配。我们可以通过直觉发现，一项投资的实际回报和预期的回报越不同，那么这项投资就被认为越难预测并且充满不确定性。这就意味着这项投资对投资者来说存在更大的风险。

利用历史收益数据，我们能够更准确地衡量风险。通过使用大量的时间间隔——天、周、月和年，我们可以获得历史波动数据。在实践中，普遍使用月波动。在简单的分析中，我们用某一特定的投资的实际和预期收益之间的平均差异程度来计算标准差。标准差可测量实际回报偏离平均回报的程度。以百分比表示，标准差被认为是最好的但不是唯一的衡量风险的标准。一个较高的标准差意味着较高的风险，而较低的标准差意味着较低的风险。但是，计算完标准差并不意味着工作完成，因为股票的价格会随着时间的变化而变化，所以标准差不是静态的。某些资产类别将变动地更频繁，并且比其他资产类别的变动幅度更大。

在价格下降期间，波动性通常较强；而在价格上升期间，波动性比较缓和。从历史上看，即使资产类别的波动性在短时期内可能会发生改变，其波动变化范围在长期内也会保持相对的稳定。这对投资计划来说是一个好消息，因为我们能更准确地预测投入量。

因为系统风险和非系统风险均影响实际收益，标准差衡量总风险，因此，在个人投资的风险和回报要素方面，标准差是投资者的一种评估方法。尽管标准差是衡量风险最有效的方法之一，但是它并不是没有缺陷。例如，标准差可能会因为分析所依据的持有期时间长短的不同而不同。图 14-2 展示了一些实际标准差和 β 系数。

ETF 名称	交易代码	标准差	β 系数
非必需消费品板块标准普尔指数	XLY	27.2	1.16
消费必需品板块标准普尔指数	XLP	14.1	0.59
能源板块标准普尔指数	XLE	27.3	0.98
金融板块标准普尔指数	XLF	37.6	1.53

（续）

ETF 名称	交易代码	标准差	β 系数
医疗保健板块标准普尔指数	XLV	17.7	0.66
工业板块标准普尔指数	XLI	28.6	1.27
材料板块标准普尔指数	XLB	29.9	1.29
技术板块标准普尔指数	XLK	23.5	1.01
公用事业板块标准普尔指数	XLU	16.6	0.55
标准普尔 500 指数	SPY	21.76	0.99

图 14-2　实际标准差和 β 系数

资料来源：Frush 金融集团

风险和回报的权衡

　　鉴于风险和收益之间的直接关系，投资者能够衡量这种关系并建立一个具有适当风险与收益权衡配置的投资组合。用夏普比例或简单地用一项资产组合的"超出预期回报"除以它的标准差（风险水平），我们就能够确定资产组合中每个单位风险中的超额预期收益。这样做有助于我们比较并选择不同的预期回报和不同程度风险的资产类别。超额预期收益率被定义为预期收益率减去无风险利率，无风险利率就是投资者从美国国库券中获取的收益。

　　假设投资者正在评估两项可能进行投资的资产组合——资产组合 A 和资产组合 B。资产组合 A 的标准差为 6%，预期持有期间其超额预期收益率为8%。我们发现，用超额预期收益 8% 除以标准差 6%，得到的资产组合 A 的风险和回报权衡为 1.33。类似地，资产组合 B 的标准差为 4%，超额预期收益率为 6%。转换为风险和收益的权衡为 1.50。正如你所看到的，虽然资产组合 A 具有较高的预期回报，但它并没有在每个单位风险中提供最高的收益预期，而资产组合 B 却比资产组合 A 高。

风险和收益的关系

　　承担较大风险的投资者应该得到更多的潜在收益补偿。投资者假设的风险越大，期望的回报就越多。当然，这个规则也有例外。为了更好地理解风险与预期收益之间的关系，一个被称为有效边界的模型诞生了。有效边界模型用一个向上倾斜的曲线来说明风险与收益的关系，这个曲线代表了最优风险与收益权衡的投资组合，也就是指那些具有特定风险水平的最高的预期回报率的投资组合。

　　从图 14-3 可以看出，随着有效边界曲线的移动，投资呈现出比较高的潜在回报收益，但也承担着更大的风险。尽管如此，曲线上的每一点显示出风险水平对应的最高的预期总收益率。图中显示出许多有效的投资，但只有那些有最优的风险和收益的投资组合才会出现在有效边界曲线上。

　　投资者的目标是根据其风险和回报权衡在有效边界曲线选择投资，一些投资者将他们的投资放在靠近曲线顶部的地方，而其他低风险和回报权衡的投资者则是将他们的投资放在曲线较低的左下部分。

　　不管投资者的证券投资组合是 80 / 20、70 / 30、60 / 40 或 50 / 50 的股权——固定收益，只要每一个投资组合在给定风险水平的情况下表现出最高的预期总回报率，那么它将被画在有效边界曲线上。那些每个单位风险中没有展现出最高的预期投资回报率的投资组合，将被绘制在有效边界斜线的下方，这意味着这是一个次优或效率低下的投资组合。理解风险与收益之间的关系是至关重要的，因为它是分配资产过程的基础。没有真正理解这种关系，投资者可能会设计一个不适当的投资组合，这项组合要么表现出比预期更大的风险，要么在给定的风险水平下获得更低的实际收益。我们在下一章中可以看到，资产配置的过程包含对每个资产类别的预期收益的评估，然后在投资者对风险和收益作出权衡的条件下，确定这一投资组合中应赋予每一资产类别比重的大小。

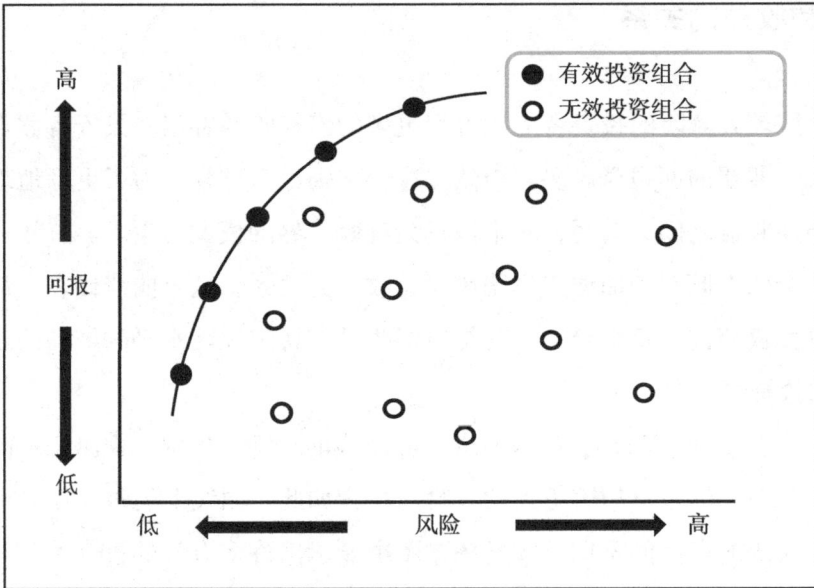

图 14-3　有效边界模型

资料来源：Frush 金融集团

资产类别和风险

不同的资产类别拥有不同类型和不同程度的风险，也包括不同的预期收益。每种类型的资产都有一个或多个风险来源。不管投资风险的类型和来源如何，投资者可以通过资产配置控制和管理其暴露出来的风险，以此获得最大的收益。

然而，正如前面提到的，仅仅关注一项特定资产类别是不够的，了解每个资产类别与其他资产类别是怎么产生关系的，这才是真正重要的。忽视每一种资产类别的风险和潜在收益，理解资产类别的基本情况以及它们如何影响投资组合才是最重要的。图 14-4 正说明了这一点。

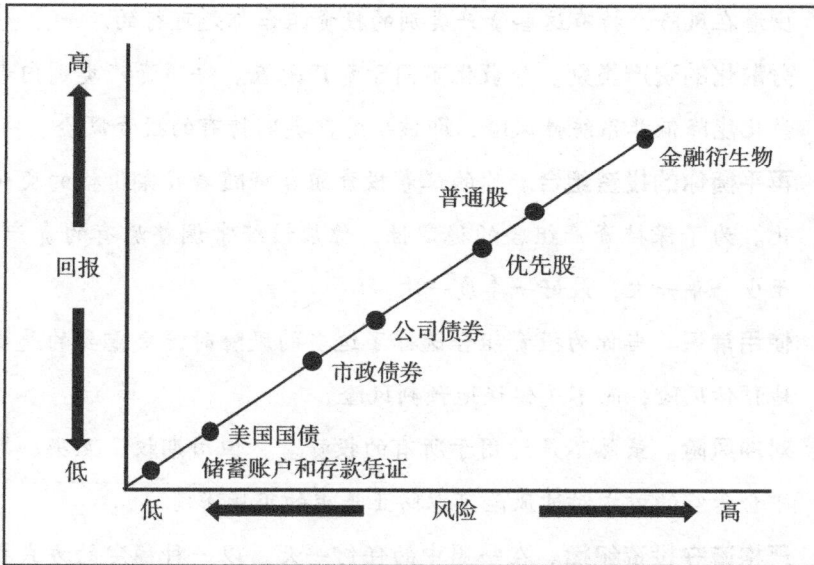

图 14-4 不同资产类别风险与收益权衡的投资组合

资料来源：Frrush 金融集团

降低组合风险的十项原则

努力去控制、减少、消除风险，这一话题犹如金融市场一样已经是老生常谈。无论是新的技术、新的热门产品还是新的金融模式，成功的投资都与不可避免的风险和回报权衡的最大化有关系。以下十条规则可能会对投资者降低投资组合的风险水平有所帮助。

1. **了解你的风险**。了解你的投资组合风险将使你能够更明智地作出决定。记住，风险最好的定义是实际收益与预期回报相匹配的不确定性。

2. **建立一个多资产类别的投资组合**。持有多种资产类别将缓和仅持有少数资产类别所带来的波动风险。

3. **目标低相关**。资产之间的低相关性将进一步缓解波动性风险。因为较低相关性意味着两项资产类别的价格波动并不会互相影响。

4. **增加基础不同的资产类别**。基础不同的资产类别会增加回报收益并减少潜在风险，持有这些资产类别的投资组合都是可行的。

5. **分散化的资产类别**。分散化不同于资产配置。每项资产类别内部的分散化能降低非系统性风险，即该项资产类别特有的投资风险。

6. **再平衡你的投资组合**。你的证券投资组合将随着股票价格的变化而变化。为了保持资产组合的稳定性，你应该经常调整原有的资产配置，至少一年一次，最好一季度一次。

7. **使用常识**。当你为投资组合选择了适当的风险时，更重要的是要正确地预估风险，而不是错误地预判风险。

8. **对冲风险**。虽然不是适用于所有的投资者，但用期权、互换、期货和平仓卖空的方式对冲风险可以防止严重的市场下滑。

9. **严格遵守投资纪律**。在一周中的任何一天，以一种稳定的方式投资将优于用不断变化的方式投资。

10. **考虑援助**。有经验的人能够更好地对风险进行管理，而不是通过金融模型。专业人士可能会给你提供你所需要的资源。

第 15 章

资产配置：重要内容的概述

许多具有里程碑意义的研究结果显示：从长期来看，如何配置资产是决定投资业绩最主要的因素，而不是选择投资哪项资产或者购入（或出售）资产的时机。选股、市场时机和最新、最热门的无风险投资，都不是决定投资业绩的决定性因素。

一本以 ETF 为主题的书，如果不涉及资产配置章节，则是不完整的。正如前面章节提到的，投资决策的核心问题是风险和报酬之间的关系。从本质上来讲，风险和回报之间的关系为"高风险意味着高收益"。除此之外，没有任何捷径能够实现这一目标。同理，希望承担低风险的投资者通常获得较低的回报率。资产配置与风险、报酬以及它们在投资组合中的关系密切相关。不应将 ETF 投资作为一种独立的、单一的投资方式。相反地，ETF 投资以其增强和构建资产配置的方式成为投资整体中不可或缺的一部分。正是出于这一原因，我们在这一章详细讲述了资产配置的具体内容。若想要进一步了解资产配置理论，请阅读《对资产配置的理解》（*Understanding Asset Allocation*），该书对资产配置的讨论更加详细。

资产配置最好的定义是，一种用最优的方式将投资组合和其他可用于投资的资金划分为不同的资产类别，以获得最大收益的方法。资产配置的含义是，通过将投资组合拆分为不同的资产类别，投资者可以降低投资组合的风险并且提高调整后的长期风险投资收益。换句话说，资产配置为投资者获得稳定的收益回报带来了契机，同样也承担着相应的投资组合的风险。许多因素都会对资产配置产生重要的影响，比如当前的财务状况、投资的时间长短、财富水平、财务目标、债务和面临的风险情况。

本章在后半部分详细讨论了影响资产配置的其他因素。具体来说，财务目标和债务、投资的时间跨度和风险状况是决定资产配置最重要的三个因素。

其中，风险状况是影响投资组合构建过程中至关重要的因素。风险状况包括三个变量：风险容忍度、承受风险的能力、需要承担的风险。就像一支部队，其前进的速度取决于其中速度最慢的个体，投资组合也应以这三个风险因素中的最小公分母进行构造。

配置，配置，配置

在房地产行业获得成功的一句经典智慧格言是"地段，地段，地段"。几乎每个人都听说过这句话，因为它描述得非常准确。构造最优的投资组合类似于建立一个成功的企业。因此，这句经典的智慧格言也同样适用于投资，表达为——"配置，配置，配置"。其中，投资定位或投资配置意味着成功与失败的差别。进行投资定位之前，成功的企业家应当三思而行，而非草率地决定。作为投资者，也应该以同样的方式进行投资。

对资产配置的类比

为了更好地理解资产配置的好处，我们以曲棍球为例进行类比。类比原理如下。采用资产配置的投资者类似于一个戴着防护头盔、肩垫、臀部垫，穿着护膝等护具的曲棍球球员。如果曲棍球球员脱下防护设备，他的运球速度更快，更容易铲击。因此，他可能成为主力球员。然而，股市分析高手会认为（在冷战结束之后，美国很多研究火箭的专家转向研究证券投资，因而有时将证券分析专家称为"火箭专家"），不穿适当的曲棍球防护设备是非常不明智的。因为一旦被对手击伤，这个曲棍球球员可能会退赛很长时间，即使不是终生告别赛场，他也不会再成为主力球员。

从本质上来看，采用合适的资产配置方式与这一原理非常相似。在较短的时间里，缺乏适当"防护设备"的投资者或许能够获得超额回报，但最终将遭受毁灭性的打击，使投资组合土崩瓦解，并严重到再也无法恢复的地步。虽然此类严重的打击不会立即发生，但它终将会发生。21 世纪早期的互联网泡沫和 2008 年的市场崩盘便是实例。

资产配置的基础

资产配置理论建立在两个非常著名且影响深远的投资理论基础之上——现代投资组合理论和有效市场假说。有效市场假说是现代投资组合理论的一个发展。这两个理论是投资管理学界应用最多、讨论最广泛的理论。

现代投资组合理论认为，投资者和投资组合经理在对一项投资进行评估时，不应该单独评估这项投资，而应该评估该证券改进投资组合整体风险和收益的能力。例如，根据现代投资组合理论，当两项投资的预期收益相同但风险不同时，投资者应该选择低风险的项目进行投资。换个角度来说，两个投资项目的预期回报率不同但风险水平相同时，理性的投资者应该选择预期回报较高的项目进行投资。

看图 15-1，对于投资项目 A 和项目 B，理性的投资者将选择投资项目 B。因为在风险水平相同的情况下，项目 B 的总体收益水平较高。此外，对于投资项目 B 和项目 C，理性的投资者将选择投资项目 C，因为在总收益相同的情况下，项目 C 的风险较低。这一理论非常简单，但却具有革命性的意义。

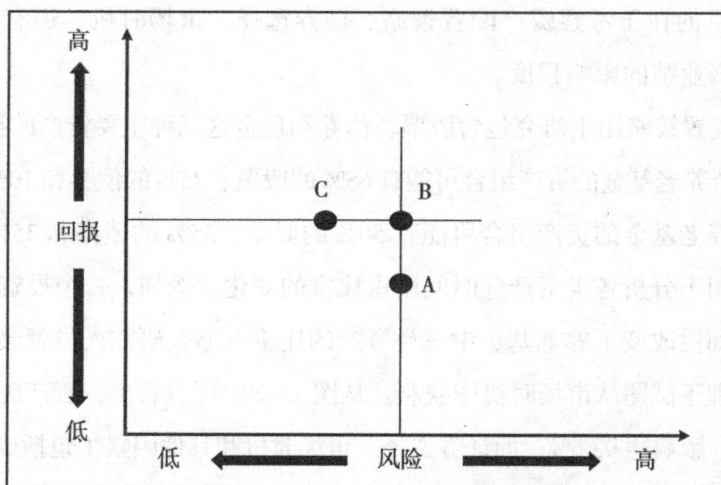

图 15-1　投资选择和合理的决定

此外，现代投资组合理论引入了相关性的概念，并强调了提高投资组合风险和回报的方法。1974 年颁布的关于管理养老基金的法案——《雇员退休收入保障法案》中也强调了这一点，因此，从本质上讲，这一法案也支持了现代投资组合理论。1990 年，哈里·M. 马科维茨被授予诺贝尔经济学奖，他被认为是"现代投资组合理论之父"。

最后，有效市场假说认为，资本市场的每一时点都是"信息有效"的。这意味着投资者无法长久地获得超额回报，因为赖以获得超额回报的信息在做出投资决策时就已经公开了。

实证研究

我们从一篇发表在《金融分析师》杂志（1986 年 7—8 月刊，39 页 ~ 44 页）上，由加里·布林森、L. 伦道夫·胡德和吉尔伯特·毕鲍尔所做的具有里程碑意义的研究——"投资组合绩效的决定因素"中得到的结论是，资产配置策略是目前决定投资业绩的主要因素。与当时的看法普遍相反——可能当今亦如是——研究者发现，证券选择和市场时机只对投资业绩产生些许影响。

上述研究是基于 1974—1983 年 90 支大型养老基金的季度投资业绩。这项研究的目的在于考察资产配置策略、证券选择、市场时机，还有成本对养老基金投资业绩的影响程度。

资产配置策略用于研究包含股票、债券和现金这三种主要资产的投资组合。例如，一个养老基金的资产组合可能有 65% 的股票、25% 的债券和 10% 的现金；而另一个养老基金的资产组合可能有 50% 的股票、35% 的债券和 35% 的现金。市场时机用于分析各类资产随时间所占比重的变化。例如，一个投资组合经理在某个时间段改变了养老基金中三类资产的比重，那么研究人员就会认为，投资组合经理正试图从市场时机中获利。从图 15 2 中可以看出，资产配置策略对投资业绩的影响达 93.6%；而证券选择、市场时机和其他因素（包括成本）对投资业绩的影响分别为 2.5%、1.7% 和 2.2%。

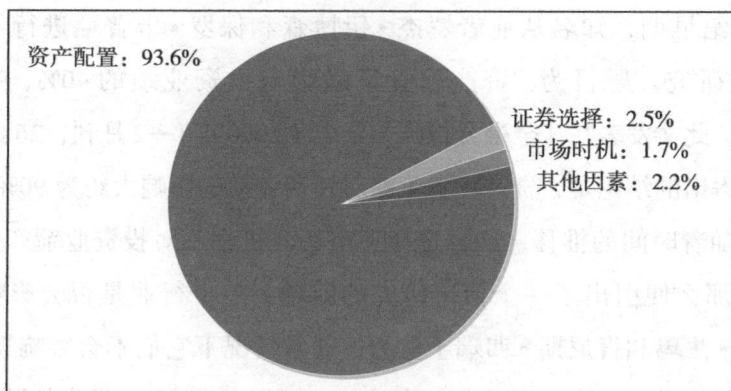

图 15-2　投资组合绩效的决定因素

资料来源：《金融分析师》杂志（1986 年 7—8 月刊）"投资组合绩效的决定因素"

　　加里·布林森、吉尔伯特·毕鲍尔和布赖恩·辛格使用新数据进行了一项后续研究，题为"投资组合绩效的决定因素Ⅱ：一个最新研究"，此文发表在《金融分析师》杂志（1991 年 5—6 月刊，40 页～48 页）上。文章得出的结论与之前的研究大致相同，即资产配置策略是影响投资业绩的主要因素。而证券选择和市场时机对投资业绩的影响十分有限。

　　从图 15-3 中可以看到，资产配置策略对投资业绩的影响占到 91.5%；而证券选择、市场时机和其他因素对投资业绩的影响分别为 4.6%、1.8% 和 2.1%。

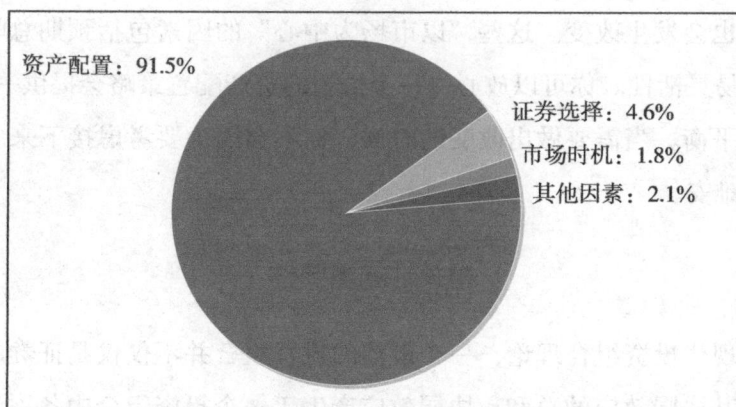

图 15-3　投资组合绩效的决定因素Ⅱ

资料来源：《金融分析师》杂志（1991 年 5—6 月刊）"投资组合绩效的决定因素Ⅱ"

21世纪早期，知名从业者罗杰·伊博森和保罗·卡普兰进行了另外一项重要的研究，题目为"资产配置策略影响投资业绩的40%、90%还是100%？"。此文发表在《金融分析师》杂志（2000年1—2月刊，26页~33页）上。他们得出的结论是，资产配置策略对投资业绩的影响大约为90%。

如果随着时间的推移，证券选择和市场时机都不对投资业绩产生决定性的影响，那么便引出了一个值得研究的问题：单个行业是否会影响投资业绩？尤金·法玛和肯尼斯·弗瑞士认为，通常情况下它们不会影响投资业绩。在《金融经济学》杂志（1997年2月刊，153页~193页）上发表的题目为"行业的股权成本"的研究报告中，研究结论为，尽管特定行业能够影响市场价格，但其影响具有随机性和短期性。

更多的资产配置注意事项

投资组合和构成一个投资组合的资产组合，不会一直保持不变。在未来的某个时间点，投资者的个人情况会改变，投资者的资产配置也会改变。有很多因素会变化，并且每个因素都会影响你对最优资产配置的确定。除了你的个人情况的变化之外，随着时间的推移，市场因素对你的证券投资组合的影响程度也会发生改变。这些"以市场为中心"的因素包括预期总收益、波动性、交易灵活性。你可以放心，一个恰当的资产配置策略会提供一个简单、快速的再平衡。当需要做出改变的时候，你不会因为要考虑接下来应该做什么而辗转难安。

相关性的重要性

根据现代投资组合理论，一个最佳的投资组合并不仅仅是证券的简单加总，而是其协同效应的总和。协同效应产生于一个投资组合中各项资产的相互作用，这种相互作用通常被称之为"相关性"，它是资产配置过程中的重要变量。相关性是用来衡量和描述两种投资的价格随时间的推移而一起变动的密切程度的专业术语（见图 15-4）。

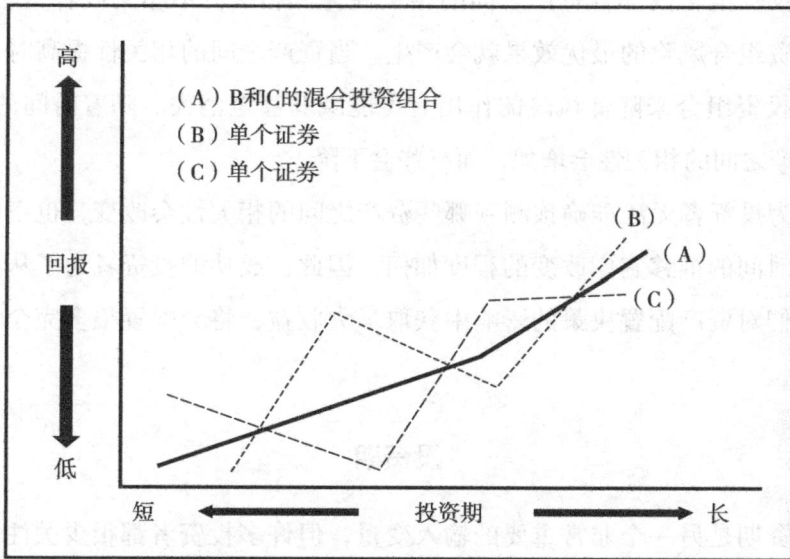

图 15-4

- （A）B和lC的混合投资组合
- （B）单个证券
- （C）单个证券

图 15-4　相关性对证券投资组合的影响

资料来源：Frush 金融集团

　　正相关资产朝同一方向变动，同上同下。相反地，负相关资产向相反的方向变动。两种资产之间的相关性系数在 –1.0~+1.0 范围之内变动。两个资产的相关性越大或越是朝同一方向变动，其相关性系数越接近 1.0。同样地，两个资产越是朝相反方向变动，则其相关性系数越接近 –1.0。两个恰好向同一方向移动的资产的相关性系数为 1.0，而两个恰好向相反方向移动的资产的相关性系数为 –1.0。最后，相关性系数在 –0.3~+0.3 之间的两种资产被认为是不相关的。这意味着这两种资产各自独立运行。对于不相关的资产来说，当一种资产的价格在上涨，其他资产的价格可能上升，可能下降，也可能保持其当前的价格。

　　一个合理配置的证券投资组合应该包含以不同方式运行的投资品种。因此，相关性是你在资产配置中需要考虑的变量。为了从相关的证券投资组合中获得最大收益，你需要将负相关、低的正相关，甚至不相关的资产进行组合。通过投资相关性低的资产，你能够在不影响证券投资组合预期回报的情况下减少证券投资组合的整体风险。

当投资组合内部各资产之间的相关性为低相关、不相关或者负相关时，降低投资组合风险的最优效果就会产生。当资产之间的相关性提高时，通过分散化投资组合来降低风险的作用有可能减弱甚至消失。随着时间的推移，有些资产之间的相关性会增加，而有些会下降。

因为投资者无法准确预测到哪些资产之间的相关性会改变，也不能预测到随着时间的推移它们改变的程度如何，因此，成功的投资者为了从相关性以及它们对资产配置决策的影响中获取最大收益，将会配置很多完全不同的投资。

投资期

投资期是另一个非常重要的输入变量，但许多投资者都很少关注它。投资者的投资期会影响期望报酬率、预期波动率和资产之间的相关性。

因为投资期发挥着重要作用，所以它是首先应确定的约束条件。高估或低估你的投资期将会显著影响你的资产配置方式，从而影响你的风险和收益的权衡状况。

投资期发挥的主要作用是帮助投资者选择并评估每一种资产作为投资工具的适宜性。具体来说，投资期有助于帮助你在权益类资产和固定收益资产之间作出决策。就短期而言，股票的波动太大，而且有很大的不确定性；另一方面，固定收益资产在短期内的波动很小，且具有较低水平的不确定性。随着投资者投资期的延长，股票产生正收益回报的概率也会增加。时间越长，股权收益就越稳定，因为正的股权收益可以抵消负的股权收益。股票的回报率会随着投资期的延长而变得更加明显、清晰且更有可预测性。投资期越短，你应该越注重投资固定收益资产；相反地，投资期越长，你更应该增持股票。

资产分类行为

在某一时间段，某些资产类别的绩效表现很好；而在其他时间段，另一些资产类别的绩效表现得好。不幸的是，我们不知道在任意的某一时间段内，哪一种资产类别的绩效表现得好，因此投资于多种类别的资产非常重要。当投资于有根本性区别的不同类别的资产时，投资者会获得资产配置和分散化投资的好处，主要好处是提高了投资组合中风险调整后的收益，这被称之为"配置效应"。然而，配置多种类别的资产并不能够保证持续的高回报与相应的低风险水平。随着时间的推移，这根本不可能实现。在某一时期，你的投资组合会有很大的资产配置收益，而在其他时期，你的投资组合将获得较少的资产配置收益。

在确定由多个资产类别构成的最优资产配置时，你需要深刻理解其中的一些要点。第一，没有完美的配置或完美的计划，只有由好到很好的计划，这些计划将有助于你达成目标。第二，你需要确保了解每种资产类别的关键细节，如相关性、历史收益和风险水平。第三，了解预期未来的相关性、收益率、风险水平和价格变动情况，这很重要，但也极其困难。尽可能地把这些任务留给专家们。第四，一个有更多资产类别的投资组合比一个只有较少资产类别的投资组合更有优势。第五，请你记得要用资产配置的方法构建一个投资组合，这会与你的具体财务状况形成互补。

在图 15-5 中，A 代表一个假设的大盘股投资组合；B 代表一个假设的大盘股和小盘股的投资组合；C 代表一个假设的大盘股、小盘股和公司债券的投资组合；D 代表一个假设的大盘股、小盘股、公司债券和房地产的投资组合；E 代表一个假设的大盘股、小盘股、公司债券、房地产和国际股票的投资组合。

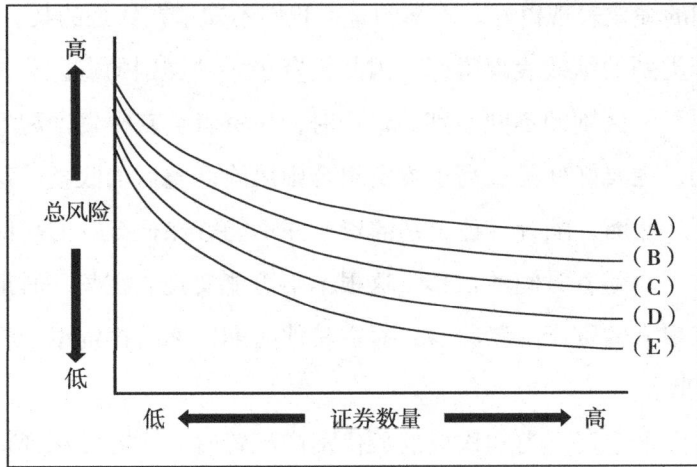

图 15-5　分散化资产类别投资组合的优势

影响资产配置的因素

在确定最佳投资组合时，有许多需要考虑的因素。这些因素可以被归类为以投资者为中心的因素和以投资品种为中心的因素。以投资者为中心的因素是以你自己的态度和与投资相关的目标和约束为基础；另一方面，以投资品种为中心的因素与你没有直接的关系，它是直接来自市场和其他不可控的因素，如相关性和波动风险。下面是对不同类别影响因素的一个讨论，首先是对以投资者为中心的因素的讨论，其后是对以投资品种为中心的因素的讨论。

以投资者为中心的因素

下面探讨影响个人投资者的多个具体因素，这些因素会形成合力，进而与以投资品种为中心的因素一起，影响着投资者的资产配置决策和相应的投资组合内各种资产的确定。

风险预测

投资者的风险预测是资产配置框架中最重要的部分。风险预测是由三个类似的，但同时也是独立的部分组成，包括投资者对风险的容忍度、对风险的承受力和对风险的需求。这三个指标中的最低水平的预估就是你能够承担的投资组合中最高的风险水平。例如，虽然投资者具有较高的容忍度和承受力去承担风险，但投资者可能不想要承担风险。为什么呢？因为无论是在现在还是在未来，很多投资者的财富水平都不足以去支撑他们的生活方式和目标。不幸的是，由于以下三个原因导致投资者的投资风险是很难预测的。第一，风险是个别情况，而不是适用于所有情况的一般规律。第二，风险是不容易被了解的，并且人的行为常常是非理性和不可预知的。第三，投资者的投资风险会随时间的变化而变化，不是静态的。

对投资者的风险预测是相当主观的，因此你很难将其表示为一个可以量化的因素。一个好的解决方案是向大多数金融服务企业做一个风险预测调查问卷。

SMART 目标

有投资目标，并努力实现这些目标就是投资者的投资目的。投资目标会直接影响你的资产组合方式。你需要钱买一个新的房子，或者你需要钱做一笔生意吗？此时，你可能想要增加固定收益证券并且减持股票。相反地，对于为孩子积累 10 年之后的大学教育资金的父母来说，增持股票是理想的选择。根据目标来匹配资产类别是实现长期投资成功的关键。SMART 一词（是英文 Specific、Measurable、Accepted、Realistic、Timely 的缩写）常常被用来阐述精心设计的投资目标的五个特点。

- **具体的（Specific）**。你的目标应该是明确的、清晰的并且定义准确的。
- **可衡量的（Measurable）**。你的目标应该是可量化且可信赖的。
- **可接受的（Accepted）**。你的目标应该是被普遍认可的，而且是有激励作用的。

- **现实的**（Realistic）。你的目标应该是可以实现的，并不是高远的。
- **及时的**（Timely）。你的目标应该是一段特定时期内的，而不是不确定的。

投资目标

一旦你确定了自己的 SMART 目标，接下来就要集中精力实现这一投资目标。投资目标通常表现在绩效方面，如投资者为了实现他 / 她的目标而需要每年获得回报。这样做为投资者提供了一个更好的视角——以便观察为了实现 SMART 目标其需要多少回报。投资者的回报目标将决定他 / 她的理想证券投资组合中的资产配置状况。

投资知识

我们一次又一次地听到我们应该"投资于我们所知道的"。投资巨头沃伦·巴菲特和彼得·林奇推崇这一信条。你对一个特定的投资越了解，你就会对该项投资的判断越自信。与其他人相比，一个具备全面投资知识的投资者，他 / 她的风险承受能力更高，而且能够灵活地构造高风险的投资组合。

当前和未来的财务状况

在确定你的资产配置时，你的财富水平发挥着非常重要的作用。一般情况下，拥有更高水平财富的投资者会有更大的风险承受能力。简单地说，越是富有的投资者在实现他们的目标的过程中，犯错的空间越大。当然，并非总是如此，但作为一般规则，它通常是正确的。相反地，财富水平较低的投资者，其风险承受能力也较低。

投资期

投资期首要考虑的是帮助投资者确定股票和固定收益产品之间的资金结构平衡问题，也就是债券和现金。其他条件相同时，你的投资期越长，你就越应该在自己的投资组合中增持更多的股票并且减持固定收益产品。

长期以来，最棘手的风险类型就是购买力风险，或者说是由于通货膨胀造成的资产实际价值的损失。对于这种风险，股票提供了最好的对冲机会。在短期内，最棘手的风险是价格波动。而固定收益产品为这种类型的风险提供了最好的对冲机会。

收益和流动性

你对当前收入和流动性的需求将影响你配置投资组合的方式。在一定程度依赖投资组合的投资者想要的是高流动性和高于一般收益回报的资产。此外，这一类型的投资者通常在他们的投资组合中对本金的保护需求更强。因此，增持固定收益资产将是重中之重。

税收和税务方面的考虑

对于有纳税账户的投资者，应该注意投资的税收效益。高联邦税率的投资者通常会发现，投资免税的市政债券比投资应税公司债券更有利。税收管理是非常重要的，因为对资本收益、利息和股息征收的税将会减少总的投资组合效益，有时候表现得非常明显。尽可能地推迟和减少税收可以提高投资效益。

以下是税收投资者在确定资产组合时应该考虑的三个方面的问题。

1. **资本利得**。资本利得税是对已经出售的投资的增值部分所征收的税。决定是否平仓之前应评估它们的税收影响。然而，在投资决策中，投资者往往最后考量的才是税收方面的影响。例如，只是为了推迟资本利得税而持有一项不适当的投资是非常不明智的。

2. **成长型证券和收入型证券**。利息和股息所得税是在投资者获得利息和股息的年度内成为应纳税额的。也就是说，只有通过出售一项投资的增值部分所获得的收益，才能作为应纳税额进行缴税。这给投资者确定何时何地纳税带来了一些灵活性。

3. **免税投资**。根据你的总的组合税率，你可能想用低收益免税投资（如市政债券）替代更高收益的纳税投资（如企业债券）。为什么呢？因为低收益免税投资的税后收益可能高于高收益纳税投资的税后收益。税后净收益才是最重要的。

法律和监管方面的考虑

与个人投资者相比，机构投资者对法律和监管方面的考虑更为深入。然而，一些法律和监管方面的考虑会涉及个人退休账户的存取款、员工股票期权的使用和限制性股票的威胁。根据具体情况，你可能需要建立一个具有更大流动性和更多现金头寸的投资组合。

独特的偏好和情况

这类因素包括所有不能归类于其他方面的因素，而且通常是特定投资者所独有的。独特的情况和偏好的例子包括以下几个方面：

- 经济上供养父母或者有缺陷的孩子；
- 因社会意识而排除对能源或烟草的投资；
- 由于工作受限而被限定在特定领域投资；
- 申请破产或者有过度的债务支付。

以投资品种为中心的因素

下面探讨影响个别投资品种的多个具体因素，这些因素会形成合力，这些合力与以投资者为中心的因素一起，影响着投资者的资产配置决策和相应的投资组合内各种资产的确定。

相关性

相关性是一个用来衡量和展示两种投资价格是怎样变化并相互影响的数学计量关系式。投资者的任务是去瞄准那些与其他资产类别相关性很低（如果不是负相关的话）的资产。这样，你就可以从这些完全不同的资产类别中获得相关的收益，如股权收益、固定收益和非主流资产的收益等。

预期总回报

构建一个最优的投资组合需要你有当前和未来预期收益的知识和实践。如果没有这种知识储备和能力，你很有可能构建了一个预期收益不足以达到你的 SMART 目标的投资组合。记住，你不可能实现那个自己没有瞄准的目标。

风险管理机会

投资者掌握如何恰当地管理和控制风险是非常重要的。重要性体现在管理风险的方法越多，获得这一风险水平下的最高收益的机会就越大。把类似的投资放在一个篮子或一个池子里将会使特定投资或个人投资的风险最小化。其他风险管理机会包括衍生产品的应用，特别是看跌期权，还有应用这些衍生产品所必需的资金。如果你不能利用看跌期权提升自己的收益，那么看跌期权也就毫无用处了。

内在波动性

内在波动性是由与投资相关的可被界定的特质导致的投资价格的变化程度。内在波动性越大，投资风险越大——并且最终需要降低风险。内在波动性源于以下几个与公司活动相关的特点：

- 所处行业或部门；
- 对利率的敏感性；
- 对利率变化的敏感性；
- 流通在外的股票；
- 预期收益的不确定性。

收益的类型

你是看重成长还是收益？延时收益还是即时收益？根据即时收益、市值增值，或者两者的组合，将资产分类。因此，考察特定投资的当前收益是否匹配你的需求或者期望是非常重要的。例如，标准普尔 500 指数 ETF 通常

是基于标准普尔 500 指数股票的股息收入支付当前的收益。相反地，成长型
ETF 通常没有股息收入，因为成长型股票更倾向于将收益进行再投资。对于
期望获得当前收益的投资者来说，了解不同资产类别之间的差异是很重要的。

交易的灵活性

如果你现在还没有发现，那么你很快就会发现，一些资产类别相较于其
他资产类别更容易交易。根据资产的固有特性，一些资产类别的流动性相较
于其他资产来说较差，这也就意味着按照买卖价差的一半，会有更高的交易
成本。此外，由于一些资产类别的可获得性较差，因而很难被用来进行投资，
例如微型股、小型股、新兴市场和大宗商品。

一般性

除了如前所述的流动性、交易成本和可获得性之外，资产类别在规模、
差异性、可定义性和完整性方面也有所差异。当你在确定你的资产配置时，
资产类别之间小的差别可能并不重要；然而，较大的差异和很多较小的差异
可能会促使该项资产从根本上不同于其他的资产，这对资产配置的目的来说
是一件好事。

用简单的方法来确定你的资产配置

很多方法可以帮助投资者设计一个最优的资产组合。一些常见的方法包
括股本过载、简捷的 110 法则、现金流匹配、风险规避、资产配置的时机选
择和自定义组合。注意，这些方法都是非常简单的，没有考虑每个投资者各
自独有的情形——它们都被认为是自然界中非常普遍的存在。本书第 17 章和
第 18 章列举了多个 ETF 投资组合的实例供你参考。

股本过载

从历史上看，随着时间的推移，股权资产的业绩表现远胜过其他主要的

资产类别。很明显，这是许多投资者和金融专业人士支持增持股票的理由。然而，波动风险在这样一个投资组合中是显而易见的。

简捷的 110 法则

这是资产配置决策中最常用的方法之一，这里给出了它的变形。在这种模式下，投资者基于这个等式（110 减去你的年龄）分配一定比例的投资到股票和其他替代资产，剩下的一部分投资分配给固定收益。例如，一个 65 岁的投资者将 45% 的投资分配到股票和非主流资产上（110–65），剩下的 55% 分配到固定收益。这个模型的基本假设是，一个投资者的风险预期——即证券投资组合风险——将逐年下降。

现金流匹配

现金流匹配试图去匹配投资者的预期未来现金流入与投资者的预期未来现金流出。认识这个复杂模型的第一步是识别所有预期的未来财务债务。第二步是从非投资来源中识别所有的预期未来财务流入，例如工资、社会保险、养老金。第三步是确定两者之间的差距。第四步，评估你目前的投资组合情况，与你未来所需要的投资组合进行对比，以便填补差距。这个评估将决定你为了填补差距所需达到的投资绩效。例如，一个投资者期望他的投资组合每年能够赚取 6% 的收益，使他能够过上他想要的退休生活。6% 是一个合理的期望值，一个充分分散和最优分配的资产组合在未来应该能够获得这个收益回报。

预测能力不足，对人的寿命的预估缺乏准确性，以及无法控制或不可预见的市场因素是采用这种资产配置方法的缺点。

风险规避

不管投资者的风险承受能力和其需要承担的风险如何，一些投资者只是不想承担风险（即他们的风险容忍度极低）。他们不能接受风险。结果是，过分保守的资产是最好的处理方式——它们能让投资者在夜晚睡得更好。虽然这种情形使投资者现在感觉很安全，但可能会危及到他们退休后的生活。这种方法是行为金融学在投资决策上的实际应用。

资产配置的时机选择

这种方法是通过适度频率的选择和改变资产配置来获取增量收益。这可能包括较多展现出了相对价格优势的资产类别（例如，很多投资者喜欢追涨杀跌，追随趋势）。相反地，投资者也有可能采用反转投资方法，持有较多当时不受欢迎的资产类别——例如一些熊市股票市场中的股票——当股票重回牛市时，投资者希望能够在峰值附近将其卖出。这显然是一个市场时机策略，投资者应该谨慎处理。

自定义组合

因为以上讨论的这些方法都有一个或多个缺点，因而采用自定义组合可能是最合适的。许多金融专业人士都走上这条路，并且利用一个或者多个方法中的优势去设计他们自己独特的方法。绝大多数专业人士通过某种形式将现金流匹配和时机选择相结合。这样能让他们建立一个最适合自己的资产配置策略，同时提供了一定的灵活性，以提升自己投资组合管理技能——这被认为是吸引新客户的基本方法。

正确方法

建立和维护一个成功的投资组合完全依赖于如何设计、建造和管理这个组合。决定一个投资组合最终的绩效是资产配置计划。

这不是秘密，每一年绝大部分投资组合经理都没有获得预期的市场收益。此外，据统计，那些在任何一年获得过预期市场收益的投资组合经理在下一年获得预期的市场收益的概率更低。

其实，投资成功的关键既不复杂也不难理解和应用。资产配置的本质就是获得和保持优势，它可以促进长期投资绩效，并且随着时间的推移，它能确保资产的独立、可控和安全。当你设计投资组合时，要时刻记住"配置，配置，配置"。

第 16 章

有关 ETF 的主要误解

最近由投资市场给出的关于 ETF 最新的介绍显示，投资者对 ETF 存在许多误解，这可能是由于投资者缺乏对 ETF 的真正了解，或者是在现实中缺乏对 ETF 的接触，也或者是两者皆有。有些误解是合理的，而有些似乎是不合理的。绝大部分误解是关于 ETF 内部如何运作以及它们内部固有的优点和缺点。为了更好地帮助投资者了解 ETF，有一章"ETF 肯定不是什么"的内容很有必要，这部分内容能够给投资者一个更清晰的描述，并以一个更好的角度来阐述 ETF。本章以下内容介绍了投资者对 ETF 的主要误解，并且对每个误解分别进行了简单的讨论。

所有的 ETF 都是基金或投资公司

许多人随便将所有交易所交易的投资组合（ETP）作为 ETF。尽管这个标签是不准确的，但是它现在已经被主流投资者认可，是所有 ETP 的通用术语。ETF 这个标签被不恰当地使用在一些开放式结构化票据、委托人信托以及几乎所有的商品类结构产品和货币资金池中。在现实中，交易所交易的投资组合（ETP）更适合做一个总称，而 ETF 是 ETP 的一个分支。我用手机作类比，有不少人还在称他们的手机为移动电话，尽管这种移动技术早已成为过时的技术。然而，无论是移动电话还是 ETF 都还停留在可以预见的未来里。

ETF 仅持有股票和债券

最早的 ETF 只持有公开上市交易公司的普通股或来自公司、政府或联邦机构的固定收益证券。这些年来，作为 ETF 的创新，非传统持股方式开始出现在 ETF 中。货币和大宗商品投资是首先应该考虑的投资对象，其次是基于大宗商品的期货合约。最新的创新模式是持有权互换，即以创建一个杠杆或反向配置来满足细分市场的需求。ETF 持有的实际类型是多种多样的，并且随着时间的推移持续增多。

所有的 ETF 都是相同的

以一个更高的视角来看，ETF 可能是相同的——尤其是对于新手投资者来说。但事实是，鉴于不同的法律架构、不同的指数和其持有的标的资产的不同，不同的 ETF 之间的区别很大。此外，即使跟踪同一指数的 ETF 也可能是不同的，因为它们可能会使用不同的跟踪方法或可能具有不同的成本结构。最后，ETF 发行商竭尽全力创立自己的 ETF 品牌，并由此向利益相关者传达他们的 ETF 与其他的 ETF 如何不同、如何更好的信息。

ETF 仅跟踪传统指数

另一个主要的误区是，ETF 只跟踪被广泛认可的指数，例如标准普尔 500 指数和道琼斯工业平均指数。尽管这在 ETF 开始成立时是真的，但是现如今却逐渐发生了变化。以前，许多 ETF 跟踪市场指数，但是现在很多 ETF 跟踪自定义的指数，这类指数是由 ETF 发行商设计的，目的是能够主动管理而不是消极管理 ETF。许多 ETF 不跟踪公认的市场指数，而是跟踪经济板块、行业组织，它们风格迥异、规模跨度大。

ETF 总是被消极管理的

虽然许多 ETF 采用消极管理方式，但是这里没有要求 ETF 必须坚持某种特定的管理风格。在过去的几年中，由于共同基金不具备节税优势和类似股票交易的优势，因而积极管理的 ETF 在数量和规模上都有所增长。在很短的时间内，积极管理的 ETF 已经从设计阶段发展成非常稳健并快速增长的市场。ETF 就像是最近在 NFL（全国橄榄球联盟）比赛中被选中的顶级橄榄球球员，这个球员有很大的潜力，只需要用更多的时间来进行系统学习，完善自己的技能，那么最终肯定可以称霸这个领域。

ETF 跟踪所有现有的市场指数

一个流传很广的谬误是，在每一个指数、行业或细分市场中都存在相应的 ETF。但这根本就不是事实，甚至与真相差之千里。截至 2011 年年初，市场中共有超过 1 100 支 ETF。这其中一部分 ETF 是跟踪市场指数，也有许多 ETF 跟踪的是自定义指数，是发行商为了采用积极管理策略而自定义的指数。仅道琼斯指数编制机构就拥有超过 3 000 个指数，这个数字仍低于其他指数编制机构所提供的指数数字。因此，这个数字根本不能满足每一个现有指数至少有一个 ETF 的要求。ETF 发行商忽略了很多现有的市场指数，这些市场指数跟踪的市场大都是位于欠发达的国家和地区，例如印度的中型股指数。即使我们已经目睹了 ETF 在数量上的爆炸式增长，但是市场指数更是如此。这种情况与一只狗在追逐它的尾巴相类似。

ETF 是高度复杂的

正如我们所知道的，许多人对新的和不熟悉的事物会感到不安，它同样适用于投资者和 ETF。许多投资者认为 ETF 非常复杂，就是因为他们缺乏对 ETF 投资的了解。然而，相反甚至更精确地说，ETF 只不过是一个账户或标的证券。除了更多的技术创新和赎回机制，ETF 和共同基金以及投资组合非常相似。ETF 的交易过程与股票类似，但是它与共同基金更相似，这应该会给投资者增加信心。

ETF 只适合市场投机者和择时进入市场的投资者

由于 ETF 有类似股票的交易性，所以很多人误认为 ETF 更适合投机者、择时进入市场的投资者和其他进行短期投资的投资者。然而，由于 ETF 在成本结构上比共同基金更有优势，所以 ETF 比共同基金更适合长期投资者。ETF 有节税优势，有更低的费用率，投资者在进入和退出的时候不需要流动成本和连带交易成本。

ETF 的总费用比共同基金低

在大多数情况下，ETF 在所有需要支付的费用类别上的总费用都比共同基金要低，但是当基金家族内部之间进行交易时，ETF 会产生交易佣金，这一点和共同基金不同，因为共同基金是免费的。鉴于积极管理型 ETF 的出现，ETF 原本的成本优势变得不显著了，因为积极管理型 ETF 需要组合管理人员和支持人员，这就意味着更高的运营成本。这些成本必须以较高的费用比率进行抵消。此外，更多的技术主动管理型 ETF（特别是杠杆和反向基金）收取的费用率会比人们预想得更高。它的花费比很多积极管理型的免佣金的共同基金要高。这个故事告诉我们一个道理：投资者必须要做的功课就是发现所有的成本并据此做出明智的决策。

ETF 无法实现超额利润

我无数次地听到不知情的投资者和投资专业人士说，投资者不能通过 ETF 真正赚到钱，因为它们无法实现超额利润。这种说法并没有全面地考虑 ETF 的优势，即 ETF 不仅能够提供更低的内部开支（这打破了收费的底线），并且它还提供了最佳的投资组合配置方案。许多研究表明：随着时间的推移，决定你的投资绩效的因素是你如何分配投资，而不是选择哪项投资或者购买或出售的时机。对比股票与共同基金，ETF 能够进行更好的资产配置和资产调整。另外，并不是所有的 ETF 跟踪的市场指数都能产生 β 系数或市场绩效。积极管理型 ETF（包括杠杆 ETF）就产生了 α 系数或超额利润。因此，对于愿意支付更高费用和具有冒险精神的投资者来说，积极管理型 ETF 提供了获取超额利润的机会。

ETF 在所有情况下都有着极高的透明度

在所有情况下都是完全透明的，这非常有吸引力，不是吗？从某个角度来看，市场价格、资产净值和基本持股信息的透明度是可获得的，因为它为投资者提供了与其他 ETF 和共同基金相互比较所需要的信息。不幸的是，完全的透明度也有一些无法预料的弊端，这个问题源于交易所需跟踪的标的指数。一旦指数编造者提前宣布重建一个市场指数，然后投机者（也就是那些在现实中被熟知的"黄牛"）可以通过购买增加到 ETF 指数里的有价证券和卖掉被取代的有价证券来提前经营 ETF，ETF 发行商随后才能调整它们的持有量。这些事前进行的交易提高了 ETF 为了跟踪标的市场指数而需要作出改变的费用。ETF 投资者几乎很少知道，或者完全不知道这种 ETF 固有的基金层面的成本。

高 ETF 成交量意味着高流动性

关于 ETF 最重要的误区与 ETF 的交易量和流动性有关。对于股票而言，更高的交易量意味着更高的流动性。投资者错误地将这个逻辑应用到了 ETF 上，此外，一些投资者认为，高成交量意味着这支 ETF 是更有效的。这些说法都不准确。ETF 的有效性与交易量并不能等同。与其他投资工具相比，ETF

的固有优势是税收的高效性、低成本性和类似股票的可交易性。ETF 的流动性不是像股票那样由它的交易量定义，而是由每个标的证券的流动性来定义。标的证券的总体流动性越高，ETF 基金的流动性就越高。还有其他一些因素可以来阐释基金层面 ETF 的流动性，但它们的影响都较小。

ETF 不能筛选出最好的

如果投资者收听各种各样的有线电视网络金融主播电台，就会听到一些人抨击 ETF，因为 ETF 既包括好的公司又包括差的公司，并没有进行筛选。他们的意思是投资者应该避免投资 ETF，并且应该仅仅去投资业绩好的公司的股票。在现实中，这种观点有两个重要的问题。首先，如果挑选业绩好的公司是那么容易的话，那么为什么有一半以上的专业基金经理在他们高薪聘请的研究分析师的支持下不能每年都超出相应的基准业绩（即指数业绩）呢？选择高性能股票是非常困难的，而用投掷飞镖法选择的股票通常会获得更好的业绩。其次，好公司和好股票与不良公司和不良股票之间有着明显的区别。一个业绩好的公司，它的股票需求量如此之高，以至于它的真实价值并不能支撑它目前的股票价格。此外，业绩差的公司可能会被严重忽视，以至于它们的股票价格被低估得非常厉害。

第 17 章

传统的投资组合：基于生命周期与风险特征的 ETF 模型

到目前为止，我们除了回顾一些可购得的 ETF 名单，还讨论了 ETF 的基本要素以及它的交易复杂性。此外，我们还讨论了资产配置和投资风险与收益的重要性。这一章将前面所讨论的内容结合在一起，专注于每一个投资者投资的盈利组合，本章强调了基于生命周期和风险特征的传统的投资组合，而下一章主要基于投资者的情绪（如看涨、看跌或中立）来提供专业的投资组合配置。

投资生命周期分为三个主要阶段——积累、退休前、退休后。然而，投资组合不应该仅仅基于生命周期，因为每个阶段的投资者之间还存在差异。一些投资者更倾向于激进的投资组合，而一些投资者则倾向于保守的投资组合。正是出于这个原因，我们在确定不同生命周期阶段相匹配的投资组合时，将风险因素（对风险的容忍度、承受能力和需求）纳入考虑范畴。我们将回顾每一个阶段，然后讨论适合于每个生命周期阶段的投资者的不同的投资组合。

积累阶段

积累阶段，投资者在他们投资的早期和中期都谋划着长期投资。有时他们的资产净值和收入相对于他们的总债务和其他金融债务所占的比例较小。其中一些投资者仍处在受教育阶段，比如在研究生院，他们可能租赁或者拥有他们的第一套或第二套房子。还有很多投资者有学生贷款、信用卡债务、汽车贷款和其他一些租赁行为，他们背负着相关的债务支付。在这一阶段，开始一个投资计划虽然很困难，但也非常重要。在这一生命周期，人们的关键任务是偿还债务，开始为退休进行储蓄，买一座房子，希望这些资产随着时间的推移而升值。

这些人通常有着中下等的生活开销，虽然他们的盈利能力普遍较低，但也在不断地增长。对于两个人来说，支付抵押贷款或每月的租金比一个人显然容易得多，影响他们盈利能力的另一个关键因素源于他们是否已经有了一个家庭。孩子将会使一个家庭的财务状况变得更加复杂，因为孩子的费用将会增加，需要节省更多才能满足这种需求。当然，如果夫妻双方都有收入的话，将有助于大大抵消开支的增加。

资金回收情况

在长期投资的时间范围内，人们在生命周期的积累阶段，应当聚焦在投资组合的资本收益、利益增长型的资产上，从而获得更多的投资回报。与此同时，在这个阶段，人们需要知道目前的收入来源，并有相应的现金储备，以满足紧急和突发事件的资金需求。

风险状况

由于投资的时间范围较长，人们在这个阶段有能力去承受投资的高风险。但是，有些人不能忍受风险或者没有承担风险的需求。能够分辨出真实的风险状况，并更好地制订一个健全的财务计划对你来说是很有必要的。附录 A 中的资产配置问卷调查可以帮助你完成这项任务。

资产配置最优化

在这一生命周期，最优资产配置显著偏向于美国和国际股票（参见图 17-1）。这些股权分配应再细分为不同市值规模的美国股票和发达市场以及新兴市场的国际股票。对于要求投资回报是固定收入的投资者，合适的资产组合应包括不同的细分市场,如短期债券、长期债券和高收益债券。TIP,即通货膨胀保值债券,可以加入投资者担心未来可能发生高通胀的投资组合中。实物资产应该包括:房地产投资信托(优先考虑)和大宗商品。考虑到整个投资组合中对冲基金对提高收益和降低风险的好处,配置对冲基金可以增加激进型投资组合的稳健性。最后,紧急情况下的现金储备是理想的,应当予以高度支持。

资产类别	选择 ETF 期权	保守型投资组合	温和型投资组合	激进型投资组合
美国股票				
大盘股	VOO,IVV,JKD	10%	10%	15%
中盘股	VO,IWR,JKG	10%	10%	15%
小盘股	VB,IWM,JKJ	5%	10%	15%
国际股票				
发达市场	VEU,IOO,EFA	5%	10%	15%
新兴市场	VWO,EEM,GMM	5%	10%	10%
美国固定收益证券				
短期	BSV,CSJ,MBG	10%	5%	0%
长期	BLV,LWC,LQD	15%	10%	5%
高收益	JNK,HYG,ELD	10%	5%	5%
国际固定收益证券				
发达市场	BWX,IGOV,BWZ	5%	5%	0%
新兴市场	EMB,PCY,DEM	5%	5%	0%
实物资产				
房地产	IYR,VNQ,ICF	5%	5%	7.5%
大宗商品	RJI,DBC,DJP	5%	5%	7.5%
对冲基金	QAI,ALT,CSLS	0%	5%	5%
货币市场				
现金储备	——	10%	5%	0%

图 17-1 最优资产组合:积累阶段

退休前阶段

在这一生命周期，人们对于从中年到最后工作退休前这个跨度相对较长的阶段中，积累资金的需求很高，以满足他们退休以后对资金的需求。随着人们在这个阶段的不断进步，他们的收入开始超过他们的开支，因此他们退休前对工作的贡献能力和偿还债务的能力也在不断增强。许多人在这一阶段已经达到了最高的教育水平，尽管并不总是这样，但大多数人已在这段时期创造了他们最高的收入水平。这是人们在他们退休前创造贡献的最佳时期。如果不是在现在，那么还能在什么时候？

处于这一生命周期阶段的人们开始疑惑，退休以后需要多少资金才能够维持所需的消费水平和生活方式。一个很好的解决办法是建立在投资者目前的消费水平的基础之上，首先你要确定你在退休以后每年所需的开支，然后根据你想要的生活方式来调整已经拟定好的支出水平。例如，在退休以后，你打高尔夫球的次数是多少，你出去吃饭的次数是多少，等等。然后，确定每年除了养老金和投资收益之外的收入来源。这样，每年需要的开支与除了养老金和投资收益之外所得的收入的差额需要用投资储蓄来填补。一个有资质的专业理财规划师可以帮你完成这项任务。

在这一生命周期阶段中，人们也想要关注很多虽然与投资没有关系但可以保护他们未来财产安全的事情。这些事情包括起草财产规划文件，更新人寿保险、残疾保险和长期医疗保险，赠予资产以减少地产税的缴纳等。

资金回收状况

人们在长期投资的时间范围内，在其生命周期的退休前的这一阶段中，应当聚焦在投资组合的资本收益和利益增长型资产上。此外，在生命周期的下一个阶段，他们应当把重点放在风险较小的投资上。投资者应当重新调整股票和固定收益债券之间的权重，保持两者之间的平衡非常重要。

风险状况

由于投资的时间范围较长，人们在这个阶段有能力去承受较高的投资风险。不过请记住，投资者的风险承受能力应该在他们可以接受的范围之内。你有能力去承担更多的风险，这并不意味着你应该去承受这些风险，也就是说，为了实现你的财务目标，你可能并不需要去承担额外的风险。这是一个非常值得考虑的因素。

最优资产配置

在这一生命周期阶段，人们在优化资产配置时通常偏向于投资股票。为平衡投资组合的风险和收益，最理想的就是在投资组合中配置尽可能多的资产类别，特别是配置大盘股、中盘股、小盘股以及发达市场以及新兴市场的国际股票，这可以使风险调整后的收益最大化。

投资组合中配置固定收益类证券是明智的，因为这将有利于减少波动性风险，增加投资收益。实物资产也应该加进来，其中应优先考虑房地产投资信托基金和大宗商品。与积累阶段相类似，退休前的阶段也应当投资5%~10%的现金及其等价物，以满足紧急和突发事件的资金需求。退休前的最优资产配置如图 17-2 所示。

资产类别	选择 ETF 期权	保守型 投资组合	温和型 投资组合	激进型 投资组合
美国股票				
大盘股	VOO, IVV, JKD	5%	10%	15%
中盘股	VO, IWR, JKG	5%	10%	15%
小盘股	VB, IWM, JKJ	5%	5%	10%
国际股票				
发达市场	VEU, IOO, EFA	5%	10%	15%
新兴市场	VWO, EEM, GMM	5%	10%	10%
美国固定收益证券				

（续）

资产类别	选择 ETF 期权	保守型 投资组合	温和型 投资组合	激进型 投资组合
短期	BSV, CSJ, MBG	10%	10%	5%
长期	BLV, LWC, LQD	20%	10%	0%
高收益	JNK, HYG, ELD	10%	5%	5%
国际固定收益证券				
发达市场	BWX, IGOV, BWZ	5%	5%	0%
新兴市场	EMB, PCY, DEM	5%	5%	0%
实物资产				
房地产	IYR, VNQ, ICF	5%	5%	7.5%
大宗商品	RJI, DBC, DJP	5%	5%	7.5%
对冲基金	QAI, ALT, CSLS	0%	5%	5%
货币市场				
现金储备	——	10%	5%	5%

图 17-2　最优资产组合：退休前阶段

退休阶段

在某一时刻，许多退休人员会发现，他们拥有比曾经所需要的更多的资产。因此，有些人会决定直接将其资产的一部分或大部分赠予继承人或慈善机构，赠予的时机或者选择从现在到临终前的任何时间，或者选择逝世之后。为退休人员管理一个投资组合不同于为继承人或者慈善团体进行管理，因此必须要找到一个能够满足双方的需求的平衡点。

在这一生命周期中的人们处于退休——早、中、晚——这三个阶段中的一个阶段，这三个阶段的时间跨度从 7 年到 20 年不等。此外，虽然某一投资组合目前可能被认为是在短期管理中，但是当这一资产被要求赠予时，短期管理就变成了长期经营。例如，如果一个投资者有 100 万美元的投资组合，想要在 5 年后将这一数额的一半赠给他 / 她的母校，那么对于母校来说，这种只投资于保守型资产的配置方式可能是最不利的。在这 5 年的时间里，如果将准备赠予的那部分资产的部分或全部投资于股票，可能会获得更高的收益回报。由于学校拥有较长的投资期限，因此，这样经营这些赠予的资产是明智的。另外，赠予的资产越多，相应获得的税款减免就越多。

对于很多退休人员来说，他们的开支会超过他们在退休后的非投资性收入，这显然创造了一个机会，即用退休后投资取得的收入来补充额外的生活费用。开发一个投资组合的资产配置可以实现这一目标。

资金回收状况

鉴于投资期的不同，退休人员应当在股票投资和固定收益投资之间取得平衡。那些投资期较长的人们应该加强对股票的投资，而那些投资期较短的人们应该加强对固定收益证券的投资。投资者的风险状况在资产配置和预期回报中也扮演了一个非常重要的角色。将预期收益与预期债务产生的现金流量相匹配，是明智之举。

风险状况

鉴于这一阶段是相对稳健的投资期，投资者拥有相对较少的除了投资收益和养老金之外的收入来源，所以处于退休阶段的投资者比积累阶段和退休前阶段的人们的风险承受能力更低。因此，退休人员往往倾向于保守型或温和型的投资策略。拥有较多财富的投资者，其风险承受能力自然也较强，但是他们的风险容忍度或需求往往只是倾向于保守型或温和型的投资组合。记住，尽管你有着一定的容忍度和承受力去承担风险，但是你并不需要去承担。因为承担过多的风险并不会获得额外的收益，因而承担这种风险是不必要的，而且并不是一个明智的决策。

最优资产配置

退休人员的最优资产组合强调股票投资与固定收益投资之间的均衡状态。

对于那些进行长期投资或承担较高风险的投资者来说，在其投资组合中增加对股票的投资是明智的。加强风险收益权衡是资产配置过程中的首要问题，并且可以通过增加资产类别来实现。此外，固定收益证券包括美国公司债券、高收益债券和国际固定收益证券。

不管是什么样的投资组合，都应当进行实物资产投资。然而投资于大宗商品和对冲基金只能是温和型或者激进型（更为重要）的投资组合。持有现金对退休人员尤其重要，因而应当受到高度支持。退休阶段的最优资产配置如图 17-3 所示。

资产类别	选择 ETF 期权	保守型投资组合	温和型投资组合	激进型投资组合
美国股票				
大盘股	VOO，IVV，JKD	5%	5%	15%
中盘股	VO，IWR，JKG	5%	5%	10%
小盘股	VB，IWM，JKJ	0%	5%	10%
国际股票				
发达市场	VEU，IOO，EFA	5%	5%	10%
新兴市场	VWO，EEM，GMM	0%	5%	10%
美国固定收益证券				
短期	BSV，CSJ，MBG	20%	15%	10%
长期	BLV，LWC，LQD	25%	20%	5%
高收益	JNK，HYG，ELD	10%	5%	5%
国际固定收益证券				
发达市场	BWX，IGOV，BWZ	5%	10%	5%
新兴市场	EMB，PCY，DEM	5%	5%	0%
实物资产				
房地产	IYR，VNQ，ICF	5%	5%	5%
大宗商品	RJI，DBC，DJP	0%	5%	5%
对冲基金	QAI，ALT，CSLS	0%	0%	5%
货币市场				
现金储备	——	15%	10%	5%

图 17-3　最优资产组合：退休阶段

第18章

专业化的投资组合：看涨、看跌、盘整和聚焦模型

传统投资组合建立在生命周期和风险预测的基础上，对传统投资组合不感兴趣的投资者来说，本章为他们提供了一系列基于投资者心理的专业投资组合，而这些投资者心理则与市场导向和经济状况息息相关。一些投资者希望充分利用他们坚信的上涨行情来配置他们的投资组合，而另外一些投资者则反其道而行之，运用逆向思维对赌市场下跌，配置自己的投资组合来获利。还有一些投资者认为，市场可能会有较长时间的停滞。这一类投资者希望建立一种总收益最大的投资组合，包括市值增值和基于利息和红利的一般性收益。还有的投资者对通货膨胀极其恐惧，想要尽可能地保护他们的投资组合。最后一类投资者认为，增持非主流资产是在经济和地缘政治不稳定时期保护投资组合的一种最佳方式。

无论你是哪种类型的投资者，也不管你认为市场走向如何，以下模型都可以帮助你在特定情形下获利。前面章节中的模型是基于基础资产类别进行分配的，并且被分为保守型、温和型以及激进型投资组合，与之不同的是，本章的模型更加精炼与细化。本章的投资模型既不考虑风险预测，又不过于强调投资组合的最优配置。相反地，为了简单起见，每个投资组合模型包含了10种不同的且具有相似权重的ETF。需要说明的是，虽然这些投资组合提供了一些配股样本，但它们也仅仅是模型而已，应用这些模型前应充分考虑投资者个人的财务状况。总之，提出这些投资组合模型的目的和意义在于，在未来的各种不同的市场情况下，利用ETF来开发投资组合，能够获取最高的回报率。

看涨模型

因此，看涨策略偏重于股票，包括利用杠杆 ETF 来获得增量收益。正如图 18-1 所示，重点放在了国际股市上，包括发达市场 FTSE ALL-World Ex-U.S、新兴市场，以及最后有针对性描述的新兴的亚太市场。这两个新兴市场的 ETF 为了从高增长地区获益，存在一些重叠的 ETF。同样地，小盘股通过 Russell 2000，中盘股通过 Vanguard Mid Cap ETF，纳斯达克涨幅最大的 100 支股票通过 PowerShares QQQ 也被

包括进来。SPDR 高收益债券也包含在内，因为良好的市场通常青睐高收益债券。然而，健康的市场可能会引发较高的市场利率，为此，看涨策略要求卖空美国长期国债。最后，如果经济上行，对基本金属或工业金属的需求也同样上涨——这是 the PowerShares DB 基本金属 ETF 加入的深层原因。

投资策略：一种利用股市强劲回报预期的激进策略				
序号	交易代码	ETF 名称	费用比率	目标权重
1	SSO	ProShares Ultra S&P500	0.92%	12%
2	VEU	Vanguard FTSE ALL-World EX-US	0.22%	12%
3	VWO	Vanguard MSCI Emerging Markets	0.22%	12%
4	IWM	iShares Russell 2000 Index	0.20%	12%
5	JNK	SPDR Barclays Capital High Yield Bond	0.40%	10%
6	TBT	ProShares UltraShort 20+ Year Treasury	0.95%	10%
7	VO	Vanguard Mid Cap	0.12%	8%
8	QQQ	PowerShares QQQ	0.20%	8%
9	GMF	SPDR S&P Emerging Asia Pacific	0.60%	8%
10	DBB	PowerShares DB Base Metals	0.76%	8%
				100%

图 18-1 投资组合构成：看涨模型

看跌模型

看跌策略注重那些能从股市整体下跌中产生收益的 ETF。为了从下跌的股价中获益，这一策略需要额外的三种逆向（非杠杆）ETF。在图 18-2 中，这三种市场指数包括 S & P 500、the Russell 2000 和纳斯达克 100（ProShares Short QQQ）。这一策略还可以使固定收益 ETF 不受股票市场下跌的影响，这常发生在投资者抛售股票后寻求更安全的投资领域时。排名前两位的 ETF 是短期的 PIMCO ETF 和 the iShares TIPS Bond ETF，这是一种通胀保值债券基金。投资黄金被视为一种套期保值。与此同时，ELEMENTS 大宗商品趋势 ETF 也被包括在内，因为它的投资期可长可短，这取决于大宗商品的价格走势，因此存在从下跌的股票市场上获利的可能性。期货基金也被包括在内，因为它们的目标是获取绝对的、积极的收益，而非相对的、市场的收益。卖空高收益证券能够产生收益，因为当经济前景堪忧时，很多投资者会把高风险、高收益的债券转化为更安全的机构债券和国债。

投资策略：一种基于股市下跌预期的保护或获利的反向策略				
序号	交易代码	ETF 名称	费用比率	目标权重
1	SH	ProShares Short S&P 500	0.92%	12%
2	MINT	PIMCO Enhanced Short Maturity Strgy	0.35%	12%
3	TIP	iShares Barclays TIPS Bond	0.20%	12%
4	RWM	ProShares Short Russell 2000	0.95%	12%
5	GLD	SPDR Gold Shares	0.40%	10%
6	LSC	ELEMENTS S&P Commodity Trends	0.75%	10%
7	PSQ	ProShares Short QQQ	0.95%	8%
8	WDTI	Wisdom Tree Managed Futures	0.95%	8%
9	IEI	iShares Barclays 3-7 Year Traesury Bond	0.15%	8%
10	SJB	ProShares Short High Yield	0.95%	8%
				100%

图 18-2　投资组合构成：看跌模型

盘整模型

无论市场走向如何，倾斜或中立策略都将重心放在能够产生超高红利或者能够产生固定收益的 ETF 上。在图 18-3 中，BuyWrite ETF 是一种掩护性看涨期权策略，通过卖出保护性的看涨期权并且收取期权费来获取收益。正如前面模型中所提到的，在任何股票市场情景中，大宗商品趋势 ETF 都有可能获得收益，JPMorgan ETF 就是一种能源管道，它利用天然气在管道中流通获得的收益提供高额红利。优先股 ETF、S&P Dividend ETF、Dow Jones Select Dividend ETF、Wisdom-Tree International Dividend 和 SPDR Barclays Capital High Yield Bond ETF 都可以提供高于正常红利回报率的收益以使总收益最大化。

投资策略：一种通过资产增值，更重要的是通过连续的红利和利息来获得高额回报的策略				
序号	交易代码	ETF 名称	费用比率	目标权重
1	PBP	PowerShares S&P 500 BuyWrite	0.75%	12%
2	LSC	ELEMENTS S&P Commodity Trends	0.75%	12%
3	AMJ	JPMorgan Alerian MLP Index	0.85%	12%
4	PFF	iShares S&P U.S Preferred Stock Index	0.48%	12%
5	SDY	SPDR S&P Dividend	0.35%	10%
6	CWB	SPDR Barclays Capital Convertible secs	0.40%	10%
7	DBV	PowerShares DB G10 Currency Harvest	0.81%	8%
8	DVY	iShares Dow Jones Select Dividend Index	0.40%	8%
9	DOO	WisdomTree Intl. Dividend EX-Financials	0.58%	8%
10	JNK	SPDR Barclays Capital High Yield Bond	0.40%	8%
				100%

图 18-3　投资组合构成：盘整模型

通货膨胀模型

如图 18-4 所示，通货膨胀策略包含多种 ETF，当担心发生通货膨胀以及购买力下降时，投资者倾向投资这些 ETF。因此，只有一种传统股票 ETF

——小盘 Vanguard 基金被包括在内，其他九种 ETF 是由固定收益、大宗商品和房地产投资信托 ETF 组成的。The PIMCO TIPS ETF 不言自明，SPDR DB International TIP ETF 也是如此。The PowerShares Senior Loan ETF 中的资产与市场利率相联系，这将为投资者提供一个市值保护措施，即当市场利率上升时，它将会提供更高的利率。由于债券的市场价值，尤其是那些长期债券的市场价值，与市场利率呈反向变动关系，所以投资者购买反向国债 ETF 可以充分利用这种动态关系。这类策略中还包括大宗商品 ETF，因为它们通常能够很好地应对通货膨胀。由于写字楼和住宅的租金与通货膨胀率紧密相连，所以房地产投资信托基金在高通胀时期会表现得很好。

投资策略：一种不仅在利率开始上升时获利，在利率已经上升且维持较高水平时也可获利的策略				
序号	交易代码	ETF 名称	费用比率	目标权重
1	STPZ	PIMCO 1-5 Year US TIPS Index ETF	0.20%	12%
2	TBT	ProShares UltraShort 20+ Year Treasury	0.95%	12%
3	BKLN	PowerShares Senior Loan Portfolio	0.83%	12%
4	RJI	ELEMENTS Rogers Intl Commodity	0.75%	12%
5	WIP	SPDR DB Intl Govt Infl-Protected Bond	0.50%	10%
6	JNK	SPDR Barclays Capital High Yield Bond	0.40%	10%
7	DBB	PowerShares DB Base Metals	0.76%	8%
8	VNQ	Vanguard REIT Index	0.12%	8%
9	FIO	iShares FTSE NAREIT Industrial/Office	0.48%	8%
10	VB	Vanguard Small Cap	0.12%	8%
				100%

图 18-4　投资组合构成：通货膨胀模型

非主流资产模型

如图 18-5 所示，非主流资产策略包含了多种大宗商品类别和房地产投资信托基金。ELEMENTS Rogers ETF 是一种涉及面广、种类齐全的大宗商品

基金，包含了 30 多种不同的商品类别。United States Oil Fund、SPDR Gold
ETF、PowerShares DB Base Metals 和 ipath Livestock ETF 也都包含在内，因
为它们都是针对特定的大宗商品领域，并且不在 Rogers ETF 包含的范围
内。期货管理型基金被加入进来是因为大宗商品期货需要更加专业化的管理。
Leveraged ProShares ETF 被加入进来是为房地产信托基金提供配置，而 SPDR
Dow Jones REIT 则是为全球房地产提供配置。最后，货币 ETF 被纳入进来是
为了充实包含在该策略中实物资产 ETF 的多元化与多样性。

投资策略：一种从非传统资产（包括大宗商品溢价和房地产增值）中获利且并不太激进的投资组合策略				
序号	交易代码	ETF 名称	费用比率	目标权重
1	RJI	ELEMENTS Rogers Intl Commodity	0.75%	12%
2	RWO	SPDR Dow Jones Global Real Estate	0.50%	12%
3	CCX	WisdomTree Dreyfus Commodity Currency	0.55%	12%
4	USO	United States Oil Fund	0.78%	12%
5	MOO	Market Vectors Agribusiness ETF	0.55%	10%
6	URE	ProShares Ultra Real Estate	0.95%	10%
7	GLD	SPDR Gold Shares	0.40%	8%
8	DBB	PowerShares DB Base Metals	0.76%	8%
9	WDTI	WisdomTree Managed Futures	0.95%	8%
10	COW	iPath DJ-UBS Livestock TR Sub-Index ETN	0.75%	8%
				100%

图 18-5　投资组合构成：非主流资产模型

第 19 章

ETF 的未来：前景、展望和发展趋势

ETF 已经成为投资和理财业务的重要驱动力之一，无论是对于新手还是有经验的交易者来说，在如此短的时间内，ETF 交易的增长速度是十分惊人的。如今，在美国市场上有超过 1 100 支的 ETF，管理超过 10 000 亿美元的资产。并且这些数字未来也将会继续增加。过去 15 年已经为 ETF 的发展与繁荣奠定了良好的基础，其前景一片大好。这章我们暂且不谈论过去，而是来展望一下 ETF 投资的未来。

当我们想到未来的各种可能性时，许多问题也就浮出了水面。比如说，当前的状况和趋势会一直延续到未来吗？会发生突变吗？为什么会发生突变？ETF 管理的资产将会超过共同基金吗？什么样的变革会提升人们对已经广受欢迎的投资的青睐呢？唯一可以确定的是：在未来的若干年里，ETF 市场将会经历各种可预见的和不可预见的变化。但是这些变化会产生什么样特殊的影响，以及会如何产生这些影响呢？图 19-1 列出了未来关于 ETF 和投资市场最有可能发生的 11 个最具有影响力的变化。

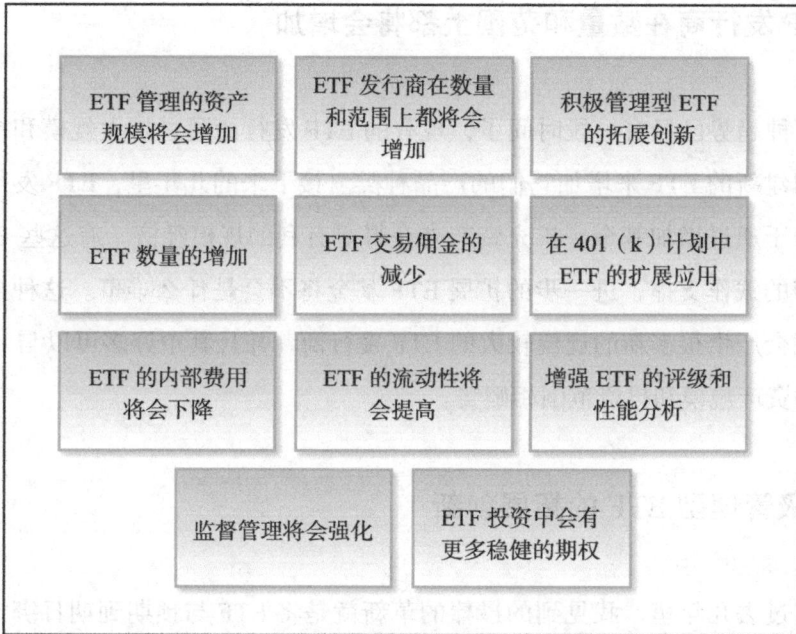

ETF 管理的资产规模将会增加	ETF 发行商在数量和范围上都将会增加	积极管理型 ETF 的拓展创新
ETF 数量的增加	ETF 交易佣金的减少	在 401（k）计划中 ETF 的扩展应用
ETF 的内部费用将会下降	ETF 的流动性将会提高	增强 ETF 的评级和性能分析
监督管理将会强化	ETF 投资中会有更多稳健的期权	

图 19-1　未来很有可能发生的影响 ETF 的变化

资料来源：Frush 金融集团

1.ETF 管理的资产规模将会增加

这个说法极其常见，我本打算不再谈论它，但是为了展示未来 ETF 最具有影响力的变化，我最终决定将这一项囊括在内。毫无疑问，ETF 每时每刻都在吸引投资者和专业金融人士的青睐。当然，这也就意味着有更多的资产涌入 ETF。从宏观角度来看，这一趋势将会持续好几年。很显然，股市下跌的减速——即使没有反转为牛市，但也会减缓资金流入 ETF 的速度。从本质上讲，任何此类事件都是暂时性的。ETF 中的新资产主要通过以下两种途径获得：第一，尚未用于投资的钱，比如说用 401（k）捐款的钱购买 ETF；第二，现有投资中的资产，尤其是共同基金，封闭式基金，甚至也包括对冲基金。其他的也都一样，ETF 将继续勇往直前，降低其与共同基金在管理资产规模方面的差距。

2. ETF 发行商在数量和范围上都将会增加

这种趋势已经有一段时间了，现有的 ETF 发行商通过扩大规模和投资范围，构建新的 ETF 来增加它们的产品种类。接下来的几年里，ETF 发行商将会致力于通过增加基金、扩充资产来获得更有利的规模经济。有这些 ETF 发行商赚的钱作支撑，进一步的扩展 ETF 基金将不会是什么难事。这种扩张极有可能会产生很多新的规模较大的 ETF 发行商，并且其中许多可以与 iShares 集团的资产规模和投资范围相媲美。

3. 积极管理型 ETF 的拓展创新

在过去几年里，我见到的最棒的革新就是将 ETF 与预期到期日绑定在一起。这样一来，所有被选择的标的债券都具有相同的到期日。因此当 ETF 到期时，所有债券都将会向投资者偿还其票面价值。其目的就在于减轻投资者的疑虑，使他们不用担心在债权持有期间，利率的增加会降低债券的价值，从而使他们亏本。可以预见，类似的革新将会持续推出并获得青睐。正如这本书里先前所提到的，可以说，ETF 跟踪指数的市场已经被缩小了，也就是说，一直被大型且知名的 ETF 发行商所垄断。为了能获得新的资产，相对较小的 ETF 发行商将被迫进行革新并构建新的 ETF 来跟踪定制指数（迄今为止尚不可知的指数）。随着时间的推移，与大宗商品挂钩的 ETF 以及特定的 ETF 将势必会越来越重要。尽管我是跟踪市场指数 ETF 的支持者和拥护者，但是未来肯定会有越来越多的 ETF，即使它们跟踪的是定制指数，最终也会使投资者受益，而不是损害投资者的利益。

4. ETF 数量的增加

在过去的几年里，ETF 数量的增长十分惊人。虽然跟踪市场指数的 ETF

数量明显放缓，但是跟踪定制指数的 ETF 的数量明显增加。鉴于现在已经投入以及预计将要流入 ETF 中的巨额资产，发行商将继续创新，构建新的、更好的 ETF。这些新 ETF 中的大部分会流行起来，但其中有一些被关闭，这是因为投资这些部分 ETF 的资产尚未达到足够的数额，所以使得它们在金融市场上难以立足。

5. ETF 交易佣金的减少

如前所述，投资者选择 ETF 的主要原因是其较低的内部费用。ETF 发行商之间争相降低费用以吸引更多的投资。与此同时，证券公司开始削减交易佣金，通过相互竞争来吸引投资者。在 2010 年，富达、嘉信理财和先锋取消了原本已经很低的每笔 10 美元的 ETF 交易佣金。宏达理财更是取消了 100 多个精选出来的非专属 ETF 的交易佣金，并将这项政策推向了新的高度。因此，自主操作型投资者通过将其投资组合的保管权给予上述提及的其中一个证券公司，以实现财务激励。虽然我怀疑证券公司不会永远不收佣金，但我认为这种趋势将在未来几年继续。然而，在某一时刻，证券公司可能会重新审视这项政策，但最近肯定不会。

6. 在 401（k）计划中 ETF 的扩展应用

在传统投资市场中，ETF 是很常见的。然而，在非传统的投资市场，ETF 的使用并不明显，如 529 计划和更重要的 401（k）计划。虽然 ETF 最近进入了 401（k）的平台，但它仍有很大的发展空间。机会是如此大，就像 19 世纪美国从法国手里购买了比自己当时领土大一倍多的路易斯安那一样。在你考虑 50 岁以下的投资者所拥有的资产时，他们可供投资的财富绝大部分与 401（k）计划有关。当然，拥有 401（k）账户的投资者也有其他的投资账户，但是大部分可用于投资的美元都存在了像 401（k）这样的退休账户里。这些计划的发行商都敏锐地意识到了 ETF 的发展趋势及其日益普及，因此在 401（k）的平台上，ETF 与共同基金和指数基金处于一个平等的竞争地位将只是一个时间问题。

7. ETF 的内部费用将会下降

ETF 的费用将会下降，这个毋庸置疑，只是降幅和速度的问题。自成立以来，ETF 的内部费用已经有明显下降，并且这一趋势将持续下去。投资 ETF 基金的一个主要原因是与共同基金相比，它具有明显的成本差异（包括显性成本和隐性成本）。发行商发现，除了满足这类投资者的购买需求外，通过降低 ETF 的费用也能吸引更多的资产。这将会引来一个问题——那就是削减费用将会让 ETF 失去发展的动力，但我认为，在这种事情发生以前，我们还有一段时间可以通过削减费用来吸引投资者。此外，事实证明，由于积极管理型 ETF 使用的是定制指数而不是市场指数，所以积极管理型 ETF 比消极管理型 ETF 需要花费更高的费用。与消极管理型 ETF 相比，积极管理型 ETF 的费用在未来几年会下降，这是资产和投资者之间竞争的结果，其中许多人都将敏锐地意识到费用问题，并对过高的费用非常敏感。

8. ETF 的流动性将会提高

这里的流动性是指 ETF 投资者的交易成本（由买家和卖家各支付一半）。一般而言，在出价和要价之间降低证券的流动性是件非常好的事情。因此，每当谈到购买或卖出 ETF 时，你总是希望价差最小。因为买卖价差越大，你买 ETF 所要花费的费用就越多，你卖出 ETF 所能获得的收益就越少。ETF 的流动性主要是基于基金中持有的标的证券的流动性。然而，ETF 的流动性在一定程度上也取决于基金层面的交易活动。因此，随着 ETF 需求的持续增长，ETF 的流动性也将逐步提高。

9. 增强 ETF 的评级和性能分析

在调查和评估方面，共同基金遥遥领先于 ETF。虽然短时间内看不到这种情况会发生什么变化，但是我非常希望未来我们能有很多资质良好的研究公司提供评级和性能分析，远远超过当前已有的水平。

迄今为止，我看到的最有趣的、最具创新性的分析技术之一就是利用战略框（类似于晨星公司的资产类别框）来定义单支 ETF，但这种技术目前尚未在主流市场上流行起来。这个新方法建立在密歇根州的托伊（Troy）的思路基础之上，是 Rick Ferri 组合方案的产物。托伊在他的书《关于 ETF 的参考书》（霍博肯，新泽西：John Wiley & Sons，2009）中用了几乎一整章来描述这一创新。随着时间的推移，我们会从不同渠道看到越来越多的创新，而这些创新的目的就在于扩大 ETF 市场。

10. 监督管理将会强化

加强监督管理已经持续了一段时间，并且在可预见的未来将一直继续下去。毫无疑问，美国证券交易委员会（SEC）正在寻找管理 ETF（尤其是积极管理型 ETF）的方法。与跟踪市场指数相比，管理跟踪定制指数的 ETF 是完全不同的。美国证券交易委员会致力于强化这类基金的监管，以便能更好地保护一般的公众投资。此外，那些利用杠杆作用放大其绩效表现的 ETF，或者跟踪大宗商品期货交易的 ETF，未来将面临政府和行业法规更加严格的审查和监管。像伯尼·麦道大诈骗案这样与 ETF 无关的丑闻，只是对美国证券交易委员会施加了额外的压力，促使其对一些投资方法和投资领域加强监管，这可能会给 ETF 参与者带来更多的负担。

11. ETF 投资中会有更多稳健的期权

　　许多规模较大的 ETF 都有标的看涨和看跌期权。然而，在不同的 ETF 中，衍生工具的稳健性也是不一样的。此外，很多 ETF 根本没有标的看涨和看跌期权。随着时间的推移，这都将会改变。随着越来越多的投资者和资产涌向 ETF，ETF 也将会拥有分配期权。对于一个特定的 ETF，如果最近几个月只有少数几个看涨期权到期的话，那么流动性往往会很低，买卖价差也会很大。股票和 ETF 的买卖价差较大已经够糟糕了，但价格低很多的看涨或看跌期权也有很大的价差，这是一件更糟糕的事。尽管如此，ETF 看涨和看跌期权未来的发展会变得更好。

附录 A

ETF 的相关资源

图书资源

1. Abner, David J., The ETF Handbook, Hoboken, New Jersey:John Wiley & Sons, 2010.

2. Appel, Marvin, Investing with Exchange-Traded Funds Made Easy, Upper Saddle River, New Jersey: FT Press, 2008.

3. Delfeld, Carlton T., ETF Investing Around the World, Lincoln, Nebraska: iUniverse, 2007.

4. Dion, Don, and Carolyn Dion, The Ultimate Guide to Trading ETFs, Hoboken, New Jersey: John Wiley & Sons, 2010.

5. Ferri, Richard, The ETF Book, Hoboken, New Jersey: John Wiley & Sons, 2009.

6. Gastineau, Gary L., The Exchange-Traded Funds Manual, Hoboken, New Jersey: John Wiley & Sons, 2010.

7. Groves, Francis, Exchange-Traded Funds, Hampshire, U.K.: Harriman House, 2011.

8. Lofton, Todd, Getting Started in Exchange-Traded Funds, Hoboken, New Jersey: John Wiley & Sons, 2007.

9. Maeda, Martha, The Complete Guide to Investing in Exchange- Traded Funds, Ocala, Florida: Atlantic Publishing Group, 2009.

10. Meziani, A. Seddik, Exchange-Traded Funds as an Investment Option,

Hampshire, U.K.: Palgrave Macmillan, 2005.

11. Richards, Jr., Archie M., Understanding Exchange-Traded Funds, New York: McGraw-Hill, 2007.

12. Vomund, David, and Linda Bradford Raschke, ETF Trading Strategies Revealed, Columbia, Maryland: Marketplace Books, 2006.

13. Wiandt, Jim, Exchange-Traded Funds, Hoboken, New Jersey: John Wiley & Sons, 2001.

14. Wild, Russell, Exchange-Traded Funds for Dummies, Hoboken, New Jersey: John Wiley & Sons, 2006.

ETF 发行商

黑石集团（iShares）
地址：新泽西州，泽西市，华盛顿大道 525 号 1405 室，07310
电话：800-iShares

景顺普硕资产管理公司
地址：伊利诺伊州，惠顿市，西罗斯福路 301 号，60187
电话：800-983-0903

凡埃克投资管理公司
地址：纽约州纽约市麦迪逊大道 335 号 19 楼，10017
电话：800-544-4653

ProFunds 集团（ProShares）
地址：马里兰州贝塞斯达康星大道 7501 号，20814
电话：866-776-5125

Rydex–SGI

地址：堪萨斯州托皮卡 758567 信箱，66675-8567

电话：800-820-0888

道富环球投资管理公司（SPDRs）

地址：马萨诸塞州波士顿林肯大道道富金融中心，02111-2900

电话：617-786-3000

美国先锋集团

地址：宾夕法尼亚州福吉谷 1110 信箱，19482-1110

电话：800-992-8327

智慧树投资公司

纽约州纽约市麦迪逊大道 380 号 21 楼，10017

电话：866-909-9473

指数编制机构

道琼斯指数

地址：新泽西州普林斯顿 300 信箱，08543-0300

电话：609-520-7249

摩根士丹利资本国际公司（MSCI）

地址：纽约州纽约市第一大通曼哈顿广场 44 楼，10005

电话：888-588-4567

罗素投资集团

地址：华盛顿州西雅图市第二大街 1301 号 18 楼，98101

电话：866-551-0617

标准普尔

地址：纽约州纽约市水街 55 号，10041

电话：212-438-1000

威尔希尔协会

地址：加利福尼亚州圣塔莫尼卡市海洋大道 1299 号，90401

电话：310-451-3051

附录 B

资产配置的调查问卷

资产配置是在不同的资产种类和资产子类上战略性地分配投资者财富的过程，以求实现投资者在合理假设的风险水平下期望的高投资回报率。实证已经表明，知道怎样分配你的财富比你选择有价证券的买卖时机更有价值，这会随着时间的推移决定你的大多数投资行为。

资产配置的调查问卷将帮助你决定你的风险态度（风险厌恶型、风险中立型还是风险偏好型）和最优资产配置情况。这个工作表给出了很多问题，根据你的回答你会从五种最优的资产配置中得到最适合你的资产配置方案。在给定你愿意承担、有能力承担并且需要承担的风险水平下，每一个最优的资产配置都将给你最高的总预期回报率。

这个最优的资产配置不应该被视为投资建议，而应该包含在所有相关的投资策略中，这是在作出投资决策时应该考虑的。最后，由于你的目标和局限性可能会随着时间而改变，你可能想每年都做一次调查问卷。

1. 你的投资目标是什么?

A. 在三年内用证券投资组合的较大部分来购买消费品。

B. 提供目前收入来源（利息和股息）。

C. 平衡资本增值和当期收入。

D. 强调资本增值比当期收入重要。

E. 更倾向于激进型资本增值。

2. 你属于哪个年龄群?

A. 39 岁以下

B. 40~49 岁

C. 50~59 岁

D. 60~69 岁

E. 70 岁及 70 岁以上

3. 你的证券投资组合在未来五年之内预期平仓并用于购买的是多少？

A. 0%

B. 1%~15%

C. 15%~25%

D. 25%~50%

E. 50%~100%

4. 证券投资组合大约占你的总投资资产的百分比是多少？

A. 25% 以下

B. 25%~50%

C. 50%~75%

D. 75%~100%

5. 你未来收入来源（工资、投资收益、退休金）的安全程度如何？

A. 非常安全

B. 安全

C. 一般

D. 不安全

E. 非常不安全

6. 对于有价证券而言，相对于高市场价值波动率 – 高投资回报率的证券，你更愿意投资低市场价值波动率 – 低投资回报率的证券吗？

A. 非常愿意

B. 愿意

C. 一般

D. 不愿意

E. 非常不愿意

7. 当市场运行非常好时，你愿意卖出较低的风险的投资并用其收益买入较高风险的投资吗？

A. 非常愿意

B. 愿意

C. 一般

D. 不愿意

E. 非常不愿意

8. 下图举例说明了一个投资组合在未来五年期间可能发生的潜在收益和损失。请选择最适合你的潜在收益和损失水平。

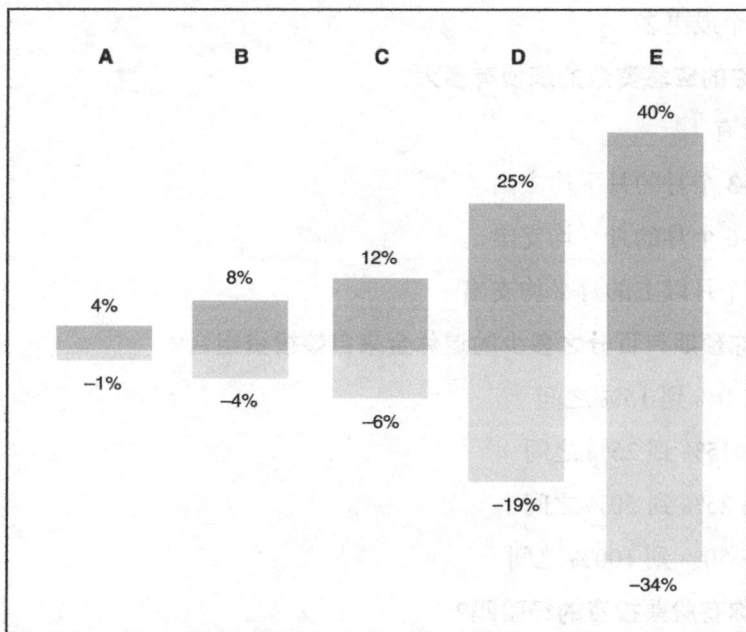

图 B-1　回报率范围假设

A. 收益：4%；损失：−1%

B. 收益：8%；损失：−4%

C. 收益：12%；损失：−6%

D. 收益：25%；损失：−19%

E. 收益：40%；损失：−34%

9. 每个月被用于偿还债务（不包括你每个月偿还的住房抵押贷款）的钱占净收入的百分比是多少？

A. 在 0% 到 15% 之间

B. 在 15% 到 25% 之间

C. 在 25% 到 50% 之间

D. 在 50% 到 100% 之间

10. 有多少人需要你的财务支持？

A. 没有

B. 1~3 个

C. 4 个或更多

11. 你的应急资金的规模有多大？

A. 没有

B. 1~3 个月的月平均支出

C. 4~6 个月的月平均支出

D. 6 个月以上的月平均支出

12. 你预期有百分之多少的退休金来自该投资组合？

A. 在 0% 到 15% 之间

B. 在 15% 到 25% 之间

C. 在 25% 到 50% 之间

D. 在 50% 到 100% 之间

13. 你有股票投资的经验吗？

A. 很多的投资经验

B. 中等水平的投资经验

C. 很少的投资经验

D. 没有投资经验

14. 你有固定收益债券的投资经验吗？

A. 很多的投资经验

B. 中等水平的投资经验

C. 很少的投资经验

D. 没有投资经验

15. 你有非主流投资（不动产、商品、对冲基金）的投资经验吗？

A. 很多的投资经验

B. 中等水平的投资经验

C. 很少的投资经验

D. 没有投资经验

16. 请选择一个最适合你对投资组合风险的描述。

A. 我更倾向于该投资组合是低风险的。

B. 我更倾向于该投资组合是低风险的，但是我愿意接受中等风险水平的投资组合。

C. 我更倾向于该投资组合是高、中、低风险相平衡的。

D. 我更倾向于该投资组合是高风险的，但是我愿意接受中低风险水平的投资组合。

E. 我更倾向于该投资组合是高风险的。

17. 为得到更高的总报酬率，你希望承担多大的额外风险？

A. 我愿意用我全部的投资去接受较多的风险以获得更高的总报酬率。

B. 我愿意用我一部分的投资去接受较多的风险以获得更高的总报酬率。

C. 我愿意用我全部的投资去接受一部分的风险以获得更高的总报酬率。

D. 我愿意用我一部分的投资去接受一部分的风险以获得更高的总报酬率。

E. 我不愿意接受更大的风险以获得更高的总报酬率。

分数选择

请依据你回答的上述问题选出相应的字母和分数，然后选出你的总分。

1	[A]1	[B]3	[C]6	[D]9	[E]12
2	[A]12	[B]9	[C]6	[D]3	[E]1
3	[A]12	[B]9	[C]6	[D]3	[E]1
4	[A]10	[B]8	[C]6	[D]4	
5	[A]16	[B]13	[C]10	[D]7	[E]4
6	[A]2	[B]5	[C]8	[D]11	[E]14

7	[A]7	[B]6	[C]5	[D]4	[E]3
8	[A]1	[B]5	[C]9	[D]13	[E]17
9	[A]7	[B]5	[C]3	[D]1	
10	[A]5	[B]4	[C]3		
11	[A]2	[B]4	[C]6	[D]8	
12	[A]8	[B]6	[C]4	[D]2	
13	[A]5	[B]4	[C]3	[D]2	
14	[A]5	[B]4	[C]3	[D]2	
15	[A]5	[B]4	[C]3	[D]2	
16	[A]1	[B]5	[C]9	[D]13	[E]17
17	[A]13	[B]10	[C]7	[D]4	[E]1

总分：

33~58：如果你的分数在 33 到 58 之间，那么你属于低风险型，应当注重选择激进型资本保值投资。

59~84：如果你的分数在 59 到 84 之间，那么你属于中低风险型，应当注重选择有增长性的资本保值投资。

85~121：如果你的分数在 85 到 121 之间，那么你属于中等风险型，应当注重资产增值投资与资本保值投资之间的平衡。

122~147：如果你的分数在 122 到 147 之间，那么你属于中高风险型，应当注重选择资产增值型投资。

148~173：如果你的分数在 148 到 173 之间，那么你属于高风险型，应当注重选择激进型资产增值投资。

最优资产配置

根据你刚刚给出的答案结果，以下有最适合你的五种最优资产配置类型。

每种最优资产配置都为你提供了最高的总预期报酬率，它是依据你所能承担的、愿意承担的和你需要承担的风险水平设计的。

1. 分数在 33 到 58 之间，激进型资本保值投资

股票：25%

固定收益债券：55%

现金及现金等价物：15%

非主流资产：5%

2. 分数在 59 到 84 之间，有增长性的资本保值投资

股票：40%

固定收益债券：45%

现金及现金等价物：10%

非主流资产：5%

3. 分数在 85 到 121 之间，平衡型投资组合

股票：50%

固定收益债券：30%

现金及现金等价物：10%

非主流资产：10%

4. 分数在 122 到 147 之间，资产增值型投资

股票：70%

固定收益债券：10%

现金及现金等价物：5%

非主流资产：15%

5. 分数在 148 到 173 之间，激进型资产增值投资

股票：70%

固定收益债券：5%

现金及现金等价物：5%

非主流资产：20%